존 카밧진의
왜 마음챙김 명상인가?

30th Anniversary Edition
Wherever You Go, There You Are

존 카밧진의
당신이 어디를 가든
거기에 당신이 있다

왜 마음챙김 명상인가?

존
카
밧
진
지음
/
엄성수
옮김

불광출판사

마일라와 윌과 나우숀과
세레나를 위해
그대들이 어디를 가든

〔일러두기〕

- mindfulness와 awareness의 번역어를 두고 여전히 학계의 논의가 분분하다. 이 책에서는 각각 마음챙김, 알아차림으로 표기하였다. MBSR에 대한 대중의 관심이 급증하면서 번역서 출간이 잦아지고 있다. 조만간 학계의 통일된 의견을 기대해 본다.

- 외래어는 한글 맞춤법 통일안을 기준으로 해 표기하였으나 이미 학계에서 공통적으로 사용하고 있으며 대중화된 바디 스캔(body scan) 등은 소리 나는 대로 표기하였다.

- 이 책에 등장하는 도서명 중 국내에 번역이 된 경우에는 번역된 도서명으로 표기하였으며 출간되지 않은 책은 원서명을 병기하였다.

감사의 글

이 책의 초고를 읽어봐 주시고 제게 귀한 식견과 용기도 주신 마일라 카밧-진, 사라 두어, 래리 로젠버그, 존 밀러, 다니엘 레비 알바레스, 랜디 폴센, 마틴 디스킨, 데니스 험프리, 페리스 우르바노프스키에게 감사의 말씀 전합니다. 이 책 집필 초기에 록키 호스 농장에 머물 수 있게 해준 트루디와 배리 실버스타인은 물론, 그 멋진 날들에 서부 모험을 할 수 있게 해준 제이슨과 웬디 쿡에게도 깊은 감사드립니다. 함께 일할 수 있는 기쁨을 주고 헌신적으로 노력해준 편집자 밥 밀러와 메리 앤 네이플스에게도 고마움 전합니다. 그리고 마지막으로 많은 애정과 관심 쏟아주어 이 책의 탄생을 가능하게 해준 하이페리온 가족, 저작권 대리인, 패트리샤반 데르 로인, 도로시슈미더러 베이커, 북 디자이너, 베스 메이나드, 아티스트 등에게도 감사드립니다.

이 책이 마음챙김이나 그 임상학적 적용에 관한 책은 아니지만, 나는 마음챙김이 지난 수십 년간 과학 및 의학 문헌에서 계속 폭넓게, 그리고 늘 오직 한 가지 특별한 정의로 인용되는 걸 목격해왔다. 그러니까 내가 1994년에 나온 이 책 초판에서 정식 명상 수련을 통해 직접 경험해본 적 없는 사람들에게 마음챙김이 무엇인지를 설명하기 위해 제시했던 정의로 인용되어온 것인데, 그때만 해도 사실 마음챙김을 직접 경험한 사람은 거의 없었다. 당시 나는 '의도적으로 그리고 스스로 판단하지 않고 현재 순간에 관심을 집중하는 데서 생겨나는 인식 내지 각성 상태'라고 마음챙김을 정의했었다. 그리고 만일 왜 우리가 마음챙김에 더 큰 관심을 가져야 하는지를 설명해야 한다면, (내가 2018년에 『당신이 모르는 마음챙김 명상』의 서문에서 실제 그랬듯) 다음과 같은 말을 덧붙일 수 있을 것이다.

"결국 마음챙김이란 지혜와 자기 이해 그리고 다른 사람들 및 세계와의 본질적인 상호연관성을 추구하고 따라서 결국 친절과 온정을 추구하는 것이다."

환경 운동가 그레타 툰베리Greta Thunberg의 통렬한 연설에서 영향을 받은 거지만, 나는 인간의 의식은 초능력을 갖고 있다고 봐도 전혀 문제없을 거라고 느낀다. 우리가 모두 인간이란 이름으로 이미 소유하고 있는 초능력 말이다. 그러나 대개 우리 인간들은 그 초능력을 자각하지 못하고 이용하지도 못하고 있다. 사실상 우리는 우리의 주류 문화 속에서 그 초능력에 어떻게 접근하고 또 그 초능력을 어떻게 이용해야 하는지 배우지 못하고 있다. 하지만 우리가 한 종으로서 우리의 완전한 잠재력을 깨닫고 또 '호모 사피엔스 사피엔스'(Homo Sapiens Sapiens. 현생 인류에 대해 생물학이나 고인류학에서 사용되는 학명 - 역자 주), 즉 '인식을 가진 종' 그리고 '자신이 인식을 가졌다는 걸 아는 종'이라는 우리 자신의 이름에 걸맞은 삶을 살게 된다면, 또 현대적인 심리학 용어인 '인식'과 '메타-인식'에 걸맞은 삶을 살게 된다면, 그런 상황은 이제 범세계적인 차원에서 최대한 빨리 바뀌어야 한다.

이제 깨어나야 할 시간이다. 어쩌면 그런 시간에서 너무 오래 지냈는지도 모른다. 그리고 그런 일이 일어날 시간은 단 한 번뿐이다. 그게 언제일 것 같은가? 이제 반세기 전에 미국 건축가 버크민스터 풀러Buckminster Fuller의 말을 빌리자면 '모두가 힘을 합쳐야 할 우주선 지구'의 순간이다. 이 모든 단순성, 복잡성 그리고 보편성 속에서 인간과 지구의 번영을 위해 지금처럼 '다르마'(dharma. 온 우주에 영향을 미치는 진리 - 역자 주)의 순간이 필요했던 적은 없다.

2001년 9월 11일, 일본의 선불교 지도자 하라다 로시는 미국 퓨

젯 만 휘드비섬에 있는 자신의 미국 선불교 센터에서 강연 중이었다. 그때 마침, 아내 밀라Myla와 나는 그 전날 밤 그 섬에서 마음챙김 육아를 주제로 한 워크숍을 이끌고 있었다. 다음 날 아침 우리가 그날 있었던 테러 공격 소식을 들었을 때 미국에선 모든 게 정지된 상태였다. 안개 속에서 잿빛 군함들이 나타나 순찰했다. 하라다 로시는 그날 지역사회에서 더 많은 사람들을 추가로 초대해, 세계무역센터 쌍둥이 빌딩들이 무너지는 뉴스 장면을 반복해서 보는 걸 잠시 쉬게 했다. 그리고 우리가 떠날 때, 그는 우리 모두에게 포스터 한 장씩을 선물했다. 그것은 선불교 엔소(円相. 붓으로 한 번에 이어서 그린 원 그림 - 역자 주)였는데, 그 엔소 밑에는 영어로 이렇게 쓰여 있었다. "Never forget the one-thousand-year view(천 년의 장면을 절대 잊지 말라)." 직접 쓰여 있진 않았지만, 그 숨은 뜻을 모를 수는 없었다. 천 년간 보지 못할 비극적인 장면이란 의미였으리라.

우리 인간의 진정한 본성과 잠재력에 눈 떠야 할 필요성이 지금보다 더 컸던 때는 없다. 게다가 이제는 인터넷을 통해 점점 더 모든 것에 접근할 수 있게 되면서, 전 세계적으로 접근 가능한 더 다양하고 보편적인 다르마의 지혜가 점점 더 확산하고 있어, 우리의 본성과 잠재력에 눈 뜨게 될 가능성이 지금보다 더 컸던 때도 없다. 아주 현실적인 의미에서 마음챙김은 해방감을 안겨주는 정식 명상 수련 과정으로서 그리고 존재의 한 방식(삶 그 자체와 우리가 매 순간 살아가는 방식 자체가 명상 수련이나 다름없기에)으로서 이타적인 사랑의 특징을 띠며, 우리 인간 본성에서 가장 깊고 가장 좋은 것들의 발현이기도 하다.

　　내가 쓰는 어휘 중에서 마음챙김이란 말은 순수하고 단순한 인식과 동의어이다. 그러나 마음챙김은 우리의 타고난 권리임에도 불구하고, 우리는 신뢰할 만한 방식으로 그 초능력에 접근하지 못하고 있다. 마음챙김 명상은 그 접근을 가능하게 해주는 한 방법이며, 따라서 구현된 자기 인식 또는 자기 각성은 우리의 기본 모드가 되고 또 우리 존재의 토대가 될 수 있으며, 우리가 우리 자신과 살아 있는 모든 생명들과 세계의 행복을 극대화하고 미혹과 고통을 최소화하려면 어떻게 살아야 하는지를 알려주는 가이드 역할을 해줄 수도 있다.

　　선불교/선종 명상 전통의 뿌리가 된 이야기가 있다. 이 이야기를 들으면 마음챙김이 무언지 제대로 이해하는 데 꼭 필요한 '불이'(不二. 상태 분별이 없고 절대 차별도 없는 세계 - 역자 주) 관점에서 본 순수한 자기 인식의 지혜를 조금 맛볼 수 있을 것이다.

　　글을 읽고 쓸 줄 몰랐던 당나라 시대의 나무꾼 혜능(638~713)은 자기 각성의 다르마에 아주 관심이 많았다. 10대 시절에 그는 우연히 한 승려가 『금강경』을 외는 걸 들었는데, 한 구절이 바로 그의 가슴에 와닿았다. "그 무엇에도 집착하지 않는 마음을 길러라." 이 말은 가끔 "어디에도 머물지 않는 마음을 길러라."로 해석되기도 한다. 이 말을 듣고 혜능의 마음은 바로 열렸다. 그는 집을 떠나 선종의 제5조인 홍인 대사를 찾아가 방아로 쌀을 찧는 미천한 일을 했다. 8개월 후 홍인 대사는 승려 1,000명에게 자신의 권위와 깨달음의 상징인 법복과 탁발 그릇을 후계자에게 물려주고 싶다는 뜻을 밝혔다. 그러면서 그는 누구든 절의 벽에 선종/다르마의 본질에 관한 생각을 적어 모든 사람들이 자신의 지혜를 볼 수 있게 하라고 했다. 홍인 대사의 가장 뛰어난 제자로 모든 사람들이 6조 자리를 물려받을 유일한 후보라고 생각하고 있던 신수라는 승려가 다음과 같은 글을 올렸다.

이 몸은 보리* 의 나무요,
마음은 밝은 거울 같으니
늘 부지런히 깨끗이 닦아
먼지가 끼지 않게 하라.

탈곡실 안에서 미천한 일을 하던 혜능은 창문 옆을 지나던 한 어린 동자가 그 글을 외우는 걸 듣고는 바로 그 글이 핵심에서 벗어났다는 사실을 알았다. 글을 읽고 쓸 줄 몰랐던 그는 동자에게 그 글이 쓰여 있는 벽으로 자신을 데려가 그 글을 다시 한번 읽어달라고 했다. 그런 다음 혜능은 지나가던 절의 한 승려에게 자신도 벽에 글을 써도 되냐고 물

* 보리Bodhi는 '각성' 또는 '깨우침'을 뜻함.

었다. 놀란 그 승려는 혜능 대신 자신이 대신 글을 써주기로 했다. 혜능이 불러준 글의 내용은 다음과 같았다.

보리는 본래 나무가 없으며
밝은 거울도 아니네.
원래 아무것도 없는데
어떻게 먼지가 낄 수 있으랴?

두말할 필요도 없이, 그의 간결한 글은 '불이'와 우리가 말하는 이른바 자아의 공허한 본성에 관한 그의 이해가 얼마나 깊은지를 잘 보여준다. 그러니까 이름과 형태의 경지 안에서 또는 이름과 형태의 경지 밖에서 고정되고 분리되고 변치 않는 존재는 찾을 수 없다는 것. 그래서 결국 방아로 쌀을 찧는 미천한 일을 하던 혜능은 깨우친 정신/영혼이 다른 깨우친 정신/영혼에게 직접 전해지는 지도자의 상징인 법복과 탁발 그릇을 받았고, 그렇게 선종의 6조이자 마지막 지도자가 되었다. 그러나 그 의식은 증인들도 없이 비밀리에 치러져야 했다. 자리에서 물러나는 홍인이 (연민을 갖도록 그 많은 수련을 했음에도 불구하고) 질투심에 사로잡힌 승려들이 젊은 혜능을 해코지할 수도 있다는 걸 알았기 때문이다. 혜능은 밤에 절을 떠났다. 지도자 자리를 물려받았다는 걸 상징하는 법복과 탁발 그릇은 물론 명상 수행의 핵심인 각성의 비이기적인 본성, 그러니까 비교적 전통적인 차원에선 더없이 중요하고 보다 한없고 무한한 차원에선 그리 중요하지 않은 본성에 관한 깨달음을 가슴에 담고서. 이런 깨달음은 이후 중국에서 수 세기 동안 이어져 당나라와 송나라 시대에 '다르마'로 꽃피게 되며, 지구상에서 더없이 중요한 문화적·예술적·철학적인 지혜로 발현된다. 그리고 오늘날까지도 세계 곳곳에서 살아 숨 쉬고 있다.

형상 없는 것이 취하는 한 가지 형태는 마음챙김으로, 붓다는 이를 원래 온갖 탐욕, 증오, 미혹 그리고 그 뒤에 따르는 자아와 고통으로부터 해방되는 "깨달음에 이르는 직접적인 길"이라고 불렀다. 이 책에 쓰인 단어들과 그 여백들, 그 단어들 안과 그 밑에서 직접 당신의 마음으로 전해지는 걸 보고 또 느끼겠지만, 마음챙김은 격식을 갖춘 명상 수행이자 존재의 한 방식이다.

이 책이 당신 마음을 움직인다면, 당신 자신의 삶과 세상을 위해 마음챙김을 전적으로 환영하고 받아들일 수 있기를 바란다. 그리고 무시당하거나 과소평가해서는 안 될 당신의 독특하고 소중한 삶이 펼쳐지는 순간순간이 활기차기를 바란다.

목차

2부. 수행의 핵심

3부. 마음챙김 정신으로

어떨 거 같은가? 한마디로 말해, 당신이 어디를 가든 거기에 당신이 있다. 당신이 무슨 일을 그만두든, 그건 당신이 그만둔 것이다. 당신이 지금 이 순간 어떤 생각을 하든, 그건 당신이 생각하고 있는 것이다. 당신에게 어떤 일이 일어났든, 그건 이미 일어난 일이다. 여기서 중요한 의문은 당신이 어떻게 할 것인가, 다시 말해 '이제 어쩌지?' 하는 것이다.

좋든 싫든, 지금 이 순간이야말로 우리가 다뤄야 할 모든 것이다. 그러나 우리 모두는 잠시 잠깐씩 우리가 이미 존재하고 있는 여기에 있다는 걸, 또 이미 속한 지금 이 순간에 살고 있다는 걸 잊기라도 한 양 너무 쉽게 살아간다. 우리는 매 순간 지금 여기와 지금 이 순간이라는 교차로에 서 있는 자신을 본다. 그러나 지금 우리가 있는 여기에 망각의 구름이 덮쳐 오면, 바로 그 순간 우리는 길을 잃게 된다. "이제 어쩌지?" 하는 문제가 진짜 문제가 되는 것이다.

나는 방금 길을 잃게 된다는 말을 했는데, 이는 잠시 우리 자신과의 연결이 끊기고 또 우리 자신이 갖고 있는 모든 가능성과의 연결이 끊기게 된다는 의미이다. 그 결과 우리는 마치 로봇처럼 무미건조하게 보고, 생각하고, 행동하게 된다. 그 순간 우리에게 창의력과 배움과 성장의 기회를 주는 가장 내밀한 우리 내면과의 연결마저 끊기게 된다. 조심하지 않을 경우, 먹구름 같은 이런 순간들이 점점 늘어나면서 대부분의 우리 삶을 덮어버리게 된다.

그게 어디가 됐든 우리가 이미 존재하고 있는 곳과 제대로 연결되려면, 우리의 경험 속에서 잠시, 그러니까 현재 순간이 충분히 인식될 정도의 시간만큼, 또 현재 순간을 제대로 느낄 수 있을 정도의 시간만큼 멈춰야 한다. 그래야 현재 순간을 온전하게 볼 수 있으며, 그렇게 제대로 된 인식 속에 현재 순간을 붙잡음으로써 현재 순간을 더 잘 알고 이해하게 된다. 그럴 때 비로소 우리는 우리 삶에서의 지금 이 순간의 진실을 받아들이고, 그로부터 뭔가를 배우며 계속 앞으로 나아갈 수 있다. 그런데 실상은 어떤가? 우리는 과거에, 그러니까 이미 일어난 일들에 집착하거나 아니면 아직 오지도 않은 미래에 집착하는 경우가 많은 듯하다. 그러면서 우리 자신이 다른 어딘가에 있기를 바란다. 모든 게 지금보다 더 낫고, 더 행복하고, 우리가 바라는 것에 더 가깝거나, 우리가 익숙한 것에 가까운 그런 곳에 말이다. 우리는 설사 알아챈다 해도 대부분의 시간 중 일부 시간에만 이 같은 내적 갈등을 알아챈다.

게다가 우리는 정확히 우리가 현재 어떤 일을 하며 어떻게 살고 있는지에 대해 일부밖에 알지 못하며, 또 우리의 행동들이, 아니 좀 더 정확히 말해 우리의 생각들이 우리가 보는 것과 보지 못하는 것, 우리가 하는 것과 하지 않는 것에 어떤 영향을 주는지에 대해서도 기껏해야 일부밖에 알지 못한다.

예를 들어, 우리는 대개 아주 부지불식간에 우리가 생각하는 것들이, 그러니까 특정 순간에 갖게 되는 아이디어와 의견들이 '세상에 존재하는 것'과 '우리 마음속 여기에 존재하는 것'에 대한 '진실'이라고 가정한다. 그런데 대개의 경우 그렇지 않다.

우리는 이같이 잘못되고 검증되지 않은 가정 때문에 큰 대가를 치른다. 풍요로운 우리의 현재 순간들을 거의 의도적으로 무시하기 때문이다. 그리고 그로 인한 부정적인 결과들은 조용히 축적되어, 우리 자신도 모르는 새에 우리의 삶을 물들여버리거나 달리 손 쓸 도리가 없게 만든다. 그러면서 우리는 결코 우리 자신이 실제 존재하는 곳에 있지 못하고, 또 결코 우리의 가능성들에 제대로 연결되지 못할 수도 있다. 그 결과 우리 자신을 스스로 만들어낸 허구 속에 가둬, 우리가 이미 자신이 누구인지 잘 알고 있으며, 우리가 어디에 있고 어디로 가고 있는지, 또 현재 어떤 일이 일어나고 있는지 잘 알고 있다는 착각에 빠질 수 있다. 그러면서 우리는 주로 과거와 미래에 대한, 우리가 원하고 좋아하는 것들에 대한, 또 우리가 두려워하고 좋아하지 않는 것들에 대한 여러 생각과 공상과 충동들에 휩싸인 채 지내게 된다. 그리고 그 생각과 공상과 충동들은 끊임없이 우리를 괴롭히면서, 우리의 방향 감각을 흐리게 하고 우리가 서 있는 토대 자체를 흔들어버린다.

지금 당신이 손에 쥐고 있는 이 책은 그런 어지러운 꿈들로부터 또 종종 그 꿈들이 변해 생겨나는 악몽들로부터 깨어나는 것에 대한 책이다. 당신이 그런 꿈을 꾸고 있다는 사실조차 모르는 상태를 불교에서는 '무지' 또는 '마음 놓침'이라 부른다. 이런 꿈들로부터 깨어나는 것이 바로 명상이다. 즉 현재 순간에 대한 인식과 깨어 있는 상태를 체계적으로 추구하는 과정이 바로 명상인 것이다. 이 같은 깨어남은 소위 말하는 '지혜', 그러니까 사물의 인과관계 및 상호연결성에 대한 깊은 통찰력과 밀접한 관련이 있고, 그래서 우리는 더 이상 우리 자신이 만들어내는 꿈같은 현실에 사로잡히지 않게 된다. 앞으로 나아갈 길을 찾기 위해서, 우리는 지금 이 순간에 보다 많은 관심을 쏟을 필요가 있다. 지금 이 순간이야말로 우리가 살고 성장하고 느끼고 변화하는 유일한 시간이다. 우리는 과거와 미래라는 두 괴물의 믿기 어려울 만큼 강력한 흡입력에 맞서기 위해, 또 현재의 삶이 아닌 과거와 미래가 제공하는 꿈같은 세계에 맞서기 위해 더 많이 깨닫고 경계해야 한다.

명상에 대해 얘기할 때, 우리는 명상이 우리의 대중문화가 생각하는 것처럼 뭔가 기이하고 신비스런 활동이 아니라는 걸 알 필요가 있다. 명상은 좀비나 채식주의자, 자기도취자, 외골수적인 사람, 멍한 사람, 사이비 종교 신자, 광신자, 신비주의자, 동양 철학자 같은 사람들과는 아무 상관도 없다. 명상은 그저 당신 자신이 되는 것이며, 또 당신 자신이 누구인지에 대해 아는 것이다. 명상이란 또 좋든 싫든 당신 자신이 길 위에 있다는 걸 깨닫는 것이기도 하다. 삶이라는 이름의 길 말이다. 명상을 통해 우리는 삶이라 불리는 이 길에 방향이 있다는 사실을 알게 되며, 그 길이 매 순간마다 늘 펼쳐진다는 사실과 또 지금 일어나는 일이 다음에 일어날 일에 영향을 주게 된다는 사실도 알게 된다.

만일 지금 일어나는 일이 다음에 일어날 일에 영향을 준다면,

가끔 주변을 둘러보아 지금 당신한테 일어나는 일을 좀 더 자세히 살펴보는 게 좋지 않겠는가? 그래야 당신 자신의 내적·외적 상태를 파악하고 당신이 현재 어떤 길 위에 있는지 또 어떤 방향으로 가고 있는지를 명확히 알 수 있을 테니 말이다. 그렇게 가끔 자기 주변의 일을 좀 더 자세히 살펴본다면, 당신은 보다 나은 입장에서 당신의 내적 존재에 더 충실한 진로, 즉 영혼의 길 내지 마음의 길을 갈 수 있게 될 것이다. 그렇지 않을 경우 현재 이 순간에 갖고 있는 당신의 무의식이 그대로 다음 순간을 물들여버릴 것이다. 그러니까 당신의 1년 12달 366날이 제 가치도 인정받지 못하고 제대로 활용되지도 못한 채 무심히 휙휙 지나가게 되는 것이다.

　　모든 것이 자욱한 안개에 뒤덮인 상태가 되어, 미끄러운 비탈길을 따라 바로 우리의 무덤 안으로 떨어지게 된다. 아니면 종종 죽음의 순간을 앞두고 찾아오는 안개 걷힌 듯 맑은 상태에서 각성해 깨닫기도 한다. 그러니까 삶을 어떻게 살아야 할 것인지 또 삶에서 중요한 게 무엇인지에 대해 오랜 세월 우리가 생각해온 것들이 기껏해야 두려움이나 무지 또는 삶을 제한하는 우리 자신의 생각들에서 비롯된 반쪽 진실일 뿐이며, 우리 삶이 취해야 할 진리도 길도 아니라는 걸 깨닫게 되는 것이다.

　때론 가족이나 친구들이 우리에게 다가와 눈 먼 상태에서 깨어나 사물을 보다 분명히 볼 수 있게 해주려 온갖 노력을 다 하기도 하지만, 이 각성이라는 일은 그 누구도 우리를 대신해 해줄 수 없다. 각성은 결국 우리 각자 스스로의 힘으로만 할 수 있는 일인 것이다. 간단히 말하자면, '당신'이 어디를 가든 거기에 '당신'이 있다. 당신 앞에 펼쳐지는 건 결국 당신 자신의 삶인 것이다.

　오랜 세월 마음챙김을 가르치는 데 전념해온 붓다는 임종의 자리에서 자신의 길을 찾는 데 도움이 될 가르침을 기대하고 있던 제자들에게 이렇게 간단히 요약된 가르침을 주었다. "그대 스스로 자신을 비추는 빛이 되라."

　이전에 낸 내 저서 『마음챙김 명상과 자기치유』에서 나는 마음챙김의 길이 주류 미국인들에게 쉽게 받아들여지게 하려 애썼다. 마음챙김의 길이 불교적이거나 신비주의적인 길이 아니라 합리적인 길로 느껴지도록 하려 애쓴 것이다. 마음챙김은 인간의 보편적 특성들인 집중 및 알아차림 능력과 깊은 관련이 있다. 그러나 오늘날의 사회에서 우리는 대개 이런 능력들을 당연한 것으로 여겨, 자기이해와 지혜를 늘리기 위해 그 능력들을 체계적으로 계발하려 하지 않는다. 그리고 집중 및 알아차림 능력을 심화시키고 다듬어 우리 삶에 더 많이 활용하게 해주는 게 바로 명상이다.

『마음챙김 명상과 자기치유』는 육체적·정신적 고통에 시달리고 있거나 너무 큰 스트레스의 영향으로 휘청거리고 있는 사람들을 위한 항해도라 할 수 있다. 이 책은 독자들로 하여금 평소 흔히 무시해버리는 사물들에 집중하는 경험을 하게 함으로써 살아가면서 마음챙김을 행할 이유가 충분히 있음을 깨닫게 해주자는 데 그 목적이 있다.

그렇다고 해서 마음챙김이 삶의 문제들을 해결해주는 만병통치약이라거나 싸구려 해결책이라고 주장한 건 아니었다. 전혀 그렇지 않다. 나는 그 어떤 마법 같은 해결책도 알지 못하며, 솔직히 말해 그런 해결책을 찾고 있지도 않다. 인간의 삶 전체는 넓은 붓으로 색칠된다. 그리고 이해와 지혜에 이르는 길은 많다. 우리는 각기 해결해야 할 문제들도 다르고 평생 추구할 만한 가치가 있는 일들도 다르다. 또한 우리는 각기 자신의 진로를 설계해야 하며, 그 진로가 자신이 준비하고 있는 것에 적합해야 한다.

당신은 명상할 준비가 확실히 되어 있어야 한다. 삶의 적절한 시기에, 그러니까 당신 자신의 음성과 가슴과 호흡에 주의 깊게 귀 기울일 준비가 된 시점에 명상을 해야 한다. 다른 어딘가로 가야 할 필요도 없고 뭔가를 더 좋거나 다르게 만들 필요도 없이 그냥 당신 자신의 음성과 가슴과 호흡에 집중할 준비가 되어야 하는 것이다. 이것은 힘든 일이다.

나는 『마음챙김 명상과 자기치유』를 쓰면서 매사추세츠대학교 메디컬 센터의 우리 스트레스 감소 클리닉 환자들을 생각했다. 당시 나는 많은 사람들이 스트레스 감소 클리닉에 오게 만든 심각한 문제들은 잠시 옆으로 밀어둔 채 마음을 열고 귀를 기울이는 강도 높은 8주 과정의 마음챙김 수행을 통해 몸과 마음에 큰 변화를 일으키는 걸 보며 깊은 감동을 받았다.

항해도나 다름없는 『마음챙김 명상과 자기치유』에서 나는 마음챙김 수행의 세세한 면들까지 알려주어 정말 도움이 필요한 누군가가 꼼꼼하게 자신의 진로를 짤 수 있게 해주어야 했다. 또한 심각한 질병이나 만성 통증에 시달리는 사람들은 물론 이런저런 이유로 스트레스가 심한 사람들이 절박하게 필요로 하는 것들도 충족시켜주어야 했다. 이런 이유들로 나는 『마음챙김 명상과 자기치유』에 스트레스와 질병, 건강과 치유에 대한 많은 정보 외에 명상법에 대한 폭넓은 지침들도 실었다.

그러나 이 책은 다르다. 이 책은 스트레스나 통증, 질병 같은 당면 문제들이 지배하는 삶을 살고 있는 사람들과 그렇지 않은 사람들 모두에게 마음챙김 명상의 핵심과 그 활용법들을 간단히 또 쉽게 설명해준다. 특히 체계적인 프로그램들을 싫어하는 사람들, 이렇게 하라 저렇게 하라 지시받는 걸 싫어하지만 마음챙김 명상에 대한 호기심이 있어 여기저기 흩어진 약간의 힌트와 암시들만 가지고 조각그림 맞추기를 할 수 있는 사람들이 보면 좋을 만한 책이다.

아울러 이 책은 이미 명상을 하고 있는 사람들, 보다 큰 알아차림과 통찰력을 가진 삶을 살려 전력투구하는 사람들을 위한 책이기도 하다. 짤막짤막한 이 책의 각 장에서 강조되는 것은 마음챙김의 정신으로, 격식을 갖춘 마음챙김을 수행하기 위한 노력들은 물론 그걸 우리 일상생활의 모든 측면에 적용하려는 노력들에도 초점을 맞추고 있다. 또한 각 장에서는 마음챙김이라는 다이아몬드의 여러 면들 중 한

면을 통해 사물을 보게 된다. 그리고 각 장은 투명한 다이아몬드 면을 조금씩 돌려가며 보기 때문에 서로 연관이 있다. 아마 어떤 장은 다른 장들과 비슷해 보이겠지만, 어떤 장은 독특하면서도 달라 보일 것이다.

다이아몬드처럼 빛나는 마음챙김에 대한 이 같은 탐구는 살아가면서 보다 큰 지혜와 분별력을 얻고자 하는 모든 사람들을 위한 것이다. 필요한 것은 자신의 현재 순간들을 깊이 들여다보겠다는 의지이다. 현재의 순간이 어떻든 너그러운 정신과 자신에 대한 애정, 앞으로 가능할지도 모를 일들에 대한 열린 마음을 갖고 그 순간을 들여다보겠다는 의지 말이다.

1부에서는 개인적으로 마음챙김을 새로 시작하거나 더 강화해야 하는 근거와 배경에 대해 살펴본다. 독자들은 다양한 방법들로 자신의 삶 속에 마음챙김을 도입하는 실험을 하게 될 것이다. 2부에서는 격식을 갖춘 명상 수행의 기본적인 측면들을 살펴본다. 격식을 갖춘 명상 수행이란 일정 기간 동안 의도적으로 모든 활동을 중단하고 특정 방법들로 마음챙김 및 집중 능력을 배양한다는 의미이다. 3부에서는 마음챙김의 다양한 활용법과 관점들에 대해 살펴본다. 1, 2, 3부의 일부 장들의 끝부분에는 격식을 갖추거나 갖추지 않은 마음챙김 수행의 여러 측면들을 자신의 삶 속에 통합시키기 위한 구체적인 제안들이 나온다. 이 제안들은 '시도'라는 제목으로 시작된다.

이 책에는 다른 자료나 도움 없이 혼자 힘으로 명상 수행을 할 수 있게 해줄 지침들이 담겨 있다. 그러나 처음부터 오디오테이프를 활용하면 매일 격식을 갖춘 명상 수행 연습을 하는데 도움이 된다는 사람들도 많다. 그러니까 명상 수행에 익숙해져 혼자 힘으로 잘해낼 수 있을 때까지 오디오테이프를 활용하는 게 큰 도움이 된다는 것. 여러 해 동안 명상을 했다 해도 가끔은 오디오테이프를 활용하는 게 도움이 된다는 사람들도 있다. 그래서 이 책과 함께 활용할 수 있는 새로운 시리즈의 마음챙김 명상 수행 테이프(시리즈 2)도 준비되어 있다.(국내에 번역된 음원은 없으며 영어로 된 음원을 다운 받으려면 www.mindfulnesstapes.com를 방문하면 된다. - 편집자주) 그 테이프들은 길이가 보통 10분에서 30분 사이인데, 마음챙김 수행이 처음인 독자들의 경우 이 테이프를 듣고 주어진 시간과 장소에 적절한 길이의 명상법을 선택할 수 있고 또 다양한 명상 기법들을 실험해볼 수도 있다.

1부

꽃처럼 피어나는
현재 순간

우리가 깨어 있는 날에만 동이 튼다.
_헨리 데이비드 소로의 『월든』 중에서

마음챙김이란 무엇인가?

마음챙김이란 옛 불교에서 행해지던 수행 방법으로, 오늘날의 우리 삶과도 깊은 관련이 있다. 그렇다고 해서 마음챙김이 불교 그 자체나 불교 신자가 되는 일과 관련이 있다는 건 아니며, 각성하는 일과 자기 자신 및 세상과 조화롭게 사는 일과 깊은 관련이 있다. 또한 우리 자신이 누구인지를 탐구하고, 세상에 대한 우리의 관점과 세상 속에서의 우리 위치에 대해 의문을 제기하고, 살아가는 매 순간을 최대한 충실하게 누리는 일과 관련이 있다. 그리고 무엇보다 특히 연결감 속에 존재하는 일과 관련이 있다.

불교의 관점에서 볼 때, 보통 의식이 깨어 있는 상태는 극도로 제한적이며 여러 측면에서 각성보다는 꿈의 연장에 더 가깝다. 우리는 명상을 통해 이처럼 무의식적인 꿈 상태에서 깨어날 수 있으며, 그 결과 의식적이며 무의식적인 가능성을 제대로 발휘하며 살아갈 수 있게 된다. 지난 수천 년간 많은 현자와 요가 수행자, 선불교 지도자들이 이같은 정신 영역을 체계적으로 탐구해왔으며, 그 과정에서 자신들의 모체나 다름없는 자연을 찬미하기보다는 오히려 통제하고 억제하려는 오늘날 서구인들의 문화적 성향을 완화시키는 데 도움이 될 만한 뭔가를 배웠다. 그들의 집단적 경험에서 우리가 배울 수 있는 건 무엇일까? 살아 숨 쉬는 존재로서의 우리 자신의 본성과 특히 우리 자신의 마음속 본성을 세심하고 체계적인 자기 관찰을 통해 깊이 고찰함으로써 보다 만족스럽고 조화로우며 지혜로운 삶을 살 수 있다는 것을 배울 수 있다. 또한 그들의 집단적 경험을 통해, 우리는 또 오늘날 서구의 사고와 제도를 지배하고 있는 환원론적이고 물질주의적인 세계관을 보완해줄 새로운 세계관도 가질 수 있다. 그러나 이런 세계관은 딱히 동양적인 것도 아니며 신비주의적인 것도 아니다. 헨리 데이비드 소로 Henry David Thoreau는 1846년 미국 메인 주 뉴잉글랜드에서 우리의 평상시 마음 상태에서 이와 똑같은 문제를 보았으며, 그 불행한 결과들에 대해 아주 열정적인 글을 썼다.

마음챙김은 불교 명상의 핵심으로 불려왔다. 기본적으로 마음챙김은 단순한 개념이다. 그리고 마음챙김의 힘은 수행과 적용에서 나온다. 마음챙김이란 특정한 방식으로 주의를 집중한다는 뜻이다. 그러니까 개인적 판단을 개입시키지 않고 자의적으로 현재의 순간에 집중하는 것이다. 이런 식으로 집중하다 보면 더 큰 알아차림과 명석함을 얻게 되고 매 순간의 현실을 보다 잘 받아들일 수 있게 되며, 그 결과 우리의 삶이 순간 속에서만 펼쳐진다는 사실을 깨닫게 된다. 매 순간순간 제대로 집중하지 못할 경우, 우리는 우리의 삶에서 가장 소중한 것들을 놓치게 될 뿐 아니라, 우리의 성장 가능성과 변화 가능성이 얼마나 무궁무진한지도 깨닫지 못하게 된다.

현재 순간을 제대로 인식하지 못할 경우, 우리 마음속 깊이 잠재해 있는 두려움과 불안감이 살아나 무의식적이고 습관적인 행동들을 하게 되면서 각종 문제들이 발생한다. 그리고 그 문제들은 제대로 해결 못하면 시간이 지날수록 점점 더 커져, 결국 우리는 덫에 걸린 듯 꼼짝달싹 못하는 상태에 빠지게 될 수도 있다. 이런 식으로 더 많은 시간이 지나면 결국 자신감을 상실하게 되고, 자신의 에너지를 활용해 보다 큰 만족감과 행복감을 느끼고 보다 더 건강해질 수 있는 능력까지 잃게 된다.

마음챙김은 우리에게 덫에서 빠져 나와 우리 자신의 지혜와 활력을 되찾을 수 있는 간단하면서도 강력한 길을 제시해준다. 그 길은 우리 자신의 삶의 질과 방향을 바로잡아주는 길, 그러니까 가족 내에서의 관계를 비롯해 일과의 관계, 보다 큰 세상 및 지구와의 관계, 그리고 특히 한 인간으로서의 우리 자신과의 관계를 바로잡아주는 길이다.

마음챙김에 이르는 열쇠는 불교와 도교와 요가에 뿌리를 두고 있고 에머슨과 소로, 휘트먼 같은 이들의 작품과 미국 원주민들의 지혜에서 찾을 수 있는데, 그 핵심은 현재 순간을 충실하게 누리고 또 분별력을 갖고 신중하게 계속 현재 순간에 집중함으로써 매 순간과 밀접한 관계를 맺는 것이다. 삶의 가치들을 당연시하는 것과 정반대되는 태도라 할 수 있다.

우리는 앞으로 다가올 순간들 때문에 현재의 순간들을 무시하는 경향이 있다. 그 결과 우리 자신이 속해 있는 '생명의 망web of life'을 제대로 인식하지 못해, 우리 자신의 마음은 물론 그 마음이 우리의 인식과 행동에 미치는 영향에 대한 인식과 이해까지 부족해지게 된다. 또한 한 인간이 된다는 의미가 무엇인지, 우리가 서로서로 또 주변 세상과 어떻게 연결되어 있는지에 대한 관점들도 제대로 갖지 못하게 된다. 예로부터 영적인 틀 안에서 그 같은 근본적인 탐구가 이루어지는 영역은 종교이지만, 마음챙김은 종교와는 아무 관계가 없다. 물론 살아서 존재한다는 아주 신비스런 현상을 이해하고 우리가 존재하는 모든 것들과 연결되어 있다는 걸 인정하기 위한 시도라는 측면에서는, 가장 근본적인 의미에서의 종교와 관련이 있다.

우리가 좋아하고 싫어하는 것, 각종 견해와 편견, 예상과 기대에 사로잡히지 않고 열린 마음으로 집중을 할 때, 새로운 가능성들이 열리고 우리 스스로 무의식의 속박에서 벗어날 기회를 갖게 된다.

나는 마음챙김을 간단히 의식 있는 삶을 사는 기술이라고 생각하고 싶다. 마음챙김을 수행하기 위해 불교를 믿거나 요가를 할 필요는 없다. 사실 불교에 대해 조금 안다면 이해하겠지만, 불교에서 가장 중요한 것은 자신과 다른 누군가가 되려 하지 말고 당신 자신이 되는 것이다. 불교는 근본적으로 당신 자신의 가장 내밀한 본성과 연결해 그 본성이 당신 자신으로부터 거침없이 흘러나오게 하는 종교이다. 불교는 또 각성을 해 모든 사물을 있는 그대로 보는 것과 깊은 관련이 있는 종교이다. 사실 '붓다'라는 말 자체가 자기 자신의 진정한 본성에 각성을 한 인물이란 뜻이다.

따라서 마음챙김은 종교적이든 과학적이든 그 어떤 신념이나 전통과도 충돌하지 않으며, 그 어떤 것도, 특히 그 어떤 새로운 신념 체계나 이데올로기도 믿으라고 강요하지 않는다. 체계적인 자기관찰, 자기탐구 그리고 사려 깊은 행동을 통해 완전한 당신 존재에 보다 가까이 다가가게 해주는 실천적인 한 방법일 뿐이다. 마음챙김에는 차갑거나 분석적이거나 매정한 면은 전혀 없다. 마음챙김 수행의 전반적인 흐름은 온화하면서도 감사해 하고 돌봐주는 것이다. 마음챙김을 달리 표현할 수 있는 말은 아마 '정성을 다함', '진심어림' 정도가 될 것이다.

❖

언젠가 한 학생이 이런 말을 했다. "내가 불교 신자일 때는 부모님과 친구들이 미치려 했다. 그러나 내 자신이 '붓다'가 되니 그 누구도 괴로워하지 않았다."

단순하지만 쉽지 않은

마음챙김을 수행하는 일이 단순한지 모르지만, 그렇다고 해서 꼭 쉽지만은 않다. 마음챙김을 수행하려면 노력과 훈련이 필요하다. 몸에 밴 우리의 무지와 타성 등, 마음챙김을 방해하는 힘들이 워낙 강하고 집요하기 때문이다. 그 힘들은 워낙 강한데다 우리의 의식이 전혀 통제하지 못하기 때문에, 알아차림 상태에서 우리의 순간들을 포착하고 마음챙김을 지속적으로 유지하기 위해서는 내적인 헌신과 일정한 노력이 따라야 하는 것이다. 그러나 우리는 마음챙김을 통해 습관적으로 간과하거나 잊고 지내는 삶의 많은 측면들과 연결되기 때문에, 마음챙김은 본질적으로 우리에게 만족을 주는 일이다.

마음챙김은 깨우침과 자유를 주는 일이기도 하다. 깨우침을 준다는 건, 평소 아무 관련도 맺지 못하거나 보고 싶어 하지 않는 삶의 영역들을 보다 명료하게 볼 수 있게 해주고, 그 결과 사물을 더 깊게 이해할 수 있게 해주기 때문이다. 그런 가운데 우리가 평소 인식하지 못하거나 의식적으로 표현하지 않는 비통함, 슬픔, 상처, 분노, 두려움 같은 내밀한 감정들을 만날 수도 있다. 또한 마음챙김을 통해 의식 못한 채 후딱 지나가 버리는 경우가 많은 기쁨이나 평온함, 행복 같은 감정들을 제대로 느낄 수도 있다. 마음챙김이 자유를 준다는 건, 우리가 마음챙김을 통해 내면적으로 또 세계와의 관계 속에서 새로운 방식들로 존재하게 되고, 그 결과 너무도 자주 빠지는 타성들로부터 자유로워질 수 있기 때문이다. 마음챙김을 통해 우리는 힘을 얻기도 한다. 이런 식으로 주의력을 집중함으로써 우리 내면 깊숙이 자리 잡고 있는 창의력, 지성, 상상력, 명석함, 결단력, 선택권, 지혜의 저수지로 향하는 수로들이 활짝 열리기 때문이다.

우리는 우리가 사실상 늘 생각 중이라는 사실을 모르는 경우가 많다. 우리의 마음속을 끝없이 흘러가는 생각의 개울들 때문에 우리는 거의 잠시도 내적인 평온을 유지하지 못한다. 게다가 뭔가를 하기 위해 내내 뛰어다니지 않고는 스스로 존재할 수 있는 여지도 거의 없다. 우리의 행동들은 우리 스스로 인식해서라기보다는 떠밀리듯 어쩔 수 없이 행해지는 경우가 너무도 많다. 폭포까지는 아니더라도 빠르게 흐르는 강물처럼 우리 마음속을 흐르는 더없이 평범한 생각과 충동들에 떠밀려서 말이다. 우리는 급류에 휘말려 있으며, 그 급류는 우리 자신을 원치 않는 곳이나 아니면 심지어 어디인지도 모르는 곳들로 끌고

가 결국 우리의 삶 자체를 수몰시켜버린다.

명상을 한다는 건 이 급류로부터 빠져나와 강둑에 앉아 급류 소리에 귀 기울이며 뭔가를 배운다는 것이며, 그런 다음 급류 에너지를 잘 활용해 우리 위에 군림하는 게 아니라 우리를 이끌어가게 만드는 것이다. 이 모든 일들이 마법처럼 저절로 일어나지는 않는다. 에너지가 필요하다. 현재 순간에 존재하는 능력을 기르는 노력을 우리는 '수행' 또는 '명상 수행'이라 부른다.

✛

질문 완전히 제 의식 수준 아래쪽에서 일어나는 혼란을 어떻게 해결할 수 있는가?

니사르가다타 그대 자신으로 존재함으로써…… 판단하기보다는 이해하고 무엇이 나타나든 온전히 받아들이며 매일매일의 삶 속에서 깊은 관심을 갖고 그대 자신을 지켜봄으로써 해결할 수 있다. 그러니까 의식 깊은 곳에 있는 것들을 표면으로 올라오게 해, 그 에너지들로 그대의 삶과 의식을 풍요롭게 만들라. 이것이 알아차림이라는 이름의 위대한 작업이다. 즉, 삶과 마음의 본성을 이해함으로써 장애물들을 제거하고 에너지들을 발산하는 것이다. 지성은 자유로 향하는 문이며 깊은 관심은 지성의 어머니이다.

_니사르가다타 마하라지의 『아이 앰 댓』 중에서

멈춤

사람들은 명상을 일종의 특별한 행동으로 생각하지만, 그게 정확한 생각은 아니다. 명상은 단순성 그 자체이다. 우리는 가끔 농담 삼아 이렇게 말한다. "그냥 아무것도 하지 말고 가만히 앉아 있어." 하지만 명상은 그냥 가만히 앉아 있는 것도 아니다. 명상은 멈추고 집중하는 것이며, 그게 전부이다. 우리는 대개 이리저리 뛰어다니며 뭔가를 한다. 당신은 살면서 단 한순간이라도 모든 걸 멈출 수 있겠는가? 지금 이 순간에 멈출 수 있겠는가? 만일 이 순간에 모든 걸 멈춘다면 어찌 되겠는가?

하던 일을 모두 멈추는 좋은 방법은 잠시 '존재 모드'로 옮겨가는 것이다. 당신 자신이 시간을 초월한 영원한 목격자라고 생각해 보라. 그냥 이 순간을 지켜보되 절대 그걸 바꾸려고 하진 말라. 지금 어떤 일이 일어나고 있는가? 당신의 느낌은 어떤가? 당신은 무얼 보고 있는가? 당신은 무얼 듣고 있는가?

멈춤과 관련해 재미있는 일은 모든 걸 멈추자마자 당신은 여기에 있다는 것이다. 모든 건 더 단순해진다. 어떤 면에선 당신은 죽고 세상은 계속 돌아가는 것이나 같다. 당신이 정말 죽는다면, 당신의 모든 책임과 의무는 즉시 사라질 것이다. 뒤에 남은 일들은 당신이 없더라도 어떻게든 돌아간다. 그 어느 누구도 당신만의 독특한 의제를 넘겨받을 수 없다. 그간 죽은 다른 모든 사람의 경우와 마찬가지로, 그 의제는 당신과 함께 스러지거나 점점 축소될 것이다. 따라서 당신은 어떤 식으로든 그것에 대해 걱정할 필요가 없다.

이게 만일 사실이라면, 당신은 설사 당장 전화해야 할 데가 한 곳 더 남았다 해도 그럴 필요가 없을 것이다. 지금 당장 어떤 걸 읽어야 한다거나 어떤 심부름을 하나 더 해야 할 필요도 없을 것이다. 아직 살아 있어 바쁜 중에 '의도적으로 잠시 죽는' 순간들을 갖는다면, 당신은 현재를 위해 잠시 자유로운 시간을 갖게 된다. 이런 식으로 지금 '죽음으로써', 사실상 지금 더 활발히 살아 숨 쉴 수 있게 되는 것이다. 멈

춤이 해주는 일이 바로 이런 것이다. 이 일에 수동적인 면이
란 전혀 없다. 그리고 다시 움직이기로 마음먹는다면, 잠시
멈췄었기 때문에 전혀 다른 움직임이 될 것이다. 멈춤 덕에
움직임이 더 생생해지고 더 풍요로워지고 더 섬세해진다.
멈춤이 우리로 하여금 걱정하고 부적절하다고 느끼던 모든
것들을 보다 더 대국적으로 볼 수 있게 해주고 우리의 길잡
이가 되어주는 것이다.

시도

매일 가끔씩 멈추고 앉아서 당신 자신의 호흡을 인식해보라. 그 시간이
5분일 수도 있고 단 5초일 수도 있을 것이다. 현재 순간과 당신이 느끼
는 것들, 당신이 인지하는 주변 모든 일들을 있는 그대로 받아들여라.
이런 순간에는 그 무엇도 바꾸려 하지 말고 내버려둔 채 그저 호흡만
하라. 호흡을 하며 존재하라. 이런 순간에는 뭔가를 변화시켜야 한다는
생각은 잊어라. 마음속으로 또 가슴 속으로 현재 순간이 있는 그대로
존재하게 하고, 당신 자신 역시 있는 모습 그대로 존재하게 하라. 그런
다음 준비가 되면 당신의 가슴이 가라고 하는 방향으로 결연히 가라.

자 지금이다

『뉴요커New Yorker』지의 만화: 승복을 입고 머리를 삭발한 젊은 승려 한 명과 나이든 승려 한 명이 마룻바닥 위에 가부좌를 튼 채 나란히 앉아 있다. 젊은 승려가 다소 의아한 표정으로 나이든 승려를 쳐다보고 있고, 나이든 승려가 그를 돌아보며 말한다. "다음엔 아무 일도 일어나지 않네. 자 지금이야."

맞는 말이다. 보통 우리가 어떤 일을 맡을 때 우리의 노력이 바람직한 결과를 맺길 기대하는 건 당연하다. 비록 즐거운 기분에 지나지 않는다 해도, 우리는 결과를 보고 싶어 한다. 그런데 내가 생각할 수 있는 유일한 예외는 명상이다. 의도적이며 체계적인 인간 활동 중에 당신 자신을 향상시키려 한다거나 다른 어떤 곳에 가기 위해 애쓰지 않고 그저 이미 당신이 존재하는 곳을 깨우치려 하는 활동은 명상밖에 없다. 아마 명상의 가치는 바로 이런 점에 있을 것이다. 우리 모두 우리의 삶에서 한 가지 활동만은 오로지 그 자체를 위해 할 필요가 있는 것이다.

그러나 명상을 '행위'라 부르는 건 그리 정확한 표현이 아닐 것이다. 명상은 '존재'라 부르는 게 더 정확하다. "자 지금이야."라는 말의 의미를 제대로 이해할 때, 우리는 과거와 미래는 손에서 놔주고 우리가 존재하는 지금 이 순간에 깨어나게 된다.

사람들은 대개 이런 사실을 바로 깨닫지 못한다. 긴장을 풀고, 특별한 상태를 경험하고, 보다 나은 사람이 되고, 어떤 스트레스나 고통을 줄이고, 낡은 습관이나 행동 패턴들에서 벗어나고, 자유로워지거나 깨우치기 위해 명상을 하려 하는 것이다. 이 모든 게 명상 수행을 시작하는 타당한 동기는 되지만, 순전히 지금 명상을 하고 있다는 이유로 그런 일들이 일어날 거라 기대한다면 문제들이 생길 수 있다. 명상을 하면서 '특별한 경험'을 바라게 된다거나 뭔가 나아지는 징후들을 찾는 데 몰두하게 될 텐데, 아주 빠른 시일 내에 뭔가 특별한 걸 느끼지 못하면, 자신이 선택한 길에 회의감을 갖게 되거나 자신이 지금 '제대로 하고 있나' 하는 불안감에 사로잡힐 수도 있는 것이다.

거의 모든 배움의 영역에서 이는 아주 타당한 현상이다. 무슨 일인가를 계속하려면 조만간 뭔가 나아지는 걸 봐야 하는 것이다. 그러나 명상의 경우는 다르다. 명상의 경우 모든 상태가 특별한 상태이며, 모든 순간이 특별한 순간이다.

뭔가 다른 일이 일어나는 걸 더 이상 기대하지 않을 때, 우리는 앞으로 크게 한 발 내딛어 지금 바로 여기에 존재하는 걸 만날 수 있다. 어딘가 가고 싶다거나 어떤 식으로든 자신을 발전시키고자 할 경우, 우리는 오직 현재 서 있는 지점에서만 걸음을 옮길 수 있다. 그러니 현재 자신이 서 있는 데가 어딘지 제대로 모를 경우(이는 마음챙김을 연마하다 보면 알 수 있는 일임), 온갖 노력과 기대에도 불구하고 우리는 그저 제자리만 맴돌게 될 수도 있다. 따라서 명상 수행 과정에서 어딘가에 도달하는 가장 좋은 방법은 어딘가에 도달하려는 노력을 아예 하지 않는 것이다.

✤

당신의 마음이 불필요한 것들로 흐려져 있지 않다면,
당신의 삶에서 지금이 가장 좋은 때이다.

_ 무문 혜개

시도

가끔씩 당신 자신에게 다음과 이 말을 상기시켜라. "자, 지금이야." 이
말이 적용될 수 없는 경우가 하나라도 있나 살펴보라. 현재 순간을 받
아들인다는 것이 현재 일어나고 있는 일에서 물러선다는 의미가 아니
라는 걸 잊지 말라. 그저 '일어나고 있는 일은 일어나고 있는 것'이라는
사실을 분명히 받아들인다는 의미인 것이다. 또한 받아들인다고 해서
뭔가를 해야 한다는 것도 아니다. 다음에 무슨 일이 일어날 것인지, 무
엇을 하기로 할 것인지, 이런 것들은 현재 순간을 제대로 이해한 뒤 생
각해야 한다. '자 지금이야.'라는 말을 제대로 이해한 뒤 행동에 나서볼
수도 있겠다. 그것이 당신이 어떻게 할 것인지 또는 어떻게 반응할 것
인지를 결정하는 데 영향을 주는가? 당신이 실제 지금 이 순간이 당신
의 삶에서 가장 좋은 시기요, 가장 좋은 순간일 수 있다고 생각할 수 있
겠는가? 만일 그렇다면, 그게 당신에게 의미하는 바는 무엇이겠는가?

당신의 순간들 포착하기

순간들을 포착하는 가장 좋은 방법은 주의를 집중하는 것이다. 이는 우리가 마음챙김을 연마할 때 쓰는 방법이기도 하다. 마음챙김이란 깨어 있음을 뜻한다. 현재 당신이 하고 있는 일을 안다는 뜻이다. 그러나 예를 들어 우리가 자신의 마음이 신경 쓰고 있는 일에 집중하려 할 때, 다시 바로 무의식 상태로 되돌아가거나 인식이 개입하지 않는 자율주행 모드로 되돌아가는 경우가 흔하다. 이 같은 인식의 깜빡임은 대개 그 순간 우리가 보고 있거나 느끼고 있는 것에 대한 불만족의 소용돌이로 인해 생겨나며, 그런 불만족의 소용돌이에서 무언가가 달라지기 바라는 욕망, 상황이 바뀌길 바라는 욕망이 튀어나온다.

당신은 당신의 마음이 습관적으로 현재 순간으로부터 자꾸 도망치려 한다는 걸 직접 쉽게 관찰할 수 있다. 아주 짧은 시간이라도 좋으니 어떤 대상에 관심을 집중해보라. 아마 마음챙김을 연마하려면 그야말로 계속 깨어 있어야 한다는 사실을 떠올려야 한다는 걸 알게 될 것이다. 우리는 스스로를 향해 보고·느끼고·존재하라고 상기시킴으로써 계속 깨어 있을 수 있다. 아주 단순하다. 순간순간 체크하고 영원한 순간순간들에 계속 알아차림해 바로 지금 여기에 존재하면 되는 것이다.

이 순간 당신 자신에게 이런 질문들을 던져보라. "나는 깨어 있는가?", "바로 이 순간 내 마음은 어디에 있는가?"

마음속으로 호흡하기

당신의 관심을 집중시킬 그 무엇, 그러니까 당신 자신을 현재 순간에 묶어두고 당신 마음이 방황할 때 되돌아가게 이끌어줄 닻줄 같은 게 있으면 도움이 된다. 그런 용도에 더없이 안성맞춤인 것이 바로 호흡이다. 우리 자신의 호흡을 인식함으로써, 우리가 지금 여기에 존재한다는 걸 상기하게 되고, 그래서 무슨 일이든 이미 일어나고 있는 일을 제대로 인식하게 된다.

호흡은 우리의 순간들을 포착하는 데 도움을 줄 수 있다. 많은 사람들이 이런 사실을 모른다는 건 참 놀라운 일이다. 어쨌든 호흡은 늘 여기, 우리의 코 바로 밑에 있지 않은가. 당신은 우리가 어느 시점에선가 그야말로 우연히 호흡의 유용성을 알게 된다고 생각할지도 모른다. 심지어 "호흡을 할

(혹은 호흡을 가다듬을) 순간도 없었다."는 말도 있어, 우리는 순간과 호흡이 흥미로운 방식으로 연결되어 있을지도 모른다는 걸 알 수 있다.

당신의 호흡을 마음챙김을 연마하는 데 이용하기 위해서는 그저 호흡의 느낌에 집중하면 된다. 호흡이 당신의 몸에 들어오는 느낌과 당신의 몸에서 나가는 느낌 말이다. 그게 다다. 그냥 호흡을 느껴라. 호흡을 하면서 당신이 호흡하고 있다는 걸 아는 것이다. 그러니까 심호흡을 한다거나 억지로 호흡을 한다는 뜻이 아니며, 뭔가 특별한 걸 느끼려 한다거나 당신이 제대로 호흡하고 있는가에 대해 의문을 갖는다는 뜻도 아니다. 또한 당신의 호흡에 대해 생각을 한다는 뜻도 아니다. 그저 들어오는 숨과 나가는 숨을 알아차리는 것이다.

호흡은 한 번에 오랜 시간 할 필요는 없다. 우리가 호흡을 통해 현재 순간으로 돌아오는 건 시간이 걸리는 일이 전혀 아니며, 집중 대상을 바꾸는 일일 뿐이다. 그러나 당신이 시간을 조금 들여 매 순간 호흡을 하면서 알아차림의 순간들을 하나로 엮는다면, 당신 앞에 멋진 모험들이 펼쳐지게 될 것이다.

숨이 들어올 때는 그 숨 전체와 함께하고 숨이 나갈 때는 또 그 숨 전체와 함께하면서, 매 순간 호흡을 하는 동안 당신의 마음을 활짝 열고 자유롭게 유지하도록 하라. 어딘가에 도달하려 한다거나 무슨 일이 일어나게 하겠다는 생각들은 전부 버려라. 마음이 방황할 때는 그저 계속 호흡으로 되돌아오고, 호흡을 하면서 마음챙김의 순간들을 계속 하나로 엮어라. 이 책을 읽는 동안 틈나는 대로 계속 그렇게 하라.

✥

인도의 사상가 카비르는 말한다. "제자들아, 내게 말해보라. 신이란 무엇인가? 그는 숨 속에 있는 숨이다."

_카비르

수행, 수행, 수행

수행을 하면 호흡을 계속하는 데 도움이 된다. 당신 자신의 호흡에 익숙해지기 시작하면, 당신은 곧 무자각은 어디에나 존재한다는 걸 알게 된다. 호흡을 통해 무자각은 일상적인 일이라는 걸 알게 되는 것이다. 호흡을 하다 보면 설사 당신이 원한다 해도 호흡과 함께하는 게 그리 쉬운 일이 아니라는 걸 반복해서 알게 된다. 많은 게 끼어들어 우리를 혼란스럽게 만들고 집중력도 떨어뜨린다. 그렇게 여러 해가 지나면서 우리의 마음은 마치 낡은 가방들과 온갖 잡동사니로 가득한 다락방처럼 어수선해지게 된다. 이런 사실을 아는 것이 올바른 방향으로 나가기 위한 큰 걸음이다.

수행은 리허설이 아니다

우리는 마음챙김을 연마한다는 뜻으로 흔히 '수행'이란 말을 쓰는데, 이때의 수행이란 점점 더 나아져 최대한 좋은 성과를 올리거나 경쟁에서 이기기 위해 반복해서 하는 일반적인 의미에서의 연습을 뜻하는 건 아니다.

마음챙김 수행이란 우리가 매 순간을 존재하는 일에 온전히 전념하는 것이다. '성과' 같은 건 없다. 그저 이 순간만 있을 뿐. 뭔가 더 나아지려 애쓴다거나 다른 어딘가에 도달하려 애쓰지 않는다. 심지어 특별한 통찰력이나 비전을 추구하려 하지도 않는다. 또한 떠밀리듯 억지로 뭔가를 판단하려 하지도 않고 마음을 진정시키거나 긴장을 풀려 하지도 않는다. 그리고 자의식을 키우려 하지도, 지나친 자기몰두에 빠지려고도 하지 않는다. 그보다는 바로 지금 여기에서 최선을 다해 침착하고 진지하고 차분한 상태를 추구하면서, 온전한 알아차림 속에 우리 자신이 현재 순간과 연결되게 하려 애쓰는 것이다.

물론 지속적인 수행과 확고하면서도 조용한 노력을 통해 평정과 마음챙김과 침착함이 절로 개발되고 깊어지는데, 그러기 위해 우리는 평온함 속에 머물며 반응도 하지 않고 판단도 하지 않으며 관찰만 해야 한다. 그 결과 깨달음과 통찰력이 생기며, 평온함과 기쁨을 깊이 경험하게 된다. 그러나 이런 것들을 경험하기 위해 수행을 한다거나 이런 것들을 더 많이 경험하는 게 덜 경험하는 것보다 낫다고 말하는 건 옳지 않다.

마음챙김의 핵심은 마음챙김 그 자체를 위해 수행하는 것이며, 즐겁든 불쾌하든 좋든 나쁘든 또는 추하든 각 순간을 다가오는 그대로 받아들이고, 그런 다음 각 순간은 지금 존재하는 것이니 그 순간과 함께하는 것이다. 이런 자세를 취할 경우, 삶 그 자체가 수행이 된다. 따라서 수행을 한다고 말하기보다는, 수행이 당신에게 영향을 준다거나 아니면

삶 그 자체가 당신의 명상 스승이자 안내자가 되는 것이라
고 말하는 게 더 맞을지도 모른다.

당신의 방식을 벗어나 수행할 필요는 없다

헨리 데이비드 소로가 월든 호수에서 보낸 2년은 그 무엇보다 마음챙김을 직접 실험해본 기간이다. 그는 현재 순간의 경이와 단순함을 실컷 즐기기 위해 자신의 삶을 몽땅 걸기로 했다. 그러나 당신의 경우 마음챙김을 수행하기 위해 군이 무리하게 뭔가 특별한 장소를 찾아갈 필요는 없다. 고요함을 위해, 또 이른바 무위를 위해 당신 삶에서 잠시 시간을 내 당신의 호흡에 주의를 집중하는 걸로 충분하다.

당신의 호흡 안에는 월든 호수의 모든 것이 들어 있다. 기적처럼 변화하는 계절들이 호흡 안에 있고, 당신의 부모와 자식들이 호흡 안에 있고, 당신의 몸과 당신의 마음이 호흡 안에 있다. 호흡은 몸과 마음을 연결해주고, 우리를 우리의 부모 자식들에게 연결해주고, 우리의 몸과 외부 세계의 몸과 연결해주는 흐름이다. 호흡은 생명의 흐름이다. 그 흐름 속에는 황금 물고기들만 있다. 그리고 그 물고기들을 똑똑히 보기 위해 필요한 것은 알아차림의 렌즈뿐이다.

⌖

시간은 내가 낚시를 하러 가는 강에 지나지 않는다.
나는 그 물을 마신다. 그러나 그 물을 마시면서, 모래
바닥을 보면서 강이 얼마나 얕은지를 깨닫는다. 그 얕
은 흐름은 슬며시 사라지지만 영원은 남는다. 나는 더
깊은 물을 마실 것이다. 그 바닥에 별들이 조약돌처럼
깔린 하늘에서 낚시를 할 것이다.

_소로의 『월든』 중에서

영원 속에는 실로 진실하고 숭고한 그 무엇이 있다.
그러나 이 모든 시간과 장소와 사건들은 바로 지금 여
기에 있다. 하나님 자신도 현재의 순간 속에서 지고지
순한 위치에 오르며, 결코 그 어떤 시대에서도 지금
이 순간보다 더 신성할 수는 없을 것이다.

_소로의 『월든』 중에서

1부 꽃처럼 피어나는 현재 순간

깨어 있기

당신이 매일 시간을 내 격식을 갖춘 명상 수행을 하기 시작한다고 해서 더 이상 생각을 할 수 없게 된다거나, 바빠 움직일 수 없게 된다거나, 이 런저런 일들을 못하게 되진 않는다. 그보다는 잠시 모든 걸 멈추고 보고 듣고 이해하기 때문에 자신이 하고 있는 일을 더 잘 알 수 있게 된다.

　　소로는 월든 호수에서 이런 사실을 너무도 분명히 알게 됐다. 그래서 그는 이런 말로 자신의 메시지를 마무리했다. "우리가 깨어 있 는 날에만 동이 튼다." 우리가 살아가면서 삶의 현실을 제대로 파악하 려 한다면, 매 순간에 깨어 있어야 한다. 그렇지 않을 경우, 하루하루가 그리고 삶 전체가 부지불식간에 그냥 지나가버릴 것이다.

　　소로처럼 깨어 있기 위해 우리가 실제 쓸 수 있는 방법은 다 른 사람들을 보면서 당신이 정말 그들을 보고 있는 건지 아니면 그들에 대한 자신의 생각을 보고 있는 건지를 자문해 보는 것이다. 때론 우리의 생각이 꿈을 보는 안경처럼 작용하기 때문이다. 그 안경을 착용하면, 우리는 꿈같은 아이들, 꿈같은 남편, 꿈같은 아내, 꿈같은 일자리, 꿈같은 동료들, 꿈같은 파트너들, 꿈같은 친구들을 보게 된다. 꿈같은 현재 속에서 꿈같은 미래를 위해 살 수도 있다. 자신도 모르는 새에, 모든 것에 색깔을 입히고 그것들에 대해 멋대로 생각하게 되는 것이다. 꿈속의 사물들도 변할 수 있고 너무도 생생하고 현실적이라는 착각을 주기도 하지만, 그래 봐야 우리가 사로잡혀 있는 꿈일 뿐이다. 그러나 그 안경을 벗는다면, 아마 지금 이 순간 여기 존재하는 것을 좀 더 똑똑히 볼 수 있게 될 것이다.

소로는 깨어 있는 상태를 유지하기 위해 오랜 기간(그는 2년 하고도 2개월을 월든 호수에 머물렀음) 홀로 은둔 생활을 해야 할 필요성을 느꼈다. "나는 피할 수 없는 삶의 본질적인 면들만 접하며 의도된 삶을 살고 싶어 숲으로 갔다. 또한 그렇게 살면 삶이 내게 가르쳐주려 하는 것들을 배울 수 없게 되는지, 또 죽음을 맞이하게 될 때 내가 제대로 살지 못했다는 걸 깨닫게 되지 않을지 알고 싶기도 했다."

그의 확고한 신념은 이랬다. "하루하루 삶의 질에 영향을 주는 것. 그것이야말로 최고의 예술 아닌가…… 나는 아직 완전히 깨어 있는 사람을 만난 적이 없다. 그러니 어찌 그 얼굴을 쳐다볼 수 있었겠는가?"

시도

이따금 당신 자신에게 이런 질문을 던져라. "나는 지금 깨어 있는가?"

✢

내 내면 속의 나여, 귀 기울여라. 가장 위대한 혼이,
스승이 근처에 있다.
깨어나라, 깨어나라!

그의 발 있는 데로 달려가라.
그는 지금 이 순간 그대의 머리 가까이에 서 있다.
그대는 수억 년간 잠들어 있었다.
오늘 아침에 깨어나지 않겠는가?

_카비르

복잡하게 만들지 않기

명상을 시작하기로 마음먹었다면 그에 대해 다른 사람들에게 얘기할 필요가 없다. 당신이 왜 명상을 하려 하는지, 명상이 당신에게 어떤 도움이 되는지도 얘기할 필요가 없다. 사실 그런 얘기를 해봐야 명상 수행에 필요한 초기 에너지와 열정만 허비할 뿐이며, 스스로 당신의 노력들을 좌절시켜 더 이상 추진력도 얻지 못하게 될 뿐이다. 결국 여기 저기 광고하지 말고 조용히 명상을 하는 게 최선이다.

　　명상에 대해, 명상이 얼마나 멋진 일인지 또는 얼마나 힘든 일인지에 대해, 명상이 요즘 당신에게 어떤 도움을 주는지 또는 주지 않는지에 대해 말하고 싶다는 강한 충동에 휩싸일 때마다, 아니면 다른 누군가에게 명상이 얼마나 멋진 일을 해줄 건지를 납득시키고 싶을 때마다, 더 많은 생각을 해봐야 할 일로 보고 그냥 명상을 좀 더 하라. 그런 충동은 곧 사라지고 모든 사람, 특히 당신이 더 잘 지내게 될 것이다.

파도를 멈출 순 없어도 파도를 타는 법을 배울 순 있다

명상을 세상 또는 당신 자신의 마음에서 비롯되는 압력들을 차단시키는 한 방법으로 보는 경우가 많은데, 그건 정확한 견해는 아니다. 명상은 세상사를 차단하는 일도, 멀리하는 일도 아니다. 명상은 세상사를 분명히 보는 일이며, 세상사와의 관계에서 신중하게 당신 자신의 위치를 바로잡는 일이다.

우리 클리닉을 찾아오는 사람들은 곧 스트레스가 피할 수 없는 삶의 일부라는 사실을 배운다. 우리가 현명한 선택들을 함으로써 상황이 더 악화되지 않게 하는 법을 배울 수는 있지만, 삶에는 우리가 통제하기 힘들거나 전혀 통제할 수 없는 일들이 많다. 스트레스는 삶의 일부이자 인간의 일부이며, 인간 조건 그 자체에 내재되어 있다. 그러나 그렇다고 해서 우리 자신이 삶 속에서 만나는 커다란 힘들 앞에 속절없이 희생되어야 한다는 의미는 아니다. 우리는 그 힘들과 함께하고, 그 힘들을 이해하고, 그 힘들 속에서 의미를 발견하고, 결정적인 선택들을 하고, 그 힘들의 에너지를 이용해 힘과 지혜와 동정심을 기르는 법을 배울 수 있다. 존재하는 모든 것들을 기꺼이 받아들이고 함께하는 것이 모든 명상 수행의 핵심이다.

마음챙김이 어떤 식으로 작동되는지를 상상해볼 수 있는 방법은 당신의 마음이 호수나 바다의 수면이라고 생각해보는 것이다. 수면에는 늘 물결이 인다. 그 물결은 때론 크고 때론 작으며, 또 때론 거의 알아볼 수 없을 정도로 미미하다. 수면의 물결은 바람에 의해 일렁이며, 불어왔다 가는 바람은 그 방향과 세기가 수시로 변한다. 우리 삶 속의 스트레스와 변화 역시 바람과 같아, 우리 마음속에 물결을 일으킨다.

명상을 제대로 이해 못하는 사람들은 명상이 일종의 특별한 내적 조작으로, 이 같은 마음속 물결을 마법처럼 잠재워 마음속 수면이 잔잔하고 평화로우면서도 고요해진다고 생각한다. 그러나 물 위에 유리판을 얹어 물결을 잠재울 수 없듯이, 마음속 물결을 인위적으로 억누를 수는 없으며, 따라서 그런 시도를 하는 게 그리 현명한 일도 못된다. 그래봐야 평온함은커녕 더 많은 긴장과 내적 갈등만 유발할 테니 말이다. 그렇다고 해서 평온함을 얻을 수 없다는 의미는 아니다. 단지 자연스런 마음의 활동을 억누르기 위한 잘못된 시도들로는 평온함을 얻을 수 없다는 것이다.

물론 명상을 통해서 마음을 휘젓는 바람의 대부분을 막아줄 안식처를 찾는 건 가능하다. 바람이 계속 부는 건 아니기 때문에 시간이 지나면 혼란의 상당 부분은 잦아들 수도 있다. 그러나 우리가 어떻게 하든 결국 삶의 바람과 마음의 바람은 다시 불 것이다. 명상은 이런 사실을 잘 알고 그에 대처하는 법을 배우는 것이다.

파도를 멈출 순 없어도 파도를 타는 법을 배울 순 있다.
마음챙김 수행의 정신은 70대의 요가 수행자 스와미 사치다난다가 하와이 해변에서 덥수룩한 흰 턱수염과 겉옷을 휘날리며 서핑보드에 올라 파도를 타는 포스터에 멋지게 포착되었다. 그 포스터에는 이런 설명이 적혀 있다. "파도를 멈출 순 없어도 파도를 타는 법을 배울 순 있다."

명상은 누구나 할 수 있는가?

나는 이 질문을 참 많이 받는다. 아마 다른 사람들은 다 명상을 할 수 있어도 자신은 할 수 없다는 생각에 그런 질문을 하는 것 같다. 그들은 명상을 할 수 없는 게 자신만이 아니라는 말로 위안을 얻고 싶어 한다. 그러니까 잘은 모르지만 불운하게도 애초부터 명상을 하지 못하게 태어난 사람들이 적어도 조금은 있다는 말을 듣고 싶은 것이다. 그러나 이는 그렇게 간단한 문제가 아니다.

당신이 명상을 할 수 없다고 생각하는 것은 당신이 숨을 쉴 수 없다거나 집중을 할 수 없다거나 긴장을 풀고 편히 쉴 수 없다고 생각하는 것과 조금 비슷하다. 거의 모든 사람이 숨쉬기는 쉽게 한다. 그리고 일반적인 상황에서라면 거의 모든 사람이 집중을 하고, 거의 모든 사람이 긴장을 풀고 편히 쉰다.

사람들은 종종 명상을 자신이 도달해야 하거나 느껴야 하는 다른 특별한 상태나 휴식과 혼동한다. 그래서 한두 차례 시도하고도 아무데도 도달하지 못하거나 뭔가 특별한 걸 느끼지 못할 경우, 자신이 명상을 할 수 없는 사람들 중 하나라고 생각해 버린다.

그러나 명상은 특정 방식으로 뭔가를 느끼는 일이 아니다. 그보다는 당신이 느끼는 그대로 느끼는 일이다. 또한 평온함은 명상 중에 더 깊어지고 체계적으로 연마할 수도 있지만, 명상은 마음을 비우거나 평온하게 만드는 일이 아니다. 명상은 그 무엇보다 마음을 있는 그대로 내버려두는 일이며, 또 마음이 지금 이 순간 어떤 상태인지를 아는 일이다. 절대 다른 어딘가에 도달하는 일이 아니라, 당신이 이미 존재하는 곳에 그대로 있게 내버려두는 일인 것이다. 만일 이걸 제대로 이해하지 못한다면, 당신 스스로 태어날 때부터 명상을 할 수 없는 사람이라고 생각하게 될 것이다. 그러나 그건 명상에 대해 잘못 생각하고 있는 것이다.

사실 명상은 계속 수행하겠다는 자신과의 약속과 에너지를 필요로 한다. 그래서 "명상을 못하겠어."보다는 "명상을 계속하지 않겠어."라고 말하는 게 더 정확한 말일 것이다. 누구나 가만히 자리에 앉아 자신의 호흡을 지켜보거나 자신의 마음을 지켜볼 수 있다. 게다가 꼭 앉아서 해야 하는 것도 아니다. 명상은 걷거나 서 있거나 누워서 또는 한 다리로 서 있거나 달리면서 또는 목욕을 하면서도 할 수 있다. 그러나 단 5분간이라도 명상을 하려면 의도적인 노력이 필요하다. 또한 명상을 삶의 일부로 만들려면 약간의 훈련도 필요하다. 따라서 사람들이 명상을 할 수 없다고 말하는 건 명상할 시간을 따로 내지 않을 거라거나 아니면 명상을 시도할 때 일어나는 일이 마음에 들지 않는다는 뜻이다. 그러니까 명상 결과가 자신이 찾거나 바라는 것과 다르며, 자신의 기대에도 차지 않는다는 것이다. 그래서 그들은 아마 다시 시도해야 할 것이며, 이번에는 아예 기대를 접고 그냥 지켜보기만 해야 할 것이다.

무위를 찬양하며

당신이 잠시나마 자리에 앉아 명상을 한다면, 그 시간은 무위를 위한 시간이 될 것이다. 이때 무위라는 것이 아무것도 하지 않는 것과 같은 말이라고 생각하지 않는 게 아주 중요하다. 그 둘은 달라도 그렇게 다를 수 없다. 여기서는 의식과 의도가 중요하다. 사실 그것들이 열쇠이다.

얼핏 보기에 무위에는 두 종류가 있는 듯하다. 하나는 그 어떤 외적인 일도 하지 않는 것이고, 다른 하나는 노력 없이 절로 이루어지는 행위이다. 결국 알고 보면 같은 것이다. 여기서 중요한 것은 내적인 경험이다. 흔히 말하는 '격식을 갖춘 명상'이란 의도적으로 잠시 시간을 내 모든 외적인 행위를 멈추고 마음의 평화를 추구하는 것이며, 매 순간 최대한 충실히 존재하는 것 외에 다른 건 염두에 두지 않는 것이다. 그리고 아무것도 하지 않는다. 이 같은 무위의 순간들이야말로 아마 사람이 자신에게 줄 수 있는 최고의 선물일 것이다.

소로는 몇 시간이고 자기 집 문 입구에 앉아 해가 하늘을 가로질러 이동하고 빛과 그림자들이 미세하게 변하는 걸 물끄러미 지켜보며 귀 기울였다.

✥

머리의 일이든 손의 일이든 일 때문에 현재 순간이 꽃처럼 활짝 피어나는 걸 희생할 수 없었던 순간들이 있다. 나는 내 삶에 여백의 시간을 갖는 걸 좋아한다. 그래서 여름날 아침이면 늘 하던 대로 목욕을 한 뒤, 해 뜰 녘부터 정오까지 해가 잘 드는 문 입구에 앉아 방해할 사람 아무도 없는 고독과 고요 속에 몽상에 잠기곤 했다. 주변에는 소나무와 히코리, 옻나무가 무성했고, 새들은 즐겁게 노래 부르거나 소리 없이 집안을 날아다녔다. 그러다가 해가 서쪽 창 쪽으로 지거나 멀리 떨어진 대로에서 여행자의 마차 소리가 들려오면, 나는 벌써 시간이 이렇게 됐구나 하는 걸 깨닫곤 했다. 그 시절에 나는 밤새 자라나는 옥수수처럼 쑥쑥 자랐다. 그런 순간들은 손으로 하는 그 어떤 일보다 훨씬 더 좋았다. 그 순간들은 내 삶에서 제외되는 시간이 아니라, 평소 내게 허용된 시간들보다 훨씬 더 좋은 시간들이었다. 나는 동양인들이 말하는 '일에서 벗어나 명상에 잠긴다'는 것이 뭔지 알 것 같았다. 대부분의 경우 나는 시간이 어떻게 지나나 하는 걸 개

의치 않았다. 하루하루는 마치 내 일을 덜어주려는 듯
지나갔고, 아, 아침이네 하면 어느새 저녁이었고, 그간
기억할 만한 일은 한 게 아무것도 없었다. 새들처럼
노래하는 대신, 나는 끊임없는 내 행운에 말없이 미소
지었다. 참새가 문 앞 히코리나무에 앉아 지저귀면, 나
는 키득거리거나 혹 참새가 내 둥지에서 흘러나오는
노래 소리를 들을까 싶어 아주 나직하게 노래 불렀다.

_소로의 『월든』 중에서

시도

혹 그런 순간이 있다면, 매일매일 하는 명상 수행 중에 현재 순간이 꽃
피는 순간을 확인해보라. 만일 아침에 일찍 일어난다면, 밖에 나가 별
들과 달과 다가오는 여명의 불빛을 쳐다보라(진심을 담아 지속적으로 주의
깊게). 공기와 추위와 따뜻함을 느껴보라(진심을 담아 지속적으로 주의 깊
게). 당신 주변의 세상이 잠자고 있음을 알라. 그리고 하늘의 별들을 볼
때는 수백만 년 전 별들의 모습을 보고 있는 거라는 사실을 잊지 말라.
과거가 지금 여기에 존재하는 것이다.

그런 다음 가서 앉거나 누워 명상을 하라. 당신이 명상 수행을
하는 이 순간 또는 다른 모든 순간이 하고 있던 모든 일을 놔두고 존재
모드로 들어가는 순간이 되게 하라. 그 같은 존재 모드 안에서 당신은

평온한 마음챙김 상태에 머물게 되고, 현재가 매 순간순간 펼쳐지는 걸 보게 되며, 아무것도 보태거나 빼지 않고, '자 지금이야.'라고 단언하게 된다.

무위의 역설

미국인들이 무위의 풍미와 순수한 기쁨을 이해하기란 쉽지 않다. 우리의 문화가 뭔가를 하는 것과 발전을 워낙 중요시하기 때문이다. 우리는 심지어 여가 시간에도 정신없이 바쁘다. 무위의 기쁨은 이 순간이 완전해지기 위해 다른 그 어떤 일도 일어날 필요가 없다는 데 있다. 또한 무위의 지혜와 거기서 나오는 평온함은 다른 뭔가가 이 순간을 완전하게 만들어줄 거라는 것을 아는 데 있다.

소로는 이런 말을 했다. "아, 아침이네 하면 어느새 저녁이었고, 그간 기억할 만한 일은 한 게 아무것도 없었다." 능력 있고 발전 지향적인 사람들이 입장에서 이 말은 흥분한 황소 앞에서 붉은 깃발을 흔드는 것이나 다름없는 말이다. 그러나 소로가 자기 집 문 앞에서 보낸 어느 날 아침이 꽃처럼 피어나는 현재 순간의 평온함도 제대로 알지 못한 채 바삐 보낸 일생보다 덜 기억될 만하고 덜 가치 있다고 말할 수 있는 사람이 어디 있겠는가?

소로는 그 당시는 물론 지금도 귀 기울일 만한 노래를 불렀다. 그는 기꺼이 귀 기울일 마음을 가진 사람들을 향해 지금까지도 계속 지적하고 있다. 존재의 순수한 기쁨 이외의 다른 어떤 결과에도 집착하지 않고 명상 수행을 하는 일의 중요성에 대해, 또 손으로 하는 그 어떤 일보다 훨씬 소중한 무위의 중요성에 대해서 말이다. 그의 이런 관점은 다음과 같은 옛 선불교 대가의 말을 떠오르게 한다. "허허, 40년간 강가에서 물을 팔아왔으니 내 노력은 완전히 헛된 것이었구나."

여기에 역설적인 면이 있다. 당신이 뭔가 가치 있는 일을 할 수 있는 유일한 길은 무위로부터 노력이 나오게 하고 그 노력이 소용 있을지 어떨지는 개의치 않는 것이다. 그러지 않을 경우, 자신도 모르는 새에 자아도취와 탐욕이 끼어들어 당신과 일의 관계 또는 일 그 자체를 왜곡시키게 돼, 설령 좋은 일이라 해도 잘못되거나 편향되거나 불순해져 결국 완전히 만족스럽지 못한 상태가 된다. 뛰어난 과학자들은 이런 마음 상태를 잘 알아 그런 상태에 빠지지 않으려 애쓴다. 그런 상태에 빠질 경우 창의적인 과정이 불가능해지고 사물들 간의 연관성을 꿰뚫어보는 능력이 왜곡되기 때문이다.

행위 속의 무위

무위는 평온함 속에서는 물론 행위 속에서도 생겨날 수 있다. 행위를 하는 사람의 내적 평온함이 외적 행위와 결합되어 행위가 스스로 행위를 하는 경지에 이르게 된다. 노력이 필요 없는 행위가 가능해지는 것이다. 의지력의 발휘도 없고 어떤 결과에 대해 자기 공로를 주장하는 속 좁은 '나'도 없지만, 그렇다고 해서 이루어지지 않는 일도 없다. 무위는 모든 행위 영역에서 숙달에 이르기 위한 기본 초석이다. 3세기 무렵의 중국에서 있었던 무위에 대한 얘기를 하나 들어보자.

위나라 문혜군의 요리사 포정이
소 한 마리를 해체하고 있었다.
포정이 한 손을 뻗어
한쪽 어깨로 내리누르고

한 발을 단단히 디딘 뒤
한쪽 무릎으로 누르니
소가 완전히 분해됐다.
부드러운 바람처럼
번쩍이는 식칼이 속삭였다
리듬! 타이밍!
성스런 춤을 추는 듯
고대의 하모니처럼!

"오, 대단한 솜씨로다!" 문혜군이 경탄했다.
"그대의 재주는 흠잡을 데가 없군!"
"재주요?" 자신의 칼을 내려놓으며
요리사가 말했다.
"제가 좇는 건 모든 재주를 능가하는
도입니다."

"처음 소를 해체하기 시작했을 때
제 앞에 보이는 건 덩어리 통째로의
소 한 마리였습니다.
3년이 지나자 더 이상 통째로 보이지 않고

해체된 모습으로 보였습니다.

그러나 이젠 눈으로 보지 않고
제 온 존재로 이해합니다.
제 감각은 무뎌지고
혼이 자유분방하게 움직입니다.
오직 본능을 따르고
자연의 섭리에 이끌립니다.
비밀스런 틈새와 숨겨진 공간을 따라
제 칼은 스스로 자기 길을 찾아다닙니다.
뼈는 건들지 않고 뼈마디 사이를 지납니다.
…
뼈마디 사이에는 틈새가 있고
칼날은 얇고 예리합니다.
그 얇은 칼날이
틈새를 찾는 것이므로
얼마든지 여유가 있습니다.
미풍처럼 지나가죠.
이 칼을 19년째 쓰는 중인데
아직 새것처럼 예리합니다.

물론 가끔 처리하기 힘든 뼈마디도 있습니다.
그런 뼈마디가 느껴질 경우
잠시 유심히 들여다보며
칼 놀리는 속도를 줄입니다.
그러면 흙덩어리가 떨어지듯
퍽하며 살들이 떨어집니다.

그런 다음 칼을 빼고
가만히 서서
일을 무사히 마친 기쁨을
가라앉힙니다.
그러곤 칼을 닦은 뒤
잘 보관합니다.”

문혜군이 말했다.
“오, 바로 이거야! 내 요리사는 지금
내게 삶을 어찌 살아야 하는지를
가르쳐 주었어!”

_『장자』 중에서

무위를 행하기

무위는 게으르거나 수동적인 것과는 아주 거리가 멀다. 아니, 그 정반대이다. 가만히 있을 때든 어떤 행위를 할 때든, 무위를 연마하려면 큰용기와 에너지가 필요하다. 또한 무위를 행하기 위해 따로 시간을 내는 것도, 살아가며 해야 할 일이 많은데 계속 무위를 행한다는 것도 쉬운 일이 아니다.

그러나 늘 뭔가 해야 할 일이 있다고 느끼는 사람들 입장에서 무위가 겁먹을 만한 일은 아니다. 그런 사람들은 무위를 행함으로써 오히려 일을 훨씬 더 많이, 훨씬 더 잘하게 된다는 걸 알게 된다. 무위란 모든 일을 있는 그대로 내버려둬 제 나름대로 펼쳐지게 하는 것이기 때문이다. 그러려면 엄청난 노력이 필요할 수도 있지만, 그건 우아하고 지혜롭고 힘들지 않은 노력이며, 평생 연마해야 하는 '행위자 없는 행위'이다.

노력이 필요 없는 행위는 춤이나 스포츠에서 최고 수준의 성과를 올리는 순간들에 일어난다. 그리고 그런 순간에는 모든 사람이 숨을 죽이고 쳐다보게 된다. 그러나 노력이 필요 없는 행위는 페인트칠에서부터 자동차 수리, 육아에 이르는 모든 인간 활동의 영역에서도 일어난다. 때론 수년간의 수행과 경험이 합쳐져, 모든 행위가 기술을 뛰어넘고 노력을 뛰어넘고 생각을 뛰어넘어 행해지는 새로운 경지에 도달하게 된다. 그렇게 되면 행위는 예술과 존재의 발현이 되며, 모든 걸 손에서 놓는 경지, 즉 몸과 마음이 하나가 되어 움직이는 경지의 발현이 된다. 우리는 스포츠나 예술 분야에서의 가장 뛰어난 기예를 보고 스릴을 느끼는데, 그건 마법처럼 멋진 숙달의 순간에 동참하면서 잠시라도 더없이 행복해지기 때문이다. 아니면 우리 각자가 나름대로의 방식으로 삶을 살아가며 그렇게 우아하고 조화로운 순간들을 접할 수 있다는 사실을 공유하기 때문일 것이다.

소로는 이렇게 말했다. "하루하루 삶의 질에 영향을 주는 것. 그것이야말로 최고의 예술이다." 이 말을 마사 그레이엄Martha Graham은 춤의 기술에 대해 얘기하며 이렇게 풀었다. "중요한 것은 오직 하나, 움직이는 지금 이 순간뿐이다. 순간을 살 가치가 있는 생생한 것으로 만들어라. 순간들이 사용되지도 못한 채 무심히 지나가게 하지 말라."

그 어떤 명상의 대가도 이보다 더 가슴에 와 닿는 말을 할 수는 없었을 것이다. 우리는 무위가 평생 계속해야 할 일임을 너무도 잘 알고, 또 아이로니컬하게도 늘 뭔가를 행해야 한다는 생각이 너무 강해 무위를 연마하는 일이 상당한 노력을 필요로 한다는 걸 잘 알기 때문에, 기꺼이 무위를 연마하는 견습생이 될 수 있다.

명상은 무위의 수행과 같은 말이다. 우리는 모든 걸 완벽하게 만들거나 또는 완벽하게 하기 위해 수행하는 건 아니다. 그보다는 오히려 모든 게 이미 완벽하며, 있는 그대로가 완벽하다는 사실을 이해하고 깨닫기 위해(우리 자신에게 현실이 되게 하기 위해) 수행을 한다. 이는 다음 순간으로 이어지는 현재 순간의 순수하고 신선한 잠재력을 인지하면서, 아무것도 보태지 않은 현재 순간 그대로를 온전히 유지하는 것과 깊은 관련이 있다. 그런 다음 사물을 제대로 알고 최대한 명확히 보면서, 우리가 실제 아는 것 이상 알고 있지 못하다는 걸 인식하며, 행동하고 시도하고 입장을 취하고 기회를 잡는 것이다. 어떤 사람들은 이를 흐름이라고 한다. 한 순간이 별 노력도 없이 자연스레 다음 순간으로 흘러가 마음챙김이라는 강바닥 안에 자리 잡는다는 것.

시도

하루를 보내면서 매 순간에, 그러니까 평범한 순간, 그저 그런 순간, 심지어 힘겨운 순간에 현재 순간이 꽃처럼 피어나는 걸 볼 수 있나 살펴보라. 예를 들어 어떤 일이 억지로 일이 일어나게 한다거나 '반드시' 일어나야 한다는 당신 생각에 맞지 않는다고 거부하는 일 없이, 당신의 삶에서 보다 많은 일들이 자연스레 펼쳐지도록 하라. 문혜군의 요리사처럼 당신이 아무 노력 없이 자연스레 움직일 수 있는 '공간들'을 감지할 수 있는지 보라. 이른 아침 잠시 다른 목적 없이 그저 존재를 위한 시간을 낼 수 있다면, 그게 당신의 남은 하루 시간의 질을 어떻게 변화시킬 수 있는지 보라. 이처럼 당신 자신의 존재에서 가장 중요한 걸 확인할 때, 하루 종일 마음챙김 상태가 크게 개선되지 않는지, 또 그 결과 꽃처럼 피어나는 매 순간을 더 잘 느끼고 이해하며 적절히 반응할 수 있게 되지 않는지 보라.

인내

특정한 마음자세나 정신적 특성들은 명상 수행에 도움이 되며 마음챙김의 씨앗들이 번성할 수 있는 비옥한 땅 역할을 한다. 그런 마음자세나 정신적 특성들을 연마함으로써, 우리는 실제로 우리 자신의 마음의 땅을 갈게 되며, 그것이 우리 삶에서 명석함과 동정심과 올바른 행동의 원천이 되게 된다.

명상 수행에 도움을 주는 이 같은 내적 특성들은 강요되거나 법령으로 정해 공포될 수도 없다. 오직 연마될 수 있을 뿐이며, 그것도 당신 자신이나 다른 사람들의 고통과 혼란에 일조하는 걸 중단하고 싶을 만큼 당신의 내적 동기가 강할 때만 연마될 수 있다. 그러니까 결국 '윤리적으로'(많은 집단에서 잘못된 개념으로 쓰이고 있는 말이지만) 행동해야 한다는 것이다.

나는 언젠가 라디오에서 누군가가 윤리라는 말을 '강요될 수 없는 것에 대한 복종'이라고 정의하는 걸 들은 적이 있다. 그럴 듯한 정의이다. 당신이 내면의 소리들에 귀 기울이며 행동하는 것은 누군가 점수를 매기고 있기 때문이 아니며, 원칙들을 어기다 걸리면 처벌 받기 때문도 아니다. 당신은 당신 자신이 치는 드럼 소리에 맞춰 행진하고 있다. 마음챙김을 연마하기 위해 내면의 땅을 갈아야 하듯, 당신이 귀 기울여야 하는 것은 내면의 소리인 것이다. 그러나 윤리적인 행동을 하려 애쓰지 않고는 조화를 이룰 수 없다. 결국 윤리적인 행동은 당신 정원에 자라나고 있는 어린 싹들을 먹지 못하게 염소들을 막아주는 울타리와 같다.

나는 인내는 이처럼 기본적인 윤리적 마음자세의 하나라고 생각한다. 당신이 인내를 연마한다면 마음챙김을 연마하지 않을 수 없게 될 것이며, 그 결과 당신의 명상 수행 또한 점차 더 풍요로우면서도 성숙해져가게 될 것이다. 어쨌든 지금 이 순간 다른 어딘가에 도달하려 애쓰지만 않는다면, 인내가 당신을 돌봐줄 테니 말이다. 모든 것들이 나름대로의 시간에 맞춰 저절로 펼쳐지는 장면을 떠올려보라. 계절은 우리가 서두른다고 바뀌진 않는다. 봄이 오면 풀들은 절로 자란다. 서두르는 건 대개 도움이 되지 않으며, 그래 봐야 때론 우리 자신에게 또 때론 우리 주변 사람들에게 많은 고통을 줄 뿐이다.

인내는 우리 마음에 내재된 초조함과 조급함을 대체해줄 상존하는 대안이다. 조급함의 표면을 긁어보면 그 밑에는 눈에 띄게 또는 은밀하게 분노가 숨어 있다. 분노는 모든 걸 있는 그대로 받아들이려 하지 않으며 무슨 일이 생기든 다른 사람(때론 자신) 탓을 하게 만드는 강력한 에너지이다. 그렇다고 해서 서둘러야 할 때 서둘지 못하게 된다는 말은 아니다. 서둘기로 마음먹었다면 빨리 움직이면서 인내심을 갖고 신중하게 서두는 건 가능하다.

　　인내의 관점에서 보자면, 모든 건 다른 일들이 일어나기 때문에 일어난다. 그 어떤 것 하나 분리되어 따로 놀지 않는다. 최종적으로 책임져야 하는 절대적인 근본 원인이라는 건 없다. 누군가 막대기 같은 걸로 당신을 때린다면, 당신은 그 막대기나 그걸 휘두른 팔에 화를 내는 게 아니라 팔을 휘두른 사람에게 화를 내게 된다. 그러나 좀 더 깊이 들여다본다면, 심지어 그 사람에게 화를 내는 일에서조차도 만족할 만한 근본 원인을 찾기 어렵다. 그 사람은 문자 그대로 자신이 지금 뭘 하고 있는지도 모르고 있고, 따라서 순간 제정신이 아니기 때문이다. 그럼 누굴 탓하고 누굴 벌해야 할까? 무방비 상태의 아이를 향해 온갖 학대를 자행한 그 사람의 부모에게 분노해야 할지도 모른다. 아니면 동정심이 부족한 세상에 대해 분노해야 할지도 모른다. 그러나 세상이란 무엇인가? 당신 역시 그 세상의 일부 아닌가? 당신도 종종 분노 충동을 느끼고, 그래서 어떤 상황에선 폭력 충동도 느끼고 심한 경우 살인 충동까지 느끼지 않는가?

　　중국 정부가 여러 해에 걸쳐 티베트인들을 대량학살하고, 티베트인들이 소중히 여기는 모든 제도와 믿음 등에 대해 말살 정책을 펴고, 티베트인들이 살고 있는 땅까지 수탈해오고 있는데도 달라이 라마는 중국인들에게 분노를 표하지 않는다. 그가 노벨 평화상을 수상할 때 한 기자가 정말 중국인들에 대한 분노가 전혀 없냐고 묻자 달라이 라마는 이런 취지의 답을 했다. "그들은 우리로부터 모든 걸 뺏어갔습니다. 그런데 내 마음까지 뺏어가게 내버려둬야 합니까?"

이런 태도는 그 자체로 놀라운 평화, 그러니까 가장 근본적인 것이 무언지를 아는 내적 평화와 그런 지혜를 태도와 행동으로 구현하는 외적 평화를 보여주는 태도이다. 그런 평화와 엄청난 도발과 고통 속에서도 기꺼이 인내하려는 의지는 내적으로 동정심을 연마할 때 비로소 나올 수 있다. 그리고 이런 류의 동정심은 상대가 친구들에 국한되는 것이 아니며, 흔히 악하게 보이지만 실은 무지로 인해 당신과 당신이 사랑하는 사람들에게 고통을 주는 사람들에게까지 똑같이 느껴진다.

이 정도의 이타적인 동정심은 불교도들이 말하는 팔정도(八正道) 중 정념(正念. 바른 마음챙김)과 정견(正見. 바른 견해)에 기초한 것이다. 이런 동정심은 저절로 생겨나오는 건 아니다. 수행과 연마가 필요하다. 이런 동정심은 또 분노의 감정이 일어나지 않는 상태도 아니다. 오히려 분노가 잘 활용되고 다뤄질 수 있는 상태로, 그 에너지를 통해 우리 자신은 물론 어쩌면 다른 사람들 내면의 인내와 동정심, 조화, 지혜가 함양될 수도 있다.

우리는 명상 수행을 하기 위해 모든 걸 잠시 멈추고 앉아 우리 자신의 호흡의 흐름을 느낄 때마다 인내를 연마하게 된다. 그리고 이처럼 우리 자신이 보다 열린 상태가 되고 매 순간과 보다 잘 연결되고 매 순간 보다 잘 인내하게 되면, 그런 상태는 자연스레 우리 삶의 다른 순간들로 확장되게 된다. 또한 세상 모든 게 그 나름의 본성에 맞게 펼쳐진다는 걸 알게 되며, 우리의 삶 역시 그런 식으로 펼쳐지게 해야 한다는 걸 기억하게 된다. 우리는 또 아무리 고통스런 순간이라 하더라도, 우리의 이런저런 불안감과 특정 결과에 대한 욕심들이 매 순간을 지배하게 내버려둘 필요도 없다. 우리는 밀어야 할 때 민다. 그리고 당겨야 할 때 당긴다. 그러나 언제 너무 밀면 안 되고 당기면 안 되는지도 알게 된다.

그럼에도 불구하고, 우리는 현재 순간에 균형감을 주려고 애쓰게 된다. 현재의 우리 상태에 따라 다음에 일어나는 일들이 결정된다는 걸 잘 알기 때문이다. 명상 수행을 하다 조바심이 날 때, 또는 살아가면서 좌절감에 빠지거나 초조하거나 분노가 치밀 때, 이걸 기억하면 도움이 될 것이다.

그대 속의 진흙이 가라앉아 물이 맑아질 때까지
인내심을 갖고 기다릴 수 있는가?

올바른 행동들이 저절로 일어날 때까지
꼼짝 않고 있을 수 있는가?

_노자의 『도덕경』 중에서

세상 그 누구도 내가 만족해 한다는 걸 모른다 해도
그리고 모든 사람이 내가 만족해 한다는 걸 안다 해도
나는 지금 이대로 존재하며, 그걸로 족하다.

한 세상이 알고 있다. 그리고 그게 현재로선
내게 가장 큰 것이며,
그게 나 자신이다.
그리고 내가 오늘 또는 만 년 후 또는 천만 년 후
내 자신이 된다 해도,
나는 지금 그걸 즐겁게 또는 같은 즐거움으로
받아들일 수 있으며,
기다릴 수 있다.

_월트 휘트먼 『풀잎』 중에서

조바심과 분노가 일어날 때 그걸 잘 들여다보라. 다른 관점, 그러니까 모든 게 그 나름대로의 시간에 따라 펼쳐지는 관점을 가질 수 있는지 보라. 그런 관점은 당신이 뭔가 하고 싶은 일이나 해야 할 일에서 압박 감을 받거나 저지당하거나 좌절되는 느낌이 들 때 특히 유용하다. 힘 든 일로 보이겠지만, 매 순간 흐르는 강을 떠밀려 하지 말고 그냥 조심 스레 그 흐름에 귀 기울여라. 강이 당신에게 어떤 말을 하는가? 강이 당 신에게 무얼 하라고 하는가? 아무 말도 없다면, 그냥 호흡하라. 모든 걸 있는 그대로 두고 인내심을 갖고 계속 귀 기울여라. 만일 강이 당신에 게 뭔가 말을 한다면, 그렇게 하되 성심성의껏 하라. 그런 다음 다시 멈 추고 인내심을 갖고 기다리며 귀 기울여라.

격식을 갖춘 명상 수행 중에는 호흡의 부드러운 흐름에 집중하 라. 그러면서 종종 당신의 마음이 뭔가 다른 일을 하고 싶어 한다거나 시간을 채우고 싶어 한다거나 지금 일어나고 있는 일을 바꾸고 싶어 한다거나 하지 않나 잘 들여다보라. 그런 마음이 드는 순간들에 자신 을 잃지 말라. 인내심을 갖고 앉아 호흡을 하면서 매 순간 펼쳐지는 일 을 예리하게 인식하고, 거기에 뭔가 보태지도 말고 자연스레 펼쳐지게 내버려두라. 그냥 지켜보고 호흡하면서 평온함을 느끼고 인내심 그 자 체가 되라.

손에서 놓기

'손에서 놓기'라는 말은 너무 자주 쓰이는 새로운 시대의 상투적인 말로 선정될 만하다. 그만큼 과용되고 있고 매일 남용되고 있다. 그러나 상투적인 말이든 아니든, '손에서 놓기'란 워낙 강력한 내적 '행보'로 면밀히 살펴볼 가치가 있다. '손에서 놓기' 수행을 통해 정말 중요한 걸 배울 수 있는 것이다.

'손에서 놓기'란 말의 의미는 문자 그대로이다. 그것이 어떤 사상이나 물건이나 사건이든 아니면 특정 시간이나 관점 또는 욕망이든, 뭔가에 매달리는 걸 그만둔다는 것이다. 현재 순간들이 펼쳐질 때 그 순간의 흐름을 그대로 받아들이면서 손에서 놓겠다고 의식적 결심을 하는 것이다. 손에서 놓는다는 건 뭔가 더 강력하고 온전한 것과 바꾸기 위해 강요와 저항 혹은 투쟁을 포기한다는 의미이다. 이런 포기 상태는 갈망이나 좋아함, 싫어함에 내재된 끈적거림 속에서 뭔가에 대한 끌림이나 거부감에 붙잡혀 있지 않고 있는 그대로 받아들일 때 생겨난다. 당신의 손바닥을 활짝 펴서 내내 쥐고 있던 뭔가를 놔버리는 것과 비슷하다.

그러나 우리를 붙잡고 있는 것은 외적인 일들과 관련된 우리 갈망의 끈적거림 뿐만은 아니다. 우리는 뭔가를 손으로만 붙잡고 있는 것도 아니다. 우리의 마음으로도 붙잡고 있다. 종종 편협한 견해나 이기적인 바람과 소망에 필사적으로 매달리며 스스로 우리 자신의 발목을 잡고 있는 것이다. 손에서 놓는다는 건 우리 자신이 좋아하거나 싫어하는 것들의 강력한 끌림에 투명해지고, 또 좋아하거나 싫어하는 것들에 무의식적으로 매달리게 만드는 생각에 투명해지기로 결심한다는 의미이다. 그리고 그렇게 투명해지기 위해, 우리는 각종 두려움과 불안감이 온전한 의식의 장 안에서 스스로 빠져나가게 내버려둬야 한다.

우리 자신이 어떻게 뭔가에 매달려 꼼짝 못하게 되는지를 제대로 알고 받아들일 때, 또 우리가 무의식중에 관찰자인 자신과 관찰 대상들 사이에 렌즈들을 끼워 넣어 스스로 시야를 필터링하고 물들이고 왜곡시키고 변형시키고 있다는 걸 제대로 인식할 때, 그럴 때 비로소 '손에서 놓기'가 가능해진다. 특히 우리가 그런 순간들을 제대로 인지할 때, 아니면 우리가 자신의 이익을 추구하고 집착하면서 또는 그걸 비난하고 거절하면서 꼼짝 못하고 있다는 걸 알아챌 때, 우리는 그렇게 뭔가에 매달려 꼼짝 못하는 순간들에도 마음을 열 수 있다.

우리가 뭔가를 추구하거나 집착하거나 거부하지 않으면서 현재 순간에 완전히 존재할 수 있을 때, 비로소 평온함과 통찰력과 지혜가 생겨난다. 이는 검증 가능한 명제이다. 그냥 재미 삼아 시도해보라. 그리고 당신이 내심 뭔가를 놓고 싶지 않아 집착하고 있을 때, '손에서 놓는 것'이 과연 집착하는 것보다 더 깊은 만족감을 주는지 스스로 알아보라.

판단하지 않기

명상을 하다 보면, 우리는 우리 마음의 일부가 끊임없이 우리의 경험들을 평가하고 다른 경험들과 비교하고 있으며, 그 경험들을 우리가 만든 기준 및 기대치들과 비교하고 있다는 사실을 알게 되는데, 이는 종종 두려움에서 기인한다. 내가 그리 좋은 사람이 아니라는 두려움, 나쁜 일들이 일어날 거라는 두려움, 좋은 일들이 오래가지 않을 거라는 두려움, 다른 사람들이 나를 해칠지도 모른다는 두려움, 제대로 해나갈 수 없으리라는 두려움, 뭔가를 나만 알고 있다는 두려움, 뭔가를 모르는 사람은 나뿐이라는 두려움 등등 말이다. 우리는 매사에 색안경을 끼고 보는 경향이 있다. 뭔가가 내게 이익인가 손해인가를 보는 렌즈, 그게 내 신념이나 종교와 맞나 맞지 않나를 보는 렌즈를 통해 보는 것이다. 그래서 만일 내게 이익이라면 좋아하고 손해라면 좋아하지 않는다. 어느 쪽도 아니라면, 그 일에 아무 감정을 느끼지 못하거나 아예 알아보지도 못하고 넘어간다.

당신이 평온함 속에 머물고 있을 때, 뭔가를 판단하려는 마음이 안개 경고 뱃고동처럼 다가올 수 있다. 무릎 통증이 싫어. 이건 따분해. 이런 고요한 느낌이 좋아. 어제는 명상이 잘됐는데 오늘은 영 아니네. 명상은 내게 효과가 없어. 난 명상을 잘 못해. 난 쓸모없는 사람이야 등 등. 이런 류의 생각들은 내 마음을 지배하고 또 짓누른다. 마치 돌멩이 가 가득 든 여행 가방을 머리에 얹고 다니는 기분이다. 당신의 모든 판 단을 유보해 '좋다' 또는 '나쁘다'로 평가하려 하지 않고, 대신 매 순간 을 있는 그대로 내버려둔다면 기분이 어떨지 상상해 보라. 그런 상태 야말로 진정한 평온함이요 진정한 자유이다.

명상을 한다는 것은 마음속에 어떤 생각이 떠오르든 그걸 평 가하지 않는 마음자세를 연마한다는 의미이다. 그런 게 아니라면 명 상 수행을 하는 게 아니다. 그렇다고 해서 판단하는 일 자체가 일어나 지 않게 된다는 건 아니다. 물론 판단하는 일은 일어난다. 비교하고 판 단하고 평가하는 것은 우리 마음의 본성이기 때문이다. 판단하는 일이 일어날 경우, 우리는 그걸 멈추거나 무시하려 하지 않으며, 우리 마음 속에 생겨나는 다른 어떤 생각도 멈추려 하지 않는다.

우리는 우리의 판단이 필연적으로 경험에 대한 우리의 생각들 을 제한시킨다는 걸 잘 알기 때문에, 명상을 하면서 마음이나 몸속에 서 일어나는 것을 좇거나 비난하지 않고 그저 지켜보는 마음자세를 취한다. 명상 중에 우리가 관심을 쏟는 것은 경험 그 자체와의 접촉, 그러니까 들이쉬는 호흡과 내뱉는 호흡, 감각과 느낌, 그리고 소리, 충동, 생각, 지각, 판단 등과의 직접적인 접촉이다. 그러면서 우리는 판단 그 자체를 판단하는 일에 빠지거나, 어떤 판단들에는 '좋다', 어떤 판단들에는 '나쁘다'고 낙인찍는 일에 빠질 가능성에도 관심을 기울인다.

우리의 생각이 우리의 모든 경험에 색칠을 하지만, 우리의 생각은 그리 정확하지 않은 경향이 있다. 보통 우리의 생각은 한정된 지식을 토대로 만들어진(그리고 우리의 과거 상황들에 의해 영향 받는) 부정확한 개인 견해, 반응, 편견들에 지나지 않기 때문이다. 또한 그런 사실을 인정하지 않는다면, 우리는 우리 자신의 생각 때문에 현재 순간에 사물을 명확히 보지 못할 수도 있다. 그 결과 우리는 우리 자신이 보는 모든 것에 우리의 판단을 투사하면서, 우리 스스로 우리 자신이 보고 느끼는 것들을 잘 안다는 생각에 빠지게 된다.

판단을 하지 않는다는 것이 당신이 사회에서 책임 있게 행동하고 처신하는 방법을 더 이상 모르게 된다거나 누가 무엇을 하든 다 괜찮다는 의미는 분명 아니다. 판단을 하지 않는다는 것은 우리가 우리 자신을 세계와 우리 존재의 근본적 순수성에 다가가지 못하게 막는 무의식적인 좋음과 싫음의 물결에 빠져 있다는 걸 알게 될 경우, 살아가면서 훨씬 더 분명하게 행동할 수 있고 또한 보다 균형감 있고 효율적이며 윤리적인 행동을 할 수 있게 된다는 의미일 뿐이다. 뭔가를 좋아하고 싶어하는 마음 상태는 우리 속에 항시 자리 잡은 채 삶의 전 영역에서 중독적인 행동들을 하게 무의식적으로 부추길 수 있다. 우리가 좋아하는 것들이나 결과들을 원하고 추구하는 마음속 탐욕 내지 갈망의 씨앗들을 알아볼 수 있을 때, 또 우리가 좋아하지 않는 것들을 피하고 거부하려는 반감과 증오의 씨앗들을 알아볼 수 있을 때, 우리는 잠시 멈추게 되며 그런 힘들이 우리 마음 안에서 거의 내내 어느 정도 작용하고 있다는 걸 상기하게 된다. 그 씨앗들은 만성적이고 치명적인 독성을 갖고 있어, 우리가 모든 걸 있는 그대로 보지 못하게 되고 또 우리의 진정한 잠재력을 발휘하지 못하게 된다 해도 과언이 아니다.

믿음

믿음이란 모든 게 질서와 일관성을 구현하는 믿음직한 틀 안에서 펼쳐질 수 있다는 자신감 내지 신념의 느낌이다. 우리는 우리 또는 다른 사람들에게 어떤 일이 일어나고 있고 또 특정 상황에서 어떤 일이 일어나고 있는지 늘 잘 알고 있는 건 아니다. 그러나 우리가 우리 자신이나 다른 사람에 대한 믿음이 있거나 어떤 과정이나 이상에 믿음이 있다면, 그 믿음 안에서 우리는 안전과 균형과 개방성을 망라하는 강력하면서도 안정적인 요소를 찾아낼 수 있다. 그리고 또 그 믿음은 어떤 식으로든 직관적으로 우리를 인도해주고 손상이나 자기파괴로부터 우리를 지켜준다.

믿음이라는 마음 상태는 마음챙김 수행을 하면서 연마해야 한다. 우리가 만일 뭔가를 관찰하고 마음을 열어 집중하고 경험을 숙고하고 관찰과 집중을 통해 성장하며 배우고 뭔가를 깊이 아는 우리 자신의 능력을 믿지 못한다면, 인내심을 갖고 그런 능력들을 연마하는 게 힘들어질 것이며, 그 결과 그런 능력들이 그냥 시들어버리거나 사용되지 못한 채 방치될 것이기 때문이다.

믿는 마음을 연마하는 것은 마음챙김 수행의 일부이다. 무엇보다 먼저 우리 자신에 대해 믿을 만한 게 뭔지 깊이 들여다보자. 우리 자신에 대해 믿을 만한 게 뭔지 금방 파악되지 않을 경우, 아마 평온함과 단순한 존재 속에 좀 더 오래 머물며 좀 더 깊이 들여다봐야 할 것이다. 만일 상당 시간 동안 우리 자신이 무얼 하고 있는지 의식하지 못한다거나 우리의 삶에서 일들이 일어나는 방식이 마음에 들지 않는다면, 아마 좀 더 집중하고 좀 더 접촉하고 우리가 하는 선택들과 그 결과들을 면밀히 관찰해야 할 때가 된 것이리라.

우리는 또 이 순간 느끼거나 생각하거나 보는 모든 것을(지금 존재하는 것이므로) 있는 그대로 받아들이면서, 현재 순간을 믿는 실험을 해볼 수도 있다. 우리가 여기 존재하면서 지금 이 순간을 최대한 누린다면, 바로 이 순간이야말로 믿을 만한 가치가 있다는 걸 알 수도 있는 것이다. 이런 실험들을 몇 번이고 반복할 때, 우리 깊은 곳 어딘가에 더없이 건강하고 믿음직한 내면의 핵이 존재하며, 현재 순간에 대한 깊은 울림인 우리의 직관력도 믿을 만한 가치가 있다는 걸 새로이 인식하게 된다.

⁜

강해져라. 그리고 그대 자신의 몸 안으로 들어가라.
거기에 발을 디디고 설 단단한 곳이 있다.
그곳에 대해 곰곰이 생각해보라!
다른 어딘가로 가지 말라.
카비르는 이렇게 말한다. "상상 속 사물들에 대한
생각은 전부 내던져 버려라.
그리고 현재의 그대 자신 안에 굳게 서라."

_카비르

너그러움

인내, 손에서 놓기, 판단하지 않기, 믿음과 마찬가지로 너그러움 또한 마음챙김 수행에 굳건한 토대를 제공하는 또 다른 자질이다. 당신은 뭔가를 주는 걸 연습하는 수단으로서는 물론 깊은 자기성찰과 탐구 수단으로 너그러움을 연마하는 실험을 해볼 수 있다. 먼저 당신 자신부터 직접 실험해보는 게 좋을 것이다. 매일 아무 목적 없는 편한 시간을 갖는다든가, 자아수용을 한다든가, 당신 자신에게 진정한 축복이 될 만한 선물들을 줄 수 있는지 보라. 당신 자신으로부터 또 우주로부터 이런 선물들을 의무감 없이 그냥 받아들일 수 있는 연습을 하라.

당신 자신이 그 어떤 면에서 봐도 헤아릴 수 없이 풍요로운
당신 속 내면의 핵과 접촉할 수 있는지 보라. 그 내면의 핵
이 당신의 몸 전체를 통해 또 당신의 몸을 넘어 그 에너지를

밖으로 발산하기 시작하게 만들라. 또한 이익이니 대가니 하는 걸 바라지 말고, 그 에너지를 처음에는 조금씩 당신 자신은 물론 다른 사람들에게까지 베푸는 실험을 해보라. 당신 자신이 생각보다 부유하다는 걸 믿으면서, 베풀 수 있다고 생각하는 것보다 더 많은 걸 베풀라. 그런 풍요로움을 자축하라. 써도 써도 줄지 않는 부를 가진 것처럼 베풀라. 이런 베풂을 흔히 '왕 같은 베풂'이라 한다.

물질적 풍요로움을 나누는 것도 놀랄 만큼 성장을 촉진시켜주고 정신도 고양시켜주고 많은 도움이 되지만, 나는 지금 돈이나 물질적 베풂 얘기만을 하고 있는 건 아니다. 여기서 말하고자 하는 건, 당신 존재의 충만함과 당신의 가장 나은 자아, 당신의 열정, 당신의 활력, 당신의 영혼, 당신의 믿음, 당신의 열린 마음 그리고 무엇보다 당신의 존재를 나누는 일을 수행하라는 것이다. 당신의 존재를 당신 자신은 물론 당신 가족 및 세상과 나누어라.

<p align="center">~~~~~~~~~~~~ 시도 ~~~~~~~~~~~~</p>

베풀고 싶다는 충동에 대한 반감, 미래에 대한 걱정, 너무 많은 걸 주고

있는 거 아닌가 하는 느낌, '충분히' 베풀었다고 여겨지지 않을 거라는 생각, 베풀려고 노력하다 지쳐 떨어지지 않을까 하는 생각, 베풀어봐야 아무것도 얻지 못할 거라는 생각, 당신 자신이 베풀 만큼 풍요롭지 못하다는 생각 등을 잘 지켜보라. 이런 생각과 느낌들은 전혀 사실이 아니며 다성에 젖은 생각이나 위축된 생각 또는 두려움에서 비롯되는 자기방어일 수도 있다고 생각하라. 이 생각과 느낌들은 다듬어지지 않은 자기애의 모난 면들에서 생겨나는 것으로, 따라서 세상과 마찰을 일으키며 우리 자신과 다른 사람들에게 고통과 거리감과 고립감 그리고 위축감을 주는 경우가 많다. 베풂은 자기애의 그 모난 면들을 다듬어주고, 우리의 내적 부를 좀 더 잘 볼 수 있게 해준다. 너그러움이라는 마음챙김을 수행하고 베풀고 또 그것이 우리 자신과 다른 사람들에게 미치는 영향을 관찰함으로써, 우리는 우리 자신을 변화시키고 우리 자신을 정화시키고 보다 우리 자신의 확대된 버전들을 발견하게 된다.

당신은 자신이 뭔가 베풀 만큼 큰 에너지와 열정을 갖고 있지 못하며, 또 이미 베푸는 일에 질렸거나 더 베풀 게 없을 만큼 가난해졌다고 이의를 제기할 수도 있다. 아니면 당신이 하는 일은 그저 베풀고 베풀고 또 베푸는 일뿐인데 사람들이 그걸 인정해주지도 알아봐주지도 않는다고 느낄 수도 있고, 아니면 그저 고통과 두려움으로부터 도피하는 한 방편으로, 또 다른 사람들이 당신을 좋아하고 당신에게 의존하게 만드는 한 방편으로 베풂을 이용하고 있다고 느낄 수도 있다.

이렇게 힘겨운 패턴과 관계들 그 자체는 많은 관심과 세심한 관찰이 필요하다. 아무 생각 없는 베풂은 절대 건강한 베풂도 너그러운 베풂도 아니다. 베풂의 동기들을 제대로 이해하고, 언제 어떤 베풂이 너그러움의 표현이 아니라 두려움 및 자신감 부족의 표현인지를 아는 것이 중요하다.

너그러움을 주의 깊게 연마할 때 모든 걸, 아니면 뭔가를 꼭 베풀어야 할 필요는 없다. 무엇보다도 너그러움은 내적인 베풂이요 느낌의 상태이며 당신 자신의 존재를 기꺼이 세상에 나누어주겠다는 의지이기 때문이다. 가장 중요한 건 당신 자신의 본능들을 믿고 존중하는 것이며, 동시에 실험 삼아 약간의 위험을 무릅쓰는 것이다. 어쩌면 덜 베풀어야 할 수도 있고, 착취나 불건전한 동기 또는 충동에 대한 당신 자신의 직관을 신뢰해야 할 수도 있다. 어쩌면 또 베풀되 다른 방법으로 또는 다른 사람들에게 베풀어야 할 수도 있다. 어쩌면 한동안 그 무엇보다 먼저 '당신 자신'에게 베풀어야 할 수도 있다. 그런 뒤 의식적으로 조심하면서 베풂의 대가로 뭔가를 받는다는 생각 없이, 다른 사람들을 향해 당신이 베풀 수 있다고 생각하는 것보다 조금 더 베풀어볼 수 있을 것이다.

일단 베풂을 시작해보라. 누군가 요청할 때까지 기다리지 말라. 특히 당신 자신에게 어떤 일이 일어나는지 보라. 당신 자신에 대해 또 당신의 인간관계들에 대해 보다 명확하게 볼 수 있게 될 것이고, 더 큰 에너지도 갖게 될 것이다. 또한 당신 자신이나 당신의 자원들이 고갈되기는커녕 계속 더 채워지는 걸 보게 될 것이다. 사려 깊고 사심 없는 너그러움의 힘은 이렇게 강력하다. 더없이 깊은 차원에서 볼 때, 베푸는 사람도 베풂을 받는 사람도 없다. 단지 우주 자체의 재배치가 있을 뿐이다.

강하지만 약할 수도 있어야 한다

당신이 만일 의지도 강하고 재능 있는 사람이라면, 부적절하고 불안정한 감정에 빠진다거나 마음의 상처를 받는 일이 거의 없다는 인상을 주기 쉽다. 그로 인해 심하게 고립될 수 있고, 그 결과 당신 자신과 다른 사람들이 큰 고통을 받을 수 있다. 다른 사람들은 당신의 그런 강한 인상을 너무 좋아한 나머지 당신에게 지브롤터 암벽 같이 강한 모습을 투사해 강한 이미지를 널리 퍼뜨리게 되고, 당신은 결국 그 어떤 감정도 있는 그대로 내보일 수 없게 된다. 실제로 당신은 사람을 도취시키는 이미지와 아우라의 방패 뒤에 숨어 당신의 진정한 감정들과 너무도 쉽게 단절될 수 있는 것이다. 이런 단절 현상은 핵가족을 이끄는 아버지들과 상대적 권력을 가진 사람들에게서 자주 일어난다.

당신 자신이 명상 수행을 통해 더 강해질 수 있다는 생각 또한 유사한 딜레마를 일으킬 수 있다. 명상 수행을 시작하면서 당신 자신이 절대 흔들리지 않는 올바른 명상가라고 믿고 그런 역할을 시작할 수도 있기 때문이다. 그러니까 당신 자신이 모든 걸 통제할 수 있으며 또 감정적 반응들에 사로잡히지 않고 처리할 수 있을 만큼 현명한 사람이라 믿고 실제 그렇게 행동하려 하는 것이다. 그 과정에서 당신은 자신도 모르는 새에 당신 자신의 발전을 교묘히 막아설 수 있다. 우리 모두 감정적인 삶도 사는데, 위험을 무릅쓰고 그런 삶을 스스로 저지하는 것이다.

따라서 당신이 만일 명상 경험을 통해 스스로 난공불락, 강력한 힘, 특별한 지식, 지혜 이런 이미지들을 구축하고 있는 듯하고, 명상 수행을 통해 어떤 경지에 도달하고 있다고 생각하고 있으며, 또 자신을 홍보하거나 부풀리는 방식으로 명상에 대해 많은 얘기를 하기 시작하고 있다고 판단된다면, 마음챙김 수행을 통해 그런 마음자세를 바꾸는 게 좋다. 그러면서 당신이 지금 자신의 취약함으로부터, 또는 자신이 갖고 있는 슬픔이나 어떤 종류의 두려움으로부터 달아나려 하고 있는 게 아닌가 자문해보라. 당신이 진정 강하다면, 당신이 강하다는 사실을 굳이 당신 자신이나 다른 사람들에게 강조할 필요가 없다. 그보다는 눈길을 완전히 바꿔 당신이 가장 보기 두려워하는 곳으로 향하게 하는 게 최선이다. 그러려면 당신은 감정을 있는 그대로 느끼고 때론 소리내 울기도 하며, 굳이 모든 것에 대해 이런저런 의견을 내지 않도록 하고, 다른 사람들에게 무적의 인간 내지 감정도 없는 인간으로 보이게 하지 말며, 자신의 감정들에 적절히 솔직해져야 한다. 약점 같아 보이는 것이 실은 당신의 강점이다. 또한 강점 같아 보이는 것이 실은 당신의 약점으로, 두려움을 덮으려는 시도인 것이다. 이런 시도는 다른 사람들에게 또 심지어 당신 자신에게 아무리 설득력 있어 보여도, 결국 가식이나 허울에 지나지 않는다.

시도

당신이 장애물이나 역경을 어떤 식으로 대하나 잘 보라. 그래서 모질어지려는 충동이 일 때 부드러워지도록 하고, 인색해지려는 충동이 일 때 너그러워지도록 하고, 마음을 닫으려는 충동이 일 때 마음을 열도록 하라. 비통함이나 슬픔이 있을 때 있는 그대로 내버려 두도록 하라. 당신이 무슨 감정을 느끼든 그대로 느끼도록 하라. 소리 내 울고 싶다거나 자신이 취약하다고 느껴지는 감정에 당신 자신이 붙이는 라벨들에 주목하라. 그 라벨들을 떼버려라. 그냥 당신이 느끼는 그대로 느끼고, 순간순간의 알아차림을 연마하면서 '오르고 내리는' 물결, '좋고 나쁜' 물결, '약하고 강한' 물결을 타라. 그러다 보면 그 모든 게 당신의 경험을 완전히 묘사하기엔 불충분하다는 걸 알게 된다. 경험 그 자체와 함께하라. 그리고 존재하기 위해, 깨어 있기 위해, 가장 깊은 곳에 있는 당신 내면의 힘을 믿어라.

자발적 단순함

우리는 현재 순간 속에 이런저런 다른 일들을 끼워 넣고 싶다는 충동을 종종 느낀다. 이 전화만 하자. 거기 가는 길에 여기만 잠시 들르자. 그 반대일 수도 있다는 건 염두에 두지 않는다.

나는 그런 충동을 가려내 믿지 않는 법을 배웠다. 나는 그런 충동을 받아들이지 않으려 애쓴다. 그런 충동 때문에 아침 식사를 하면서도 내 시선은 내내 시리얼 박스에 가 박혀 있고, 그러면서 그 내용물의 영양성분표나 제품 무료 제공 광고 문구를 백 번은 읽게 된다. 그런 충동은 우리의 시선을 끌 대상만 있다면 어떤 대상이든 개의치 않는다. 신문은 그 무엇보다 더 시선을 끌며, 대형 소매업체 엘 엘 빈L. L. Bean 의 카탈로그 등도 마찬가지이다. 그런 충동은 시간을 때울 만한 걸 찾아 헤매며, 내 마음과 공모해 나를 무의식 상태에 빠지게 하고, 그래서 실제로는 아침 식사를 걸렀는데도 식사를 했거나 과식을 했다고 느낄 정도로 멍해진다. 식구들이 각자 흩어져 하루를 시작하기 전 한 자리에 모이는 아침 시간에 그런 일이 일어날 경우, 나는 다른 사람들은 관심에도 없게 되며, 그 순간 식탁을 비추던 불이나 방안의 냄새, 식탁에서 벌인 갑론을박, 주방에 감돌던 에너지도 다 놓치게 된다.

나는 그런 충동들에 맞서고 내면 깊은 곳을 풍요롭게 만들기 위해 '자발적 단순함'(적게 벌어 적게 쓰는 1960년대의 간소한 생활방식 – 역자 주)을 행하는 걸 좋아한다. 그러니까 의도적으로 한 번에 한 가지 일만 하고 내 자신이 지금 이 순간 여기에 오로지 그 일만을 위해 존재하는 것이다. 잠시 산책을 한다거나 개를 데리고 시간을 보내면서 진정 그 개와 함께하는 것 등이 그 좋은 예이다. 자발적 단순함이란 하루에 더 많은 데를 가기보다 더 적은 데를 가고, 더 많은 걸 볼 수 있게 더 적게 보고, 더 많은 일을 할 수 있게 더 적게 일하며, 더 많은 걸 얻을 수 있게 더 적게 얻는다는 뜻이다. 그 모든 것은 서로 연결돼 있다. 아이들의 아빠이자 가장이며 남편이고 부모님들의 장남이자 맡은 일에 많은 신경을 써야 하는 직장인이기도 한 내 입장에선 월든 호수 같은 데로 떠나 몇 년이고 나무 아래 앉아 풀이 자라고 계절이 바뀌는 소리에 귀 기울인다는 건 선택 가능한 옵션이 못된다. 물론 그렇게 하고 싶다는 충동은 수시로 들지만 말이다. 그러나 가정 및 직장 생활의 조직화된 혼돈과 복삽함 속에서 그 모든 필요와 책임, 좌절감, 더없이 훌륭한 선물들 덕에 단순함을 선택할 기회는 아주 많다.

모든 걸 느긋하게 하는 것은 자발적 단순함의 큰 부분이다. 내 몸과 마음에게 전화를 받지 말고 계속 딸과 함께하라고 말하는 것, 그 순간 '전화할 필요가 있는' 사람에게 당장 전화하려는 내적 충동에 반응하지 않는 것, 뭔가 새로운 것들을 충동 구매하지 않는 것, 또는 잡지나 텔레비전이나 영화를 보고 싶다는 충동이 처음 일 때 거의 자동적으로 응하지 않는 것 등이 모두 자신의 삶을 좀 더 단순화시키는 방법들이다. 그 외에 하루 저녁 가만히 앉아 아무것도 하지 않는 것, 책을 읽는 것, 혼자 또는 아이나 아내와 함께 산책하는 것, 장작을 다시 쌓는 것, 달을 쳐다보는 것, 나무들 아래에서 얼굴을 스치는 바람을 느끼는 것, 일찍 잠자리에 드는 것 등도 삶을 좀 더 단순화시키는 방법들이다.

나는 내 삶을 단순하게 유지하기 위해 '아니오'라고 말하는 연습을 하고 있는데, 그래 봐야 절대 충분치 못하다는 걸 깨닫게 된다. 그건 그 자체로도 힘든 훈련이지만, 노력할 만한 가치는 충분하다. 그러나 아주 까다로운 일이기도 하다. 사람이 응답을 해야 하는 경우들도 있기 때문이다. 세상 속에서 꾸준히 단순함을 유지하려면 섬세한 균형 감각이 필요하며, 그러려면 또 늘 지속적인 탐구와 집중력이 필요하다. 그러나 자발적 단순함이란 개념은 나로 하여금 중요한 것들에 관심을 갖게 해줄 뿐 아니라, 모든 게 서로 연결되고 모든 선택이 서로 지대한 영향을 끼치는 마음과 몸과 세상의 생태계에 관심을 갖게 해준다. 당신이 그 모든 걸 통제할 수는 없다. 그러나 우리가 기회 있을 때마다 단순함을 선택할 경우, 너무도 쉽게 우리를 피해가는 더없이 깊은 자유의 요소가 우리의 삶에 추가되게 되며, 더 적은 게 실은 더 많은 것일 수도 있다는 사실을 깨달을 기회 또한 많아지게 된다.

❖

단순함, 단순함, 단순함! 내 말하건대, 당신의 일을 백 가지, 천 가지가 아니라 두세 가지로 줄여라. 백만 가지 대신 대여섯까지만 세라. 변덕이 죽 끓듯 하는 이

문명화된 삶의 바다 속에서는 늘 구름과 폭풍우, 유사
流沙 그리고 천 하고도 한 가지의 일들을 감안해야 해,
좌초돼 바닥에 가라앉지 않고 목표 항구까지 무사히
가려면 추측 항법을 사용해야 한다. 계산도 뛰어나게
잘해야 진정 성공한 사람이 될 수 있다. 단순화하라,
난순화하라.

_소로의 『월든』 중에서

정신 집중

정신 집중은 마음챙김 수행의 초석이다. 마음이 평온하면서도 안정될 때 비로소 당신의 마음챙김 수행도 제대로 될 수 있는 것이다. 마음에 평온함이 없을 경우 마음챙김이라는 거울의 표면 또한 불안정하게 흔들려, 사물을 또렷하게 투영하지 못하게 된다.

정신 집중은 마음챙김과 함께 수행할 수도 있고 따로 수행할 수도 있다. 정신 집중은 한 가지 관찰 대상에 한결같은 관심을 쏟는 정신 능력이라고 보면 된다. 이런 정신 능력은 다른 일들에는 관심을 두지 않고, 예를 들자면 호흡 같은 한 가지 일에만 관심을 쏟으면서 연마할 수 있다. 인도 산스크리트어에서 정신 집중은 '사마디' 즉 '한 점 집중'이라 한다. 사마디는 마음이 흩어질 때마다 계속 다시 호흡에 집중하는 방법으로 개발되고 강화될 수 있다. 엄격하게 정신을 집중하는 명상을 수행하면서, 우리는 우리의 마음이 흩어질 때 어디로 가는지를 알아내려 한다거나 호흡의 질이 좋아졌다 나빠졌다 하는 것에 대해 알아내려는 그 어떤 노력도 의도적으로 하지 않는다. 우리의 에너지는 온통 이처럼 호흡이 들어오고 나가는 걸 경험하는 데, 또는 다른 어떤 한 가지 집중 대상을 경험하는 데 집중된다. 그리고 이처럼 수행을 계속하다 보면, 우리의 마음은 호흡에 집중하는 데 점점 더 익숙해지며, 다른 무언가에 정신을 팔고 싶어 하는 충동을 미연에 알아내 그 충동을 뿌리치고 계속 호흡에 머물든가, 아니면 잠시 다른 데 갔다 다시 곧 호흡으로 되돌아오게 된다.

마음의 평온함은 마음을 아주 안정되게 만들어주는 강도 높은 집중 훈련을 통해 개발된다. 그리고 마음의 평온함은 아주 견고하고 깊어 어떤 일이 일어난다 해도 깨지기 어렵다. 오랜 시간에 걸쳐 규칙적으로 '사마디'를 연마할 수 있게 해주는, 우리 자신에 대한 위대한 선물인 셈이다. 이 같은 평온함은 소로처럼 장기간 세상을 떠나 외진 곳에서 조용히 명상을 할 수 있을 때 가장 쉽게 얻을 수 있다.

'사마디' 수행으로 얻게 되는 안정감과 평온함은 마음챙김 연마의 토대가 된다. 어느 정도의 사마디가 따르지 않으면 당신의 마음챙김은 그리 강력하지 못할 것이다. 마음이 분산되거나 동요되어 계속 다른 데로 가 있지 않은 상태로 뭔가를 볼 수 있을 때 비로소 깊이 있게 볼 수 있다. 정신 집중 상태가 깊을수록 마음챙김의 잠재력 또한 깊어지는 것이다.

깊이 있는 사마디를 경험하는 건 아주 즐거운 일이다. 한 가지에 집중하는 방식으로 호흡에 집중할 때 온갖 생각과 감정들, 외부 세계 등 다른 모든 것들 또한 사라진다. 사마디의 특징은 방해 받지 않는 마음의 평화와 고요함에 몰입하는 것이다. 이런 고요함을 맛보는 일은 아주 멋질 뿐 아니라 중독성까지 있다. 몰입과 더없는 행복으로 대변되는 마음 상태의 이런 평화와 단순함이야말로 바로 우리가 추구하고 있는 것들이다.

그러나 아무리 강하고 만족스러운 정신 집중 수행을 한다 해도, 그걸 보완해주고 심화시켜주는 마음챙김이 없다면 완전하지 못하다. 정신 집중 그 자체는 세상으로부터 물러난 상태와 비슷하다. 그 특유의 에너지는 열려 있다기보다는 닫혀 있고, 쓸모 있다기보다는 몰입적이고, 완전히 깨어 있다기보다는 꿈꾸는 상태에 가깝다. 빠진 게 있다면 인간들에 의해 경험되는 다양한 현상들에 대한 호기심, 탐구, 조사, 마음 열기, 유용성, 참여 등의 에너지이다. 이는 마음챙김 수행의 영역으로, 이 영역 내에서 우리는 현재 순간에 마음의 평온함과 안정을 가져다주는 능력과 사마디를 통해 다양한 인생 경험들의 상호연결성을 깊이 고찰하고 이해할 수 있게 된다.

정신 집중은 큰 가치를 지닐 수 있지만, 당신이 만일 이 같은 내적 경험의 유쾌한 특성에 푹 빠져 그걸 불쾌하고 불만족스런 세상에서의 삶의 도피처로 보게 된다면, 심각하게 제한적일 수도 있다. 고요함과 평화로움을 얻기 위해 일상생활의 번잡함을 피하고 싶을 수도 있다. 이는 물론 고요함에 대한 애착이 되고, 강한 애착이 다 그렇듯 망상에 이를 수도 있다. 그렇게 되면 발전이 저지되고 지혜의 연마가 중단된다.

비전

당신이 왜 명상 수행을 하고 있는지, 당신의 삶에서 명상 수행이 어떤 가치를 갖고 있는지, 또 당신이 왜 돈키호테처럼 풍차를 향해 달려들지 않고 명상 수행을 하게 되었는지 등에 대해 아무 생각 없이 매일 명상 수행에 전념한다는 건 사실상 불가능한 일이며 무모한 일이기도 하다. 전통적인 사회들에서는 이런 비전은 문화에 의해 제공되고 또 계속 강화됐었다. 불교 사회에서는 모든 사람이 명상을 명석함과 동정심과 성불의 경지에 이르는 길, 고통을 없애주는 지혜의 길로 여기기 때문에, 당신이 불교도였다면 당신 역시 명상 수행을 했을 것이다. 그러나 서구의 주류 문화에서 개인적인 수행의 길을 선택할 경우, 특히 노력하되 무위를 추구하고 에너지를 쏟되 눈에 보이는 '결과'는 기대 않는 유별난 길을 선택할 경우, 사람들로부터 거의 지지를 받지 못할 것이다. 더욱이 보다 나은 사람(보다 평온하고 보다 명석하고 보다 동정심 많은 사람)이 된다는 것에 대해 우리가 갖고 있는 피상적이고 로맨틱한 개념은 오래 지속되기 어렵다. 우리가 끊임없이 삶의 풍파나 몸과 마음의 풍파에 맞닥뜨리게 될 것이고, 또 춥고 어두운 날 아침 일찍 일어나 혼자 앉아서 현재 순간에 존재해야 할 것이기 때문이다. 이른 아침의 명상 수행은 너무도 쉽게 연기되고 사소한 일 내지 부차적인 일로 여겨질 것이며, 그래서 명상 수행을 뒤로 미룬 채 잠을 좀 더 자거나 아니면 적어도 좀 더 누워 있게 된다.

당신이 만일 살아가면서 장기간 꾸준히 명상 수행을 하고 싶다면, 말 그대로 당신 자신의 비전이 필요하다. 지속성도 있고 깊이도 있는 비전, 당신 스스로 믿는 당신 자신의 핵심에 근접한 비전, 당신이 삶에서 소중히 여기는 것에 대한 비전, 당신 자신이 향하고 있는 방향에 대한 비전 말이다. 그처럼 다이내믹한 비전의 힘과 그런 비전을 가능하게 해주는 동기부여가 있을 때, 비로소 당신은 몇 년이고 계속 명상 수행의 길을 갈 수 있다. 그리하여 매일 명상 수행을 하고, 무슨 일이 일어나든 마음챙김을 하며, 무엇을 인지하든 그것에 마음을 열고, 계속 잡고 있어야 할 것과 손에서 놔야 할 것을 구분할 수 있어야 한다.

명상 수행은 로맨틱한 것과는 거리가 멀다. 우리가 성장하는 데 필요한 길들은 대개 우리가 가장 심하게 거부하려 하는 길들이며, 그런 길이 존재한다는 사실조차 인정하고 싶어 하지 않는 그런 길들이다. 당신 자신이 뛰어난 명상가라는 돈키호테식 발상을 해서는 명상이 오래 가지 못할 것이다. 명상이 다른 사람들한테 좋았기 때문에, 아니면 동양의 지혜가 당신에게 깊은 울림을 주기 때문에, 아니면 명상을 하는 게 습관이 됐기 때문에 명상이 당신에게도 좋다고 생각하는 것도 마찬가지다. 지금 우리가 말하고 있는 비전은 매일 새로워져야 하며 늘 숨김이 없어야 한다. 마음챙김 그 자체가 목적 및 의도에 대해 그 정도 수준의 인지를 요구하기 때문이다. 그렇지 못하다면 그냥 침대에 누워 있는 게 나을 것이다.

명상 수행 그 자체는 당신의 비전을 매일 구현하는 일이 되어야 하며, 당신이 가장 소중히 생각하는 것들을 포함해야 한다. 그렇다고 있는 그대로의 당신 상태로부터 변화되거나 달라지려 한다거나, 당신의 마음이 평온하지 않은 때에 평온해지려 한다거나, 당신이 정말 화가 난 상황에서 따뜻하게 행동하려 한다는 의미는 아니다. 그보다는 당신에게 가장 중요한 것이 무언지를 마음에 잘 담아두고, 특정 순간의 열기와 반응 속에서 그 중요한 것을 잃거나 배신하는 일이 없게 해야 한다. 만일 당신에게 마음챙김이 아주 중요하다면, 모든 순간이 마음챙김을 수행할 기회가 된다.

예를 들어 하루 중 어느 시점에서 분노의 감정이 치밀어 오른다고 가정해 보라. 분노를 느끼고 그걸 겉으로 표출하는 자신의 모습이 보인다면, 매 순간 그 감정 표출과 그로 인한 결과를 모니터링하는 자신의 모습도 보일 것이다. 그리고 분노라는 강렬한 감정이 솟구치게 된 원인을 통해, 그 감정이 당신의 몸짓과 태도에 나타나는 방식을 통해, 당신의 목소리 톤을 통해, 당신이 선택한 언어와 주장들을 통해, 당신의 감정이 다른 사람들에게 주는 인상을 통해 감정 상태로서의 분노의 타당성을 제대로 판단할 수도 있을 것이다. 여기서 분노의 의식적인 표출과 관련해 해야 할 말이 많다. 우선 의학적인 측면이나 심리학적인 측면에서, 분노를 꾹꾹 눌러 내면화시키는 건, 특히 습관적으로 그렇게 하는 건 건강에 좋지 못하다고 알려져 있다. 그러나 아무리 '정당화시킬 수 있는' 분노라 해도 일종의 습관이나 반응처럼 무절제하게 마구 분노를 터뜨리는 것 또한 건강에 좋지 못하다. 분노가 먹구름처럼 마음을 뒤덮어버리는 게 느껴질 것이다. 게다가 설사 분노로 인해 잘못된 게 바로잡히고 뭔가 중요한 일이 일어나게 된다 해도, 분노는 공격성과 폭력을 조장하며, 따라서 당신이 옳든 그르든 본질적으로 사실을 왜곡시킨다. 당신은 간혹 자신을 통제할 수 없는 상황에서도 이런 걸 느낄 수 있다. 마음챙김은 당신 자신과 다른 사람들에 대한 분노가 갖고 있는 독성을 알 수 있게 해준다. 설사 내가 객관적으로 옳다 해도, 분노에는 뭔가 부적절한 게 있다고 느끼기 때문에 나는 늘 분노를 멀리하려 한다. 분노에는 원래 독성이 내재되어 있어, 그 손길이 닿는 모든 것을 오염시킨다. 또한 분노의 에너지가 자기도취나 자기독선의 연기와 불길을 일으키지 않고 의지와 지혜로 변화될 수 있다면, 그 힘이 점점 더 강해지게 되며, 그 결과 분노의 대상 및 근원 모두를 변화시키는 능력 또한 더 강해지게 된다.

그래서 만일 분노가 치밀거나 정점에 이르는 순간 그 분노의 열기 속에 분명 당신이 잊고 있는 보다 크고 보다 근원적인 그 무엇이 있으리라는 걸 알고 의도적으로 그 분노(당신 자신의 분노 또는 다른 사람의 분노)의 정황을 더 확대하려 한다면, 당신은 분노의 불길에 닿지 않은 당신 내면 속의 의식과 마주할 수 있게 된다. 우리의 의식은 분노를 보고 분노의 깊이를 안다. 또한 우리의 의식은 분노보다 더 커, 항아리가 음식을 담듯 분노를 담을 수 있다. 의식이라는 이름의 항아리는 분노를 잠재우는 데 도움을 줄 뿐 아니라, 분노가 우리의 의도와는 달리 이로운 영향보다는 해로운 영향을 더 많이 끼친다는 것도 깨닫게 해준다. 이처럼 우리의 의식은 분노를 요리하고 소화시키는 걸 도와주어, 우리가 분노를 효과적으로 활용할 수 있게 해주며, 또한 분노에 대해 무의식적인 반응 대신 의식적인 반응을 함으로써 분노를 완전히 초월할 수 있게 해준다. 이런저런 옵션들은 전체 상황에 주의 깊게 귀 기울이는 데서 나온다.

우리의 비전은 우리의 가치들은 물론 삶에서 가장 중요한 것에 대한 우리 개인의 청사진과 관련이 있다. 사랑을 믿을 경우, 당신은 그 사랑을 직접 입증하는가 아니면 그저 많은 얘기만 하는가? 동정심이나 비폭력, 친절함, 지혜, 너그러움, 평온함, 고독, 무위, 공평성과 명석함을 믿을 경우, 당신은 일상생활 속에서 그런 자질들을 직접 입증해 보이는가? 이는 명상 수행을 활기차게 유지하는 데 필요한 수준의 목적성으로, 이 정도 목적성이 있어야 명상 수행이 습관이나 믿음의 힘에 의해서만 지속되는 완전히 기계적인 수행으로 변질되지 않는다.

❖

매일 스스로 완전히 거듭 나라. 계속 또 계속해서 영원히 그렇게 하라.

_소로가 『월든』에서 인용한 중국 격언

시도

당신 자신에게 왜 명상을 하고 있는지 또는 왜 명상을 하고 싶어 하는지를 물어보라. 당신의 첫 대답들을 곧이곧대로 믿지 말라. 그냥 그 이유들을 생각나는 대로 쭉 적어 내려가라. 그러면서 계속 자신에게 물어 보라. 또한 당신의 가치들에 대해, 당신이 삶에서 가장 소중히 여기는 것들에 대해 물어 보라. 당신에게 정말 중요한 것들을 쭉 적어 보라. 그리고 이렇게 자문하라. "내 비전, 그러니까 내가 현재 어디 있고 어디로 가고 있는지를 보여주는 내 지도는 무엇인가? 그 비전은 진정한 내 가치들과 의도들을 반영하고 있는가? 나는 그 가치들을 구체화하는 걸 기억하고 있는가? 나는 내 의도들을 실천하고 있는가? 나는 내 직장

에서, 내 가정에서, 내 인간관계에서, 내 자신과의 관계에서 지금 어떤
상태인가? 나는 어떤 사람이 되고 싶은 건가? 나는 내 비전과 가치들을
어떻게 구현하며 살 것인가? 나는 지금 내 자신과 다른 사람들의 고통
에 어떻게 연관되어 있는가?

명상은 전인적 발달을 가능하게 해준다

명상은 고대 인도 문화에서 상당한 수준까지 발전됐다고 하나, 붓다 당시 사용되었던 언어인 고대 인도어 '빨리pali'에는 '명상'에 해당하는 말이 없다고 한다. 빨리에서 명상이란 뜻으로 자주 쓰이는 말은 '바와나bhavana'이다. 바와나는 '정신 훈련을 통한 발전'으로 번역된다. 내가 보기에 그야말로 정곡을 찌르는 말이다. 명상은 그야말로 인간의 발전을 위한 것이니까. 시간이 지나면서 자연스레 이가 나고, 체격이 성인 체격으로 자라나고, 직업을 갖고, 세상에서 이런저런 일들을 하고, 가정을 이루고, 각종 빚(설사 영혼을 가두는 흥정을 통해 당신 자신에게만 빚을 진다해도)을 지게 되고, 당신 역시 나이 들어 죽게 된다는 걸 깨닫는 과정을 거치게 되는 것이다. 그러다 언젠가는 실제 자리에 앉아 조용히 당신의 삶에 대해 묵상하고 당신이 누구인지 또 삶의 여정에서 의미는 어디 있는지를 묻지 않을 수 없게 된다.

오늘날 브루노 베텔하임Bruno Bettelheim, 로버트 블라이Robert Bly, 조셉 캠벨Josep Campbell, 클라리사 핀콜라 에스테스Calrissa Pinkola Estes 같은 사람들이 해석해 들려주는 옛 동화들은 옛 지도들로, 인간의 전인적 발달을 위한 안내서 역할을 해준다. 이 동화들 속에 담긴 지혜는 글로 남겨지기 이전부터 지금까지 수천 년간 황혼과 어둠 속 모닥불 주변에서 입에서 입을 통해 전해져 내려오고 있다. 그 동화들은 자체로도 흥미진진한 이야기들이지만, 우리가 온전함과 행복과 평화를 추구하면서 만나게 되는 드라마 같은 사건들을 상징하기 때문에 특히 더 흥미진진하다. 왕과 왕비, 왕자와 공주, 난쟁이와 마녀는 단순히 동화 속에 나오는 인물들이 아니다. 우리는 그들이 성취를 모색 중인 우리 영혼의 여러 측면이며, 우리 존재의 여러 부분들이라는 걸 직관적으로 안다. 우리 속에는 괴물과 마녀가 살고 있다. 우리는 그들을 직시하고 존중해야 하며, 그렇지 않을 경우 그들에게 잡아먹히게 된다. 동화들은 옛 안내서들로 그 속에 지혜가 담겨 있다. 우리 내면과 외부의 악마와 용들, 어두운 숲과 황무지들과 맞닥뜨리면서 본능적으로 살아남고 성장하기 위해 수천 년간 전해져 내려오며 정제된 지혜 말이다. 이런 이야기들은 우리로 하여금 분열되고 고립된 우리 존재의 각 부분들이 서로를 발견해 하나가 되는 제단을 찾아 나설 가치가 있다는 걸 상기케 해주며, 그 결과 우리는 삶에 대한 새로운 차원의 조화와 이해를 통해 바로 이 순간 여기에서 시간을 초월한 행복을 누릴 수 있게 된다. 결국 이런 동화들은 인간의 전인적 발달에 필요한 놀랄 만큼 정교하고 현명한 옛 청사진들이다.

동화 속 이야기에 자주 등장하는 주제 중 하나는 자신의 골든 볼을 잃어버린 어린아이(주로 왕자나 공주)의 이야기이다. 남성이든 여성이든, 늙었든 어리든 우리에겐 아이들 특유의 빛나는 순진무구함과 무한한 잠재력으로 반짝이던 시절이 있었고, 지금도 우리의 마음속에는 왕자와 공주(다른 수많은 인물들 중)가 들어 있다. 그리고 우리는 지금도 그 찬란한 빛을 지니고 있거나, 우리 자신의 발전이 저지되는 일만 없게 조심한다면 그 빛을 되찾을 수도 있다.

로버트 블라이에 따르면, 골든 볼을 잃어버리는 순간(보통 8살쯤 됐을 때 처음 일어나는 듯함)에서부터 그걸 되찾기 위한 조치들을 취하거나 골든 볼이 사라졌다는 사실을 깨닫는 순간까지는 30~40년이 걸릴 수도 있지만, 주로 동화 속에서는 그 일이 '옛날 옛적에' 일어나며, 따라서 일상적인 시간 범위를 넘어 대개 하루이틀밖에 안 걸린다. 그러나 두 경우 모두 먼저 흥정이 이루어져야 할 필요가 있다. 개구리로 상징되거나 아니면 그림 형제의 동화 『아이언 존Iron John』에 나오는 숲속 연못 밑에 사는 털북숭이 야만인으로 상징되는 우리 자신의 억압된 그림자 에너지들과의 흥정 말이다.

그리고 그 흥정이 이루어지기 전에, 당신은 우리 마음속에는 왕자와 공주, 개구리, 남녀 야만인 같은 동화 속 존재들이 존재한다는 걸 알아야 한다. 우리가 본능적으로 외면하며 무의식 속에 밀어 넣어버리는 우리 영혼의 그런 여러 측면들과 대화하는 것이 전제 조건인 것이다. 그리고 그것은 아주 무서울 수도 있다. 어둡고 미스터리한 미지의 장소들로 내려갈 때 느끼는 으스스한 느낌과 흡사하기 때문이다.

8세기에 생겨나 현재까지 전해져 내려오며 뿌리 내리고 번성한 티베트불교는 인간의 영혼이 갖고 있는 이런 무서운 측면들을 보여주는 더없이 세련된 예술적 표현 방식을 발전시켰다. 많은 티베트 조각상과 그림들은 기괴한 악령의 신들을 묘사하고 있는데, 그들은 모두 신성한 신전에 모셔진 존경 받는 신들이다. 그런데 그 신들은 일반적인 의미의 신들이 아니라는 점에 주목해야 한다. 신이라기보다는 서로 다른 마음 상태들을 나타낸다. 그리고 그 마음 상태들은 남녀를 불문하고 서로 다른 특유의 신성한 에너지를 갖고 있어, 우리가 성장하고 전인적인 인간으로서의 진정한 잠재력을 발전시키려 할 때 필히 맞닥뜨리고 존중하고 함께해야 한다. 격노한 그 신들은 해골로 만든 목걸이를 하고 있고 기괴하게 얼굴을 찡그리고 있어 겉모습이 무섭고 혐오스럽지만, 나쁜 신들로 보이지는 않는다. 그들의 무서운 외모는 사실 일종의 위장술로, 우리들로 하여금 우리 자신과 남들(티베트불교에서는 남들은 근본적으로 우리와 다르지 않다고 봄)을 보다 잘 이해하고 보다 더 사랑할 수 있게 해주는 그들의 지혜와 동정심을 상징한다.

불교에서 이 같은 내적 발전을 가능하게 해주는 수단이 바로 명상이다. 심지어 동화 속에서도 연못 밑에 사는 야만인과 접촉하려면 양동이로 연못물을 퍼야 하는데, 로버트 블라이는 어떤 일을 하려며 오랜 기간 반복적인 내면 작업이 필요하다고 말하고 있다. 매년 매일 매일 양동이로 연못물을 퍼 나르거나 후끈한 대장간이나 무더운 포도 밭에서 일하는 건 전혀 매력적인 일이 못된다. 그러나 자기 자신의 영혼의 힘을 알게 해주는 이런 종류의 반복적인 내면 작업은 첫걸음이나 다름없다. 이는 정련을 하는 과정으로, 대개 열기가 따른다. 그리고 열기를 참고 견디려면 훈련이 필요하다. 그러나 그런 과정을 지속하다 보면 숙달되게 되며, 훈련과 열기 그리고 우리의 어둠과 두려움 속으로 걸어 내려가는 일 없이는 얻을 수 없는 내적 질서도 얻게 된다. 우리가 겪는 내적 패배들조차도 도움이 된다.

이는 융 학파에서 '영혼의 작업'이라 부르는 것으로, 길고 복잡한 미로 같은 우리 마음속 깊은 심연과 너른 영역을 파악함으로써 인격을 깊이 있게 만드는 일이다. 이때 우리 몸은 물론 영혼의 원자들까지 재배열함으로써 뜨거운 열기 역시 누그러지게 된다.

명상은 우리가 미로 같은 우리 자신의 마음에서 빠져나올 때 안내자 역할을 해준다. 가장 암담한 순간들에도 더없이 끔찍한 우리의 마음 상태와 외부 환경을 직시하며 계속 앞으로 나아갈 수 있게 도와주는 것이다. 명상은 또 우리에게 이런저런 선택의 여지가 있다는 것도 상기시켜준다. 인간의 발전을 도와주는 안내인이자 빛나는 우리 자아에 이르게 해주는 지도인 것이다. 이미 지나가버린 어린 시절의 빛나던 순진무구함이 아니라 완전히 발전된 성인의 자아에 이르게 해주는 지도. 그러나 명상이 제 역할을 하게 하려면, 우리 스스로 우리가 해야 할 일을 기꺼이 해야 한다. 어둠과 절망이 다가와 우리 앞을 가로막을 때, 필요하다면 몇 번이고 계속 그 어둠과 절망에 기꺼이 맞설 수 있어야 한다. 도망치지도 않고 피할 수 없는 일들을 피하려고 온갖 방법을 다 짜내 우리 자신을 무력하게 만들지도 않고 말이다.

<hr>

시도

당신 자신 속에 있는 왕자와 공주, 왕과 왕비, 거인과 마녀, 야만인 남자와 여자, 난쟁이와 노파, 전사, 치유자, 사기꾼에게 마음의 문을 열어라. 명상을 할 때 그들 모두에게 환영의 매트를 깔아주어라. 왕이나 왕비 또는 전사 또는 현자처럼 앉아 있어 보라. 심한 혼란기나 암흑기에는 당신의 호흡을 미로를 빠져 나오게 이끌어주는 끈처럼 활용하라. 가장 어두운 순간들에도 마음챙김을 잘 수행토록 하고, 당신의 의식은 어둠이나 고통의 일부가 아니라는 사실을 스스로에게 상기시켜라. 당신의 의식은 고통보다 더 근본적인 존재로 고통을 알아보고 받아들이며, 또 당신 내면의 건강하고 강하고 빛나는 부분에 더 가깝다.

<hr>

길로서의 수행

우리가 인생이라 부르는 이 길을 걷다보니
어느새 나는 어두운 숲속에 있었다.
빠져나갈 길도 보이지 않는 숲속에.

_단테 알리기에리의 『신곡』 중 「지옥편」에서

동서양을 막론하고 모든 문화권에서는 삶과 의미 있는 일의 추구를 여행에 비유한다. 동양에서는 '길'을 의미하는 한자어 '도道'가 그런 의미를 지닌다. 불교에서는 명상 수행이 마음챙김의 길, 올바른 이해의 길, 법륜(다르마)의 길 식으로 길로 표현된다. 도와 다르마는 사물의 존재 방식, 즉 모든 존재와 비존재를 지배하는 법칙을 의미하기도 한다. 겉으로 보기에 좋아 보이는 일이든 나빠 보이는 일이든, 이 세상 모든 일들은 근본적으로 도와 조화를 이루고 있다. 이 근본적인 조화를 제대로 인지하고 그에 따라 살아가고 결정 내리는 법을 배우는 게 우리가 할 일이다. 그런데 올바른 길이 무언지 분명치 않은 때가 많으며, 그래서 자유의지에 따라 원칙적인 행동을 할 여지가 많으며, 갈등과 논쟁을 벌일 여지도 많고, 완전히 길을 잃고 헤맬 여지도 많다.

명상 수행을 한다는 건 매 순간 우리가 삶의 길을 걸어가고 있다는 걸 인정하는 것이다. 그 길은 우리가 살아 숨 쉬는 동안은 매 순간 우리의 눈앞에 펼쳐진다. 명상은 기법이라기보다는 '길'에 더 가깝다고 봐야 한다. 명상은 존재의 길이며, 삶의 길이고, 귀 기울임의 길이며, 삶의 길을 따라 걸어가며 있는 그대로의 사물들과 조화를 이루는 길인 것이다. 이는 아주 중요한 순간들에 가끔 당신이 지금 어디로 가고 있는지 또는 길이 어디로 나 있는지조차 알지 못한다는 사실을 일부 인정해야 한다는 뜻이기도 하다. 그와 동시에 당신은 자신이 지금 어디에 있는지에 대해 아주 잘 알 수도 있다(설사 당신 자신이 길을 잃어 당혹스러워하고 있고 화를 내며 절망에 빠져 있다는 사실을 안다 해도 그렇다). 한편 특히 우리가 이기적인 야심을 품고 있어 뭔가를 아주 간절히 원할 때, 우리는 자신이 어디로 가고 있는지 너무 잘 안다고 과신하는 믿음의 함정에 빠지는 경우도 많다. 이기적인 목표들로 인해 맹목적으로 행동하는 경우도 있는데, 이런 경우 우리는 실제로는 생각한 만큼 많은 걸 알지도 못하면서 마치 모든 걸 안다고 착각하게 된다.

그림 형제의 동화집에 들어 있는 동화 『생명의 물』은 흔히 볼 수 있는 3형제(전부 왕자)의 이야기이다. 위의 두 형은 탐욕스럽고 이기적이다. 막내는 친절하고 배려심도 많다. 그런데 그들의 아버지, 즉 왕이 죽어가고 있다. 궁전 정원에 나타난 한 신비한 노인이 형제들에게 슬퍼하는 이유를 물어 그 이유를 듣게 되고, 왕에게 생명의 물이 치유책이 될 수 있을 거라며 이렇게 말한다. "왕이 그 물을 마신다면 다시 건강해지겠지만, 그 물을 찾는 건 쉽지 않습니다."

제일 먼저 큰형이 허락을 받아 아버지를 위해 생명의 물을 구하러 떠난다. 그는 내심 아버지의 환심을 사 자신이 왕이 되기를 바랐다. 말을 타고 떠나기가 무섭게 길옆에 서 있던 한 난쟁이를 만나는데, 그 난쟁이는 말을 멈추게 한 뒤 어디를 그리 급히 가느냐고 묻는다. 그러나 갈 길이 바쁜 왕자는 그 난쟁이를 멸시하며 거들먹거리는 태도로 비켜서라고 한다. 여기서 추정해볼 수 있는 것은 이 왕자는 지금 자신이 무얼 찾고 있는지 알기 때문에 가는 길도 안다고 생각한다는 것. 실은 그렇지 못하다. 이 형은 자신의 오만함을 제어할 수 없고, 그래서 살아가며 여러 가지 세상일들에 대한 무지가 튀어나오게 될 것이다.

물론 이 동화 속의 난쟁이는 우리 외부의 실제 사람이 아니라 보다 높은 영혼의 힘 같은 걸 상징한다. 이 경우 이 이기적인 큰형은 따뜻한 마음과 지혜를 통해 자기 내면의 힘과 정신적 자아에 접근하는 게 불가능하다. 그의 오만함 탓에 난쟁이는 그의 길이 갈수록 좁아지는 골짜기 안으로 향해 되돌아 나오지도 못하게 만든다. 한마디로 사면초가에 빠지게 만드는 것이다. 그리고 실제 큰형은 이 이야기가 진행되는 동안 계속 거기에 머물게 된다.

큰형이 돌아오지 않자 작은형이 자신의 행운을 믿고 길을 떠난다. 그 역시 난쟁이를 만나고, 형처럼 그 난쟁이를 무시하며, 결국 형과 마찬가지로 사면초가에 빠진다. 이 두 왕자는 같은 사람의 다른 모습이므로, 어떤 사람들은 실패를 통해서도 아무것도 배우지 못한다고 말할 수도 있겠다.

시간이 어느 정도 지난 뒤, 결국 생명의 물을 가져오기 위해 막내 왕자가 길을 떠난다. 그 역시 난쟁이를 만나고, 그 난쟁이는 어디를 그리 급히 가느냐고 묻는다. 그러나 자기 형들과는 달리 그는 멈춰 선 뒤 말에서 내려 그 난쟁이에게 자기 아버지가 위중한 병에 걸려 생명의 물을 구하러 가는 길이라고 말한다. 그러면서 어디를 찾아봐야 할지 또 어느 방향으로 가야 할지 전혀 모르겠다는 걸 인정한다. 그러자 난쟁이가 이렇게 말한다. "오, 난 그걸 어디서 찾아야 하는지 알아요." 그러면서 생명의 물이 어디 있는지, 또 그걸 얻으려면 아주 복잡하긴 하지만 어떻게 해야 하는지를 설명해 주었다. 막내 왕자는 주의 깊게 들으면서 난쟁이가 하는 말을 기억해둔다.

아주 잘 짜인 이 이야기는 전개 과정에서 많은 반전이 있는데, 그걸 직접 알아보는 일은 관심 있는 독자들의 몫으로 남겨두겠다. 여기서 말하고자 하는 핵심은 때론 당신 자신이 길을 모른다는 걸 스스로 인정하고 마음의 문을 열어 예기치 못한 곳들로부터 도움을 받는 게 도움이 된다는 것이다. 그렇게 함으로써, 당신은 혼이 담기고 사심 없는 당신 자신의 마음에서 우러나오는 내적·외적 에너지와 우군들의 도움을 받을 수 있게 된다. 물론 이기적인 형들 역시 영혼의 내적 존재들이다. 그리고 이 이야기의 메시지는 자기애와 오만이라는 일반적인 인간 성향들에 사로잡혀 보다 큰 사물들의 질서를 무시할 경우, 당신은 삶에서 결국 교착 상태에 빠져 앞으로 나아가지도, 되돌아가지도, 옆으로 돌아 나가지도 못하게 된다는 것이다. 이 이야기에서 우리는 두 왕자와 같은 태도로는 결코 생명의 물을 찾지 못할 것이며, 어쩌면 영원히 꼼짝달싹 못하는 상태에 빠지게 된다는 교훈을 얻을 수 있다.

마음챙김 수행을 하려면 우리 내면의 보다 큰 부분들과 단절된 마음으로, 또 편협한 야심과 사사로운 이익 추구에 급급한 마음으로 무모하게 서둘러 세상일에 뛰어들지 말고, 우리 내면의 난쟁이 에너지를 존중하고 그 에너지에 주의를 기울여야 한다. 이 동화는 우리가 잘 해나가려면 있는 그대로의 사물들을 인식해야 하며 또 우리가 어디로 가고 있는지 모른다는 걸 기꺼이 인정해야 한다는 이야기를 들려주고 있다. 이 동화 속에서 막내 왕자는 오랜 여행을 한 뒤에야 비로소 사물의 이치(예를 들면 형들은 왜 실패했는지)를 제대로 이해하게 된다. 그는 배신으로 고통스런 교훈들을 얻고 자신의 순진함에 대해 값비싼 대가를 치른 뒤에야 비로소 자기 자신의 온전한 에너지와 지혜를 얻게 된다.

그리고 그 모든 건 그가 마침내 말을 타고 황금으로 포장된 길 한가운데를 지나 공주(그녀에 대해선 말하지 않았지만)와 결혼하고 왕(완전히 발전된 사람)이 되는 것으로, 그러니까 자기 아버지의 왕국이 아닌 자기 왕국의 왕이 되는 것으로 상징된다.

시도

바로 오늘의 당신 자신의 삶을 여행으로 또 모험으로 보라. 당신은 어디고 가는 중인가? 당신은 무얼 추구하는 중인가? 당신은 지금 어디에 있는가? 당신은 지금 여행의 어떤 단계에 와 있는가? 만일 당신의 삶이 책이라면 오늘의 삶을 뭐라 부르겠는가? 현재 당신이 머물고 있는 장의 제목을 뭐라 할 것인가? 당신은 지금 어떤 면에서건 여기에서 꼼짝달싹 못하고 있는가? 당신은 지금 이 시점에서 맘껏 쓸 수 있는 에너지 전부에 완전히 마음의 문을 열 수 있는가? 이 여행이 다른 누구도 아닌 바로 당신 자신만의 여행이라는 점에 주목하라. 따라서 길도 당신 자신의 길이어야 한다. 당신은 다른 누군가의 여행 흉내를 내면서 당신 자신에게 진실할 수는 없다. 이런 식으로 당신의 독특함을 존중할 준비가 되어 있는가? 당신은 명상 수행에 전념하는 것을 이런 존재 방식의 은밀한 일부로 볼 수 있겠는가? 당신은 마음챙김과 알아차림을 통해 당신의 길을 계속 밝힐 수 있는가? 당신은 당신이 쉽게 빠져 꼼짝달싹 못하게 될 길이나 과거에 그랬던 길들을 볼 수 있는가?

명상: 긍정적인 사고와 혼동하지 말라

사고는 다른 종들과 구분되는 인간의 능력이며, 비할 데 없이 뛰어난 기적 같은 인간의 능력이기도 하다. 그러나 주의하지 않을 경우, 우리의 사고 능력 때문에 똑같이 소중하고 기적 같은 우리 존재의 여러 측면들이 설 자리를 잃게 된다. 깨어 있음이 첫 번째 희생양인 경우가 많다.

알아차림Awareness은 생각과 같은 것이 아니다. 알아차림은 생각을 활용하고 그 가치와 힘을 존중하지만 생각 너머에 있다. 알아차림은 우리의 생각들을 담고 보존하는 용기에 가까우며, 우리로 하여금 생각을 현실로 보지 않고 그저 생각으로 보고 깨달을 수 있게 해준다.

생각하는 마음은 때론 심하게 분열될 수 있다. 이것이 생각의 본질이다. 그러나 매 순간 의도적으로 의식을 자극한다면, 그 같은 생각의 분열 상태 속에서도 우리의 근본적인 본성은 이미 통합되어 완전하다는 걸 알 수 있게 된다. 알아차림은 모든 음식 조각들을 담는 수프 단지와 같다. 잘게 썬 홍당무, 완두콩, 양파 같은 것들을 모두 담아 수프라는 완전한 음식을 끓여 내는 수프 단지 말이다. 그러나 알아차림은 또 마법사의 단지처럼 마술을 부리기도 한다. 아무것도 하지 않고, 그러니까 심지어 그 밑에 불을 피우지 않고도 요리를 할 수 있기 때문이다. 계속 유지되기만 한다면 의식 자체가 요리를 하는 것이다. 당신은 생각의 조각들이 의식 안에 담겨 있는 동안 그저 저어주기만 하면 된다. 몸과 마음 안에서 생겨나는 그 어떤 생각들도 단지 안에 들어가 수프의 일부가 된다.

명상은 좀 더 많은 생각을 해 당신의 생각을 바꾸려는 노력과는 거리가 멀다. 명상은 생각 그 자체를 바라보는 것이다. 생각을 바라본다는 건 그 생각을 붙잡고 있는 것이다. 당신 자신의 생각들에 끌려가지 않고 그냥 바라보기만 함으로써, 뭔가가 생각 그 자체로부터 완전히 자유로워지는 걸 배울 수 있으며, 그 결과 당신은 그 같은 생각 패턴들(종종 너무 강하고, 편협하고, 부정확하고, 이기적이고, 습관적이어서 우리 자신을 구속하고 또한 명백히 잘못된)에 덜 사로잡히게 된다.

명상을 바라보는 또 다른 방법은 생각하는 과정 그 자체를 폭포, 그러니까 계속적인 생각의 쏟아짐으로 보는 것이다. 마음챙김을 연마하면서 우리는 우리의 생각 너머로 또는 그 뒤로 가, 폭포 뒤쪽 바위의 움푹 파인 곳이나 동굴 안에 들어가 적절한 자리를 찾는다. 여전히 물 떨어지는 모습과 소리를 보고 들을 수 있지만, 세차게 쏟아지는 물줄기를 피할 수 있는 것이다.

이런 식으로 수행을 하다 보면, 우리의 생각 패턴들은 우리의 삶 속에서 통합과 이해와 동정심을 꽃피우게 하는 쪽으로 절로 변화된다. 그러나 생각 패턴들이 변화되는 것은 우리가 어떤 생각을 보다 순수하다고 생각되는 다른 생각으로 교체함으로써 생각 패턴들을 변화시키려 해서가 아니다. 그보다는 생각으로서의 생각들의 본질과 그 생각들과 우리의 관계를 이해하기 때문이며, 그 결과 그 생각들은 우리 자신에게 더 많은 도움을 줄 수 있게 된다.

우리가 만일 긍정적으로 생각하기로 마음먹는다면 유용하긴 하겠지만, 그렇다고 해서 그것이 명상은 아니다. 그건 그저 좀 더 생각하는 것이다. 우리는 부정적인 사고의 노예가 될 가능성만큼이나 이른바 긍정적인 사고의 포로가 될 가능성도 높다. 긍정적인 사고 역시 제한적이고, 분열적이며, 부정확하고, 기만적이고, 이기적이고, 잘못될 수도 있다. 우리 삶에 변화를 가져오고 우리로 하여금 생각의 한계를 뛰어넘게 하려면 완전히 다른 요소가 필요하다.

내면으로 들어가기

명상이라고 하면 내면으로 들어가는 것 또는 당신 내면 안에 머무는 것이라고 생각하기 쉽다. 그러나 '내면'이니 '외면'이니 하는 것은 한계가 있는 구분이다. 격식을 갖춘 명상 수행의 평온함 속에서 우리는 우리의 에너지를 내면으로 돌리게 되며, 그 결과 우리가 전 세계를 우리 자신의 마음과 몸 안에 담고 있다는 걸 발견하게 된다.

장기간 내면에 머물게 될 경우, 우리는 행복과 이해와 지혜를 늘 우리 외부에서 찾는 일종의 빈곤 상태 같은 걸 보게 된다. 신과 환경 그리고 다른 사람들이 우리가 행복해지거나 만족하게 도와줄 수 없다는 건 아니다. 우리의 행복과 만족은 물론 신에 대한 이해까지도 내면적으로 우리 자신을 아는 능력보다 깊어질 수는 없으며, 깊은 안락감(우리 자신의 마음과 몸의 작동 방식에 익숙해지면서 생겨나는)을 갖고 외부 세계를 만나는 능력보다 깊어질 수 없는 것이다.

매일 잠깐씩 마음의 평온함 속에 머물며 우리 자신의 내면을 들여다보면서, 우리는 우리 자신 안에서 가장 실재적이고 믿음직하며 가장 쉽게 간과되고 미개발되는 것과 접촉하게 된다. 외부 세계의 유혹에 맞서 잠시 동안이나마 우리 자신에 집중할 수 있을 때, 우리는 우리 자신을 채우거나 행복하게 만들어줄 일을 다른 곳에서 찾을 필요가 없다. 우리 자신이 어디에 있든, 우리는 매 순간 있는 그대로의 사물들과 조화를 이루며 평온해질 수 있기 때문이다.

✜

꽃을 보기 위해 집 밖으로 나가지 말라.
내 친구여, 굳이 그런 수고를 하지 말라.
그대의 몸 안에 꽃들이 있다.
꽃 하나에는 천 개의 잎이 있다.
그것이 앉을 자리가 되어줄 것이다.
거기에 앉아 그대는 몸의 안과 밖의
정원의 앞쪽과 뒤쪽의
아름다움을 엿보게 될 것이다.

_카비르

빛의 뿌리는 무겁다.
모든 움직임의 근원은 부동이다.

따라서 대가는 집을 떠나지 않고도
하루 종일 여행을 한다.
경치가 아무리 아름답다 해도
그는 자신 속에 조용히 머문다.

어째서 나라의 군주가 바보 같이
촐랑거리며 다녀야 하는가?
그대 스스로 이리저리 날려 다닌다면
그대의 뿌리와 단절되게 된다.
그대 스스로 경망스레 움직이게 된다면
당신 자신의 존재와 단절되게 된다.

_노자의 『도덕경』 중에서

✥

당신의 눈을 안쪽으로 돌린다면, 당신의 마음 안에서
아직 발견되지 않은 천 개의 지역들을
발견하게 될 것이다. 그곳들을 여행해
자기 세계의 전문가가 되라.

_소로의 『월든』 중에서

다음에 뭔가를 잃어버렸거나 일이 잘 풀리지 않아 불만족스럽게 느껴질 때, 실험 삼아 자신의 내면을 들여다보라. 당신이 바로 그 순간의 에너지를 포착할 수 있는지 보라. 잡지를 집어 들거나, 영화를 보러 가거나, 친구에게 전화를 걸거나, 뭔가 먹을 걸 찾거나, 멋대로 행동하려 하지 말고, 혼자 있을 만한 장소를 마련하라. 거기에 앉아 단 몇 분이라도 좋으니 호흡에 집중해보라. 아무것도 찾지 말라. 꽃도 빛도 아름다운 경치도 찾지 말라. 뭔가의 장점들을 극찬하지도 말고 뭔가의 부적절한 점을 비난하지도 말라. '나는 지금 내면으로 들어가고 있어.' 이런 생각조차 하지 말라. 그저 앉아 있어라. 세상의 중심에 머물러라. 모든 걸 있는 그대로 내버려 두어라.

2부

수행의 핵심

우리 뒤에 있는 것들과 우리 앞에 있는 것들은
우리 안에 있는 것들과 비교하면 아무것도 아니다.

_ 올리버 웬델 홈즈

앉아서 하는 명상

앉아 있는 것에 대체 뭐 그리 특별한 게 있을까? 아무것도 없다. 우리가 흔히 앉는다는 얘기를 할 때의 앉는 것은 그렇다. 앉는 건 그저 우리 몸이 두 다리의 부담을 덜어주기 위해 취하는 편한 자세 중 하나일 뿐이다. 그러나 명상에 관한 한 앉는 것에는 아주 특별한 의미가 있다.

명상에 관한 한 앉는 게 특별한 의미가 있다는 건 슬쩍 보기만 해도 곧 알 수 있다. 예를 들어, 어떤 사람이 서 있다거나 누워 있다거나 걷고 있다면 당신은 그 사람이 명상을 하고 있는지 어떤지 모를 수도 있지만, 그 사람이 앉아 있다면, 특히 바닥에 앉아 있다면, 금방 알 수 있다. 어떤 각도에서 봐도, 그 자세 자체가 깨어 있음을 보여주기 때문이다. 특히 두 눈을 감고 있거나 얼굴이 고요하니 평화로워 보인다면 더 그렇다. 앉은 자세는 그 위엄과 견고함 때문에 마치 산을 보는 듯하다. 또한 앉은 자세에는 많은 것을 시사하는 안정 감도 있으며, 그 안정감은 명상하는 사람의 안팎으로 발산된다. 그러나 그 사람이 깜빡 잠이 드는 순간, 이 모든 건 연기와 같이 사라진다. 내면에서 마음이 무너지면, 그게 몸에 그대로 나타나는 것이다.

앉아서 하는 명상은 곧고 위엄 있는 자세로 앉아서 하며, 오랜 시간 지속되는 경우가 많다. 곧은 자세를 취하는 건 비교적 쉬운 일이지만, 이는 이후에 계속 펼쳐질 힘든 과정의 시작에 지나지 않는다. 몸은 쉽게 앉힐 수 있을지 모르나, 그 뒤 마음은 어떻게 해야 하느냐 하는 문제는 여전히 남는다. 아무리 강력한 효과가 있다 해도, 앉아서 하는 명상은 단순히 몸에 대해 특별한 자세를 취하는 게 아니라 마음에 대해 특별한 자세를 취하는 명상이다. 결국 마음을 앉히는 것이다.

일단 자리에 앉고 나면 현재 순간에 접근하는 방법은 많다. 그리고 그 방법들은 전부 판단은 배제하고 의도적으로 집중하는 게 특징이다. 다만 무엇에 집중하고 어떻게 집중하느냐 하는 것만 다를 뿐이다.

가장 좋은 방법은 모든 걸 단순화해 일단 호흡부터 시작하는 것이다. 숨이 들어왔다 나갔다 하는 걸 느끼는 것이다. 궁극적으로는 당신 자신의 의식을 확대해 들어오고 나가는 모든 것, 그러니까 당신 자신의 생각과 감정, 인식, 충동 그리고 몸과 마음의 움직임을 관찰할 수 있게 될 것이다. 그러나 집중력과 마음챙김 상태가 의식 속에서 그 많은 대상들을 끌어안을 정도로 강해지려면, 또 그 속에서 길을 잃거나 특정 대상에 집착하거나 압도당하지 않을 정도로 강해지려면, 어느 정도의 시간이 필요할 것이다. 그러므로 처음에는 호흡에만 집중하거나, 아니면 호흡을 닻처럼 활용해 당신이 다른 데로 떠내려갈 때 되돌아올 수 있게 하는 게 좋다. 몇 년 동안 그렇게 하면서 어떤 일이 일어나는지 보라.

시도

매일 잠깐씩 그저 존재하는 시간을 가져보라. 5분도 좋고, 더 큰 모험을 해보고 싶다면 10분이나 20분 또는 30분도 좋다. 완전히 존재하는 것 외에 다른 목적은 없이 가만히 앉아 매 순간순간이 펼쳐지는 걸 지켜보라. 호흡을 닻처럼 활용해 당신의 관심을 현재 순간에 붙들어 매도록 하라. 당신의 생각하는 마음은 마음속 물결과 바람의 움직임에 따라 이리저리 떠돌겠지만, 그러다 어느 시점이 되면 닻줄이 팽팽해지면서 원래 위치로 되돌아오게 될 것이다. 아마 그런 일은 자주 일어날 것이다. 당신의 집중력이 흩어질 때마다 다시 최대한 생생하게 호흡으로 되돌아오게 하라. 자세를 곧게 하되 경직되진 말라. 당신 자신을 산이라 생각하라.

~~~~~~

당신의 자리를 잡아라

당신만의 자리를 잡고 앉는다는 기분으로 방석이나 의자에 앉는 게 좋다. 앉아서 명상을 한다는 것이 무심코 아무데나 앉는다는 의미는 아니다. 장소를 어디로 선택하는지 또 마음챙김이 얼마나 잘 되는지에 따라 앉은 자세에서 에너지가 발산된다. 그리고 설사 앉아 있다 해도, 앉은 자세 자체에 당신의 '입장'이 드러난다. 명상 장소를 선택하고 당신의 몸과 마음 그리고 순간을 투자한다는 입장이 강하게 드러나는 것이다.

이 모든 걸 염두에 두고 명상 자리를 잡되, 장소나 자세에 따로 투자를 하지 않아도 된다. 실내나 실외에 틀림없이 '좋은 명상 장소들'이 있을 수 있지만, 자신의 입장을 나타낸다는 자세만 유지한다면, 어디서나 어떤 자세로든 편히 앉아 명상을 할 수 있는 것이다. 당신의 몸과 마음이 서로 협력해 당신의 몸과 시간, 장소, 자세를 잘 인식하고 특정 방식을 따라야만 한다는 생각에 얽매이지 않을 때, 그야말로 그럴 때에만 제대로 앉아 있는 것이다.

품위

우리가 앉은 자세 얘기를 할 때 가장 잘 어울린다고 느껴지는 단어는 '품위'이다.

우리가 명상을 하기 위해 자리에 앉을 때 그 자세가 모든 걸 말해준다. 앉은 자세가 자신의 얘기를 하는 것이다. 자세 그 자체가 명상이라고 할 수도 있겠다. 상체를 앞으로 숙이고 앉는다면, 낮은 에너지, 수동성, 명확함의 부족을 나타낸다. 대쪽같이 똑바로 앉는다면, 긴장하고 있고 너무 많은 노력을 하고 있으며 너무 열심히 명상하려 한다는 뜻이다. 내가 강의를 하다가 '품위'라는 말을 사용할 경우, 그러니까 "품위를 보여주는 자세로 앉아요." 식으로 말할 경우, 모든 사람이 즉시 자세를 고쳐 몸을 더 똑바로 세워 앉는다. 그러나 그렇다고 해서 몸이 뻣뻣해지진 않는다. 얼굴 표정은 부드럽게 풀리고 어깨는 처지고 머리와 목 그리고 등은 편한 자세를 취한다. 척추는 골반으로부터 힘차게 뻗쳐 나온다. 사람들은 거의 무의식적으로 의자 등받이에서 떨어져 앞쪽에 앉는 경우가 많다. 모든 사람이 품위라는 내적 감각이 무언지 또 그걸 어떻게 구현해야 하는지를 금방 아는 듯하다.

어쩌면 우리는 가끔 우리 자신이 이미 품위 있고 가치 있는 존재라는 걸 상기시켜줄 사소한 계기들이 필요한지도 모른다. 그러나 실제로는 그렇지 못한 경우가 많은데, 그건 과거부터 지녀온 마음의 상처와 흉터들 때문이거나 아니면 미래에 대한 불확실성 때문이다. 우리가 우리 자신을 무가치하다고 느끼게 된 건 우리 탓이 아닌 것 같다. 외부로부터 배운 것이다. 어린 시절에 이미 수많은 방식으로 그걸 배웠고, 그 교훈을 잘 익힌 것이다.

그래서 우리가 자리에 앉아 명상을 할 때 또 우리 자신에게 품위 있게 앉으라는 걸 상기시킬 때, 우리는 우리가 원래 갖고 있던 가치 있는 존재로 되돌아가는 것이다. 앉아서 명상을 하는 것 자체가 상당히 의미 있는 선언인 셈이다. 장담하

건대, 우리의 내적 의지가 그 선언을 들을 것이다. 당신 역시 들을 준비가 되어 있는가? 우리는 매 순간 직접적인 경험의 흐름들에 귀 기울일 준비가 되어 있는가?

시도

30초간 품위 있게 앉아보라. 기분이 어떤지 주목하라. 품위 있게 서 있으면서 그렇게 해보라. 당신의 어깨는 어떻게 돼 있는가? 당신의 척추는, 당신의 머리는? 품위 있게 걷는다는 건 무슨 의미이겠는가?

자세

당신이 마음속에 강한 의도를 갖고 앉아 있을 경우, 몸 자체가 깊은 신념과 헌신을 말해준다. 깊은 신념과 헌신이 몸 안팎으로 발산되는 것이다. 품위 있게 앉아 있는 자세 자체가 자유의 확인이자 삶의 조화와 아름다움, 풍요로움의 확인이다.

당신은 어떤 때는 그런 상태에 도달하는 듯하지만, 또 어떤 때는 그렇지 못할 것이다. 우울하거나 힘겹거나 혼란스러울 때도, 앉아서 명상을 하면 지금 살고 있는 삶의 힘과 가치를 확신하게 된다. 잠시 동안이라도 앉은 자세를 유지하기 위해 인내심을 발휘하다 보면, 당신은 당신 존재의 핵, 그러니까 부침을 초월하고 자유와 속박도 초월하고 명석함과 혼란스러움도 초월하는 내면 깊숙한 영역에 연결된다. 이 존재의 핵은 알아차림 그 자체와 흡사해, 정신 상태나 삶의 환경에 영향을 받지 않는다. 존재의 핵은 또 거울과 비슷해, 그 앞에 나타나는 모든 것들을 있는 그대로 다 투영한다. 그러니까 그 어떤 일이 일어나 당신의 삶을 뒤흔들거나 당신에게 좌절감을 안겨준다 해도 결국 그 일 역시 변화될 것이라는 걸 깊이 깨닫게 될 것이다. 이런 이유로 그저 현재 순간이라는 거울에 모든 걸 비추면서, 그걸 바라보고 그 존재를 받아들이며, 물결 일 듯하는 당신 자신의 호흡을 타면서 그 전개 과정의 물결을 타고, 당신이 조만간 뭔가 행동하고 받아들이고 헤쳐 나갈 방법을 찾을 거라는 확신을 갖는 것이다. 인위적인 노력에 의해서가 아니라, 모든 걸 바라보고 있는 그대로 내버려두고 매 순간 최대한 그것들을 느낌으로써 말이다.

앉아서 마음챙김 명상을 한다는 건 어떤 문제나 어려움들을 회피해 몰입이나 거부에 가까운 단절된 명상 상태로 들어간다는 의미는 아니다. 그와는 반대로 생각하는 걸 뛰어넘어 장시간 계속 관찰하면서 현재 순간을 지배하면서 당당히 고통이나 혼란 또는 상실에 정면으로 맞선다는 의미이다. 계속 앉은 자세를 유지하고 호흡에 신경 쓰면서 그저 상황을 염두에 두며 이해를 추구하는 것이다.

선불교에서 전해오는 얘기에 따르면, 한 선사(스즈키 순류)는 이런 말을 했다고 한다. "당신이 올바른 자세로 앉아 있을 때 존재하는 마음 상태는 그 자체로 깨우침이다. 앉아서 하는 명상은 올바른 마음 상태를 얻기 위한 수단은 아니다. 이 자세를 취하는 그 자체가 올바른 마음 상태인 것이다." 앉아서 하는 명상을 통해 당신은 이미 당신 자신의 가장 진실한 본성과 연결된 것이다.

따라서 앉아서 하는 명상을 수행한다는 건 무엇보다 당신의 몸이 앉은 상태로 존재의 마음자세를 확인하고 발산한다는 의미이며, 또 매 순간 어떤 일이 일어나든 그걸 인정하고 받아들이는 데 전념한다는 의미이다. 이는 무집착과 변함없는 안정성의 한 형태로, 마치 그 자신은 텅 빈 상태로 모든 걸 받아들이고 모든 것에 열려 있으면서 그저 다른 모든 걸 비추기만 하는 거울과 같다. 당신이 선택한 앉는 자세 속에는 바로 이런 마음가짐이 담겨 있다. 자세가 마음가짐을 구현하는 것이다.

바로 이 때문에 많은 사람들이 앉아서 명상을 수행할 때 산의 이미지를 취하는 게 집중력과 마음챙김을 심화시키는 데 도움이 된다는 걸 깨닫게 되는 것이다. 높고 거대하고 웅장하며 움직이지 않고 깊이 뿌리박혀 있는 산의 특성들을 떠올린다면 그런 특성들이 자세와 마음가짐에 바로 반영된다.

명상을 할 때는 내내 산의 그런 특성들을 불러들이는 것이 중요하다. 어떤 마음 상태에서든, 특히 심각하게 괴롭고 혼란스런 마음 상태에 있지 않을 때 위엄과 평온함, 변함없는 차분함을 구현하는 일을 반복해서 수행하다 보면, 그것이 굳건하고 믿음직한 토대가 되어 극심한 스트레스와 정신적 혼란 속에서도 마음챙김과 평온함을 유지할 수 있게 된다. 그러나 그건 오로지 당신이 수행하고 수행하고 또 수행할 때의 일이다.

설사 그렇게 생각하고 싶더라도, 당신이 마음챙김을 하는 방법을 잘 알고 있으며 마음챙김을 아껴두었다가 큰일들이 일어나는 순간에만 활용할 수 있다고 생각해선 안 된다. 큰일들에는 워낙 큰 힘이 있어 즉각 당신을 압도해버릴 것이며, 마음챙김에 도달하는 방법과 평온함에 대한 당신의 모든 낭만적인 생각들 또한 압도해버릴 것이다. 명상 수행은 도랑을 파고 포도밭에서 일을 하고 연못물을 퍼내는 것처럼 더디면서도 훈련이 필요한 일이다. 그러니까 매 순간들의 일이면서 동시에 평생의 일로, 그 두 가지가 합쳐진 것이다.

두 손은 어떻게 하나?

지난 수천 년간 요가 및 명상 분야에서는 우리 몸속의 다양한 에너지 길들이 밝혀지고 이해되고 특정한 방식들로 활용돼왔다. 우리는 우리 몸의 모든 자세가 각기 자신만의 말을 하며 또 내외적으로 빛을 발한다는 걸 직감적으로 안다. 오늘날 이는 '몸짓 언어body language'라 불린다. 또한 사람들은 민감한 수신기를 가진 사람에게 포착될 수 있는 정보를 발하기 때문에, 우리는 몸짓 언어를 이용해 다른 사람들이 자기 자신에 대해 어떻게 느끼는지를 읽을 수 있다.

그러나 이 책에서 우리는 지금 자기 자신의 몸짓 언어에 민감해지는 일의 가치를 말하고 있는 것이다. 몸짓 언어를 제대로 인식함으로써 극적인 내적 성장과 변화를 촉진할 수 있는 것이다. 전통적인 요가에서는 이 분야의 지식은 '무드라'로 알려진 몇 가지 자세들과 관련이 있다. 어떤 면에서는 모든 자세가 무드라이다. 그러니까 각 자세가 특정한 얘기를 하고 있고 그와 관련된 에너지를 갖고 있는 것이다. 그러나 무드라는 대개 온몸의 자세보다 더 섬세한 자세를 가리킨다. 무드라는 주로 손과 발의 위치를 중시하는 것이다.

당신이 만일 박물관에 가서 붓다의 그림과 조각품들을 면밀히 관찰한다면, 앉아 있거나 서 있거나 누워서 명상을 하는 수백 가지의 작품에서 손의 위치가 제각각이라는 걸 곧 알게 될 것이다. 앉아서 명상을 하고 있는 작품들의 경우, 때론 손바닥이 아래로 향한 상태로 두 손이 무릎 위에 놓여 있고, 때론 한 손바닥이나 두 손바닥 모두가 위로 향한 상태로 놓여 있으며, 또 때론 한 손의 한 개 이상의 손가락이 바닥에 닿아 있고 나머지 손은 들려져 있다. 때론 두 손이 다 무릎 위에 놓여 있되 한 손의 손가락들이 다른 손의 손가락들 위에 얹혀 있고 두 엄지 손가락은 마치 보이지 않는 달걀을 감싸 쥐듯 살짝 닿아 있어 이른바 '우주 무드라' 모양을 이루고 있다. 때론 기독교 신자들의 전통적인 기도 자세를 취해, 두 손의 손가락들과 손바닥을 합장해 가슴 위에 모으는 자세를 취한다. 동양권의 인사법에서 이 자세는 상대방 안에 있는 신성을 알아보고 절을 하는 걸 뜻한다.

이 같은 손 무드라들은 서로 다른 에너지들을 나타내는 것으로, 당신도 명상 중에 직접 실험해볼 수 있다. 당신의 두 손바닥을 아래쪽으로 향하게 무릎 위에 얹고 앉아 보라. 그때 자기충족감이 어느 정도 느껴지나 알아보라. 내 경우 이 자세는 더 이상 아무것도 구하려 하지 않고 그저 존재하는 것들을 소화하려는 자세이다.

당신이 만일 두 손바닥을 위로 향한 채 마음챙김 상태를 유지하면, 몸 안에서 에너지 변화가 일어나는 걸 느낄 수 있다. 내 경우 그런 자세로 앉아 있으면 마음이 열린 상태가 되어 하늘의 에너지(중국인들은 '하늘에서와 같이 땅에서'라고 말함)를 잘 받아들이게 된다. 나는 종종 위로부터 오는 에너지에 마음을 열고 싶다는 충동을 강하게 느낀다. 가끔은, 특히 혼란스러운 시기에는 앉은 자세로 명상 수행을 하며 하늘로부터 오는 에너지를 받아들이는 게 큰 도움이 된다. 당신은 그저 두 손바닥을 하늘을 향해 활짝 벌림으로써 그렇게 할 수 있다. 이는 당신이 마법처럼 당신을 도와줄 뭔가를 적극적으로 찾는다는 의미는 아니다. 그보다는 당신 자신이 보다 높은 통찰력에 다가가, 흔히 고상하고 신성하며 천상의 것이고 우주적이며 보편적이라고 생각되는 더 높은 질서와 지혜의 에너지와 공명할 수 있게 준비한다는 의미이다.

우리의 모든 손 자세는 무드라로, 미묘한 에너지 또는 그리 미묘하지 않은 에너지와 관련이 되어 있다. 주먹 에너지를 예로 들어보자. 화가 날 때 우리는 두 손을 오므려 주먹을 쥐는 경향이 있다. 어떤 사람들은 평생 자신도 모르는 새에 걸핏하면 이 무드라를 행한다. 이 무드라를 행할 때마다 내면에 있는 분노와 폭력의 씨앗들에 물을 주는 꼴이며, 그에 따라 그 씨앗들은 싹이 트고 더 강하게 자라나게 된다.

다음에 화가 나 주먹을 불끈 쥐는 자신을 발견할 경우, 주먹 속에 나타나는 내적 마음자세를 차분히 들여다보라. 주먹 속에 담겨 있는 긴장, 증오, 분노, 공격성, 두려움 등을 느껴보는 것이다. 그런 다음 실험 삼아 화가 나 있을 때 화나게 만든 사람이 가까이 있을 경우, 그 사람 바로 앞에서 주먹을 편 뒤 두 손바닥을 가슴 위에 모아 합장하는 자세를 취해 보라(물론 상대는 당신이 대체 뭘 하고 있는지 전혀 모르겠지만). 그러고 나서 잠시 그런 자세를 유지하면서, 당신의 분노와 상처에 어떤 변화가 일어나는지 보라.

　내가 경험한 바로는, 이렇게 하는 데도 분노가 지속된다는 건 사실상 불가능하다. 그렇다고 해서 당신이 느끼는 분노가 정당하지 못하다는 건 아니다. 그보다는 온갖 종류의 다른 감정들, 그러니까 타인에 대한 연민과 동정심, 우리가 참여 중인 춤에 대한 보다 깊은 이해 같은 것들이 작동되기 시작해 분노 에너지를 가두고 길들이게 되는 것이다. 한 가지 춤은 필히 또 다른 춤으로 이어지고, 그 최종 결론이 개인적으로 잘못 받아들여져 지혜는 전혀 없이 무지가 무지를 낳고 공격성이 공격성을 낳는 상황이 도래할 수도 있다.

　표적 거리 내에서 쏜 암살자의 총에 맞았을 때, 간디는 이런 식으로 암살자를 향해 합장을 한 뒤 만트라를 외며 죽었다. 간디는 사랑하는 『바가바드 기타』에 이끌려 수년간 명상과 요가 수행을 한 끝에, 자신이 관여하는 모든 일은 물론 심지어 자신의 목숨에도 집착하지 않는 경지에 오를 수 있었다. 그 결과 목숨을 잃게 되는 바로 그 순간에도 그렇게 너그러운 마음자세를 취할 수 있었던 것이다. 그는 죽으면서 분노하지도 않았고 심지어 놀라지도 않았다. 그는 자신의 목숨이 늘 위험하다는 걸 알고 있었다. 그러나 그는 점점 커져가 현명한 행동을 할 수 있게 해주는 자신의 비전의 드럼 소리에 맞춰 행진하는 훈련을 했다. 그야말로 진정한 동정심을 직접 구현하는 경지에 도달한 것이다. 그는 변함없이 정치적 자유와 정신적 자유에 헌신하는 삶을 살았다. 그에게 개인적인 행복은 그 가치가 제한적이었다. 그는 늘 자신의 행복을 위험에 노출시켰다.

시도

앉아서 명상을 수행할 때뿐 아니라 하루 중 다양한 때에 당신이 직접 구현할 수 있는 미묘한 정신적 특성들을 잘 살펴보라. 특히 당신의 두 손을 관심 있게 지켜보라. 위치에 따라 뭔가 달라지는가? 몸챙김을 더 잘함으로써 마음챙김도 더 잘되지 않나 보라.

　　앉아서 하는 명상 중에 두 손을 더 잘 인식하는 연습을 하면서, 그것이 두 손으로 뭔가를 만지는 방식에 영향을 주지 않나 보라. 손으로 만지는 행위는 문을 여는 것에서부터 사랑을 하는 모든 행위에 포함되어 있다. 워낙 정신없이 문을 열다 보면, 당신의 손은 당신의 몸이 무얼 하고 있는지 또 머리가 문에 부딪히고 있는지도 모를 수 있다. 다른 누군가를 기계적인 몸짓이나 이기적인 생각에서가 아니라 그저 하나의 존재로서 애정을 담고 만지는 걸 상상해보라.

명상에서 빠져나오기

격식을 갖춘 명상을 끝내려는 순간에는 그 나름대로의 묘한 여운 같은 게 있다. 끝난다는 기대로 마음챙김 상태가 느슨해질 수 있다. 이 문제를 어떻게 다루느냐가 중요하다. 우리의 마음챙김을 더 심화시키고 그 범위를 확장할 변환기라고 봐야 할 것이다.

　　격식을 갖춘 명상을 끝내려는 순간에 특별한 주의를 기울이지 않을 경우, 명상이 대체 어떻게 끝났는지 알지도 못한 채 자신도 모르는 새에 명상 상태에서 벗어나 다른 뭔가를 하고 있을 것이다. 변환기가 기껏해야 흐릿한 상태가 되는 것이다. 그러나 당신은 이제 그만둘 때가 됐다고 말하는 생각 및 충동들과 접촉함으로써 이 과정에 마음챙김을 불러올 수 있다. 당신이 조용히 앉아 있은 시간이 한 시간이든 아니면 3분이든, 갑자기 "이걸로 족하다."는 강력한 느낌이 들 것이다. 아니면 시계를 보고 이제 그만둘 때가 되었다는 걸 알 수도 있다.

명상 수행 중에, 특히 당신이 안내용 테이프를 이용하지 않을 경우, 그만두고 싶다는 최초의 충동과 그 뒤를 이어 점차 더 강해지는 다른 충동들을 알아볼 수 있는지 보라. 그런 충동을 알아보면 잠시 그 충동을 생각하며 호흡을 하면서 자신에게 이렇게 물어보라. "누가 충분히 했는가?" 그 충동 뒤에 무엇이 숨어 있나 잘 살펴보라. 피로감이나 따분함, 고통, 성급함? 아니면 그저 그만둘 때가 되어서? 어떤 경우든, 기계적으로 일어나 다른 일을 하지 말고, "명상을 충분히 했는가?"라는 질문에 대한 답을 생각하면서 잠시 아니면 좀 더 오래 호흡을 하라. 그러면 명상 자세에서 빠져나오고 나서도 계속 명상할 때의 다른 어떤 순간만큼이나 알아차림하는 순간들을 가질 수 있게 될 것이다.

이런 식으로 수행을 하면 뭔가를 끝내고 다른 뭔가로 옮겨가는 다른 여러 상황에서 마음챙김을 심화시킬 수 있다. 이는 문을 닫기 위해 손이 닿는 것만큼이나 간단하고 짧은 상황일 수도 있고, 아니면 당신의 삶 중 한 시대가 끝나는 것만큼이나 복잡하고 고통스러운 상황일 수도 있다. 문을 닫는 행위는 인생 전반사에서 워낙 중요치 않은 일이기 때문에(아기가 잠들어 있는 상황이 아니라면) 거의 기계적으로 무심코 행해질 수 있다. 그러나 기계적으로 무심코 문을 닫는 행위가 비교적 중요하지 않기 때문에, 조심스레 문을 닫을 경우 매 순간과 연결되는 능력인 우리의 감수성이 활성화되고 심화되며 또 우리의 습관적인 무의식에 보다 깊게 패인 주름들이 펴지기도 한다.

묘한 일이지만, 거의 비슷하게 부주의한 행동이 노화되고 죽는 일을 비롯해 우리의 삶에서 가장 중요한 종결이나 삶의 변화들 속에 끼어들기도 한다. 바로 이 경우에도 마음챙김이 치유 효과를 발휘할 수 있다. 우리는 비통함과 슬픔, 수치심, 실망감, 분노는 물론 기쁨이나 만족감 등 우리의 정신적 고통의 충격을 고스란히 다 느끼는 일에 워낙 방어적이어서, 무의식적으로 무감각의 구름 속으로 피신하게 되며, 그 구름 속에서 아무것도 느끼지 못하거나 자신이 무얼 느끼는지 알지 못하게 된다. 무자각은 삶에서 가장 심오한 순간들이 될 수도 있는 순간들, 그러니까 삶의 무상함을 보고, 우리의 개인적인 감정 투자 밑에 깔린 보편적이며 비개인적인 존재의 비개인적인 측면들과 접촉하고, 작고 연약하고 일시적으로 존재하는 일의 신비에 닿고, 필연적인 변화로 평화에 이르는 그런 순간들을 안개처럼 덮어 버린다.

선불교 전통에 따르면, 그룹을 지어 앉아서 명상을 할 때는 큰 소리가 나게 죽비를 세게 내리쳐 명상을 마치는 경우가 많다. 부드러운 벨 소리로 아쉬운 듯 명상을 끝내는 낭만적인 여유 같은 건 전혀 없다. 여기서의 메시지는 칼로 끊듯 끝내고 다음 일로 넘어갈 시간이라는 것. 만일 죽비를 내리칠 때 조금이라도 다른 공상을 하고 있었다면 당신은 그 소리에 깜짝 놀라게 될 것이고, 그 결과 당신이 그 순간에 얼마나 충실히 존재하지 못했는지 알 수 있다. 죽비 내리치는 소리를 듣고 앉아서 하는 명상은 이미 끝났으며, 이제 새로운 순간을 새로 맞이해야 한다는 걸 상기하게 되는 것이다.

　선불교 이외의 다른 전통의 경우, 그룹을 지어 앉아서 하는 명상을 끝낼 때는 부드러운 벨을 울린다. 부드러운 벨 소리 역시 당신의 정신을 퍼뜩 돌아오게 하며, 벨이 울리는 순간 당신의 마음이 느슨한 상태였나 아니었나를 알려준다. 따라서 앉아서 하는 명상을 끝낼 때는 부드럽고 조용한 벨 소리를 써도 좋고 딱딱하고 큰 벨 소리를 써도 좋다. 두 소리 모두 우리가 명상을 끝내는 순간에 온전히 존재할 것을 상기시키며, 또 모든 끝은 새로운 시작이기도 하다는 점과 『금강경』에 나와 있듯 가장 중요한 것은 '어떤 것에도 매달리지 않는 마음을 계발하는 것'이라는 점도 상기시켜준다. 그럴 때 비로소 우리는 모든 걸 실제 있는 그대로 볼 수 있게 되고, 우리의 정서 능력과 지혜를 전부 동원해 적절히 대응할 수 있게 된다.

✛

대가는 사물을 있는 그대로 보며
통제하려 하지는 않는다.
사물이 제 갈 길을 가게 내버려두면서
자신은 원의 중심에 머문다.

__ 노자의 『도덕경』 중에서

당신이 명상을 어떻게 끝내는지 알아차림 해보라. 누워서 명상을 하든 앉거나 서서 또는 걸으면서 명상을 하든, '누가' 끝내는지 어떻게 끝나는지 언제 끝나는지 왜 끝나는지에 집중하라. 어떤 식으로든 그것에 대해 또는 당신 자신에 대해 판단하지 말고, 그냥 관찰하고 한 가지 일에서 다음 일로 옮아가는 과정에 계속 연결되도록 하라.

얼마 동안 수행해야 하나?

질문 카밧진 선생님, 명상을 얼마 동안 해야 하나요?
답 제가 어찌 알겠습니까?

나는 명상을 얼마 동안 해야 하느냐는 질문을 지금도 계속 받고 있다. 우리는 병원에서 처음 명상 요법으로 환자들을 치료를 할 때부터 환자들이 비교적 오랜 시간 명상을 수행하는 게 중요하다고 생각했다. 사람들한테 많은 걸 요구하거나 아니면 사람들한테 스스로에게 많은 걸 요구하라고 요구한다면 많은 걸 얻게 될 것이고 사람들에게 조금만 요구한다면 조금만 얻게 될 거라는 원칙을 굳게 믿었기 때문에, 우리는 매일 집에서 명상 수행을 해야 할 기본 시간을 45분으로 잡았다. 45분이라면 평온한 상태로 빠져 들어 매 순간순간 집중을 하기에 충분한 시간이며, 적어도 완전히 긴장을 풀고 깊은 행복감을 맛보기에도 충분한 시간으로 보였다. 또한 45분이라면 우리가 흔히 피하고 싶어 하는 (우리의 삶을 장악하고 평온하고 깨어 있는 마음 상태를 유지하는 우리의 능력을 심하게 저해해) 보다 도전적인 마음 상태들을 취할 기회를 갖기에도 충분한 시간으로 보였다. 물론 그처럼 보다 도전적인 마음 상태를 갖게 하는 것은 대개 지루함, 조급함, 좌절감, 두려움, 불안감(명상을 하는 데 시간을 보내지 않았다면 하고 있었을 모든 일들에 대한 걱정도 포함), 공상, 기억들, 분노, 고통, 피로감, 슬픔 등이다.

우리의 판단이 옳았다는 게 밝혀졌다. 주어진 일상생활 속에서 매일 따로 시간을 내 명상을 한다는 건 결코 쉽지 않은 일인데, 우리 클리닉을 찾는 사람들 대부분이 적어도 8주 이상 매일 한 번에 45분씩 명상 수행을 하는 일을 기꺼이 해내고 있다. 그리고 많은 사람들이 새로운 삶의 길에서 절대 벗어나지 않고 있다. 명상 수행이 쉬워졌을 뿐 아니라 꼭 필요한 일, 그러니까 마치 구명 밧줄 같은 게 되고 있는 것이다.

그러나 사물을 이런 식으로 보는 것에는 또 다른 측면이 있다. 어떤 사람이 살아가면서 한 순간 힘들긴 해도 어떻게든 해낼 수 있던 일이 다른 순간에는 거의 불가능할 수도 있기 때문이다. '길다'거나 '짧다'거나 하는 인식은 잘 해야 상대적이다. 예를 들어 어린아이들이 있는 미혼모의 경우 뭔가를 한 번에 45분씩 한다는 건 쉽지 않다. 그렇다면 그녀는 명상을 할 수 없는 걸까?

만일 당신의 삶이 끊임없는 위기를 맞거나 당신이 사회적 혼란과 경제적 혼란 속에 빠져 있다면, 설사 시간이 있다 해도 장시간 명상을 할 수 있는 정신적 에너지를 발견하기란 쉽지 않을 것이다. 특히 당신이 하루를 시작하며 45분을 비워놓아야겠다고 생각하고 있다면, 반드시 늘 무슨 일인가가 생겨 방해받는 기분이 들 것이다. 비좁은 집에서 다른 식구들과 함께 살고 있을 경우 불편한 감정들을 불러일으킬 수 있고, 그래서 그게 매일 명상 수행을 하는 데 장애가 될 수도 있다.

의대생들의 경우도 무위를 위해 규칙적으로 긴 시간을 내는 게 거의 불가능하다. 스트레스가 많은 직업을 갖고 있거나 힘겨운 상황에 있는 사람들 역시 마찬가지. 명상에 대한 호기심만 있을 뿐 몸에 밴 편리함과 시간 제약 또는 안락함에 대한 나름대로의 개념을 깰 만큼 강력한 계기가 없는 사람들 또한 명상을 하기 위해 따로 시간을 내는 게 어려울 것이다.

자신의 삶에서 균형을 추구하는 사람들의 경우에는 어느 정도 융통성 있는 접근 방식이 도움도 되고 꼭 필요하기도 하다. 그리고 명상의 효과는 시간과는 별 상관이 없다는 걸 알 필요가 있다. 격식을 갖춰 제대로 하는 5분간의 명상 수행이 대충 하는 45분간의 명상 수행보다 더 의미가 있을 수 있는 것이다. 우리는 지금 시간이나 분의 개념에서 벗어나 순간으로 들어가는 얘기를 하고 있다. 그런데 순간이란 크기도 없고 무한하기 때문에, 단순히 얼마만큼의 시간이 지났나 하는 것보다는 당신이 얼마나 진지하게 노력하는가가 훨씬 더 중요하다. 따라서 명상 수행을 해야겠다는 동기를 조금이라도 더 갖고 있는 게 중요하다. 작은 불꽃을 거센 바람으로부터 지켜주어야 하듯, 마음챙김 수행 역시 불을 붙인 뒤 연료를 계속 공급해주어야 하며 또 분주한 삶이나 불안하고 괴로운 마음의 바람들로부터 잘 지켜주어야 한다.

처음에 마음챙김 수행을 5분간, 아니 단 1분간이라도 할 수 있다면 그건 정말 대단한 것이다. 당신이 이미 멈추는 일, 그러니까 잠시나마 행동하는 것으로부터 존재하는 것으로 변화하는 일의 가치를 유념하고 있다는 얘기이기 때문이다.

우리는 의대생들에게는 오늘날의 의학 교육에 따른 각종 트라우마와 스트레스를 해소하는 데 도움을 주기 위해 명상을 가르치고 있다. 또한 몸과 마음을 연마해 최대한 좋은 성적을 내고 싶어 하는 대학 운동선수들은 물론, 호흡 재활 프로그램에 참여해 명상 외에 많은 것들을 배워야 하는 환자들, 점심시간을 이용해 스트레스 완화 수업을 받고 있는 직장인들에게도 명상을 가르치고 있는데, 이들의 경우 굳이 하루에 45분간의 명상 수행을 고집하진 않는다. (우리는 우리의 환자들 또는 개인 사정상 생활 방식을 크게 바꿀 마음의 준비가 된 사람들에게만 45분간의 명상 수행을 권한다.) 대신 의대생 등에게는 하루에 한 차례만 15분 또는 가능하다면 하루에 15분간 두 차례 명상 수행을 하게 한다.

잠시 곰곰이 생각해 보자면, 각자 어떤 일을 하고 있든 또는 어떤 상황에 처해 있든, 하루 24시간 가운데 15분간 한 차례 또는 두 차례 정도의 시간 여유도 낼 수 없는 사람은 거의 없다. 15분이 안 된다면 10분 또는 5분도 좋다.

> 약 15센티미터의 선 안에는 무수한 점들이 있고, 약 2.5센티미터의 선 안에도 무수한 점들이 있다. 그렇다면 15분이나 5분 또는 10분 아니면 45분이라는 시간 안에는 얼마나 많은 순간들이 있을까? 직접 해보면 알겠지만, 우리가 어떤 순간이든 제대로 된 인식 속에 붙잡으려만 한다면 시간은 얼마든지 많다.

명상 수행을 할 결심을 한 뒤 어떤 순간이든 한 순간을 잡아 그 순간을 내외적 자세 안에서 온전히 만나는 것이 마음챙김 명상의 핵심이다. 긴 명상이든 짧은 명상이든 다 좋다. 그러나 당신이 가는 길 앞에 놓인 좌절과 장애물들이 너무 클 경우, '긴' 명상은 거의 실현 불가능하다. 인식된 장애물들이 너무 커서 마음챙김이나 마음의 평온함을 전혀 맛보지 못하는 것보다는 자력으로 서서히 명상 수행 시간을 늘려가는 모험을 하는 게 백 번 낫다. 수천 킬로미터에 달하는 기나 긴 여행도 사실 한 걸음으로 시작된다. 우리가 그 첫 걸음에 모든 걸 쏟을 때, 그러니까 이 경우 잠시라도 자리에 가만히 앉아 있을 때, 우리는 모든 순간의 영원성을 만져볼 수 있다. 그것으로부터, 그저 그것 하나로부터 모든 혜택

이 쏟아져 나온다.

✣

그대가 진정 나를 찾을 때, 즉각 나를 볼 수 있을 것이다. 가장 작은 시간의 집 안에서 나를 찾을 것이다.

_ 카비르

시도

시간 길이를 서로 다르게 맞춰 놓고 앉아 있어 보라. 그게 당신의 명상 수행에 어떤 영향을 주는지 보라. 더 오래 앉아 있을수록 집중력이 떨어지는가? 얼마나 오래 존재해야 하는가 하는 문제가 신경 쓰이는가? 어느 시점에서 조바심이 이는가? 마음이 반응을 하는가 아니면 강박적이 되는가? 마음의 동요가 있는가? 불안한가? 따분한가? 시간 압박을 느끼는가? 졸린가? 멍해지는가? 명상이 처음인데 이런 말들을 하게되는가? "이건 바보 같은 짓이야!" 또는 "내가 지금 제대로 하고 있는건가?" 또는 "내가 느끼게 될 느낌이 이게 다인가?"

이런 느낌들이 명상을 시작하면서 바로 드는가 아니면 조금 시간이 지난 뒤 드는가? 당신은 이런 느낌들이 마음 상태로 보이는가? 이런 느낌들을 잠깐만이라도 그 느낌들이나 당신 자신에 대해 판단하지 않으면서 관찰할 수 있는가? 만일 이런 느낌들을 향해 환영의 매트를 깔아주고 그 특성들을 면밀히 살펴보며 있는 그대로 내버려둔다면, 당신은 강하고 변함없는 당신 내면의 존재에 대해 많은 걸 배우게 될 것이다. 그리고 당신이 내적 안정과 평온함을 강화함에 따라, 당신 내면의 그 강한 존재 역시 점점 더 강해지게 될 것이다.

정해진 길은 없다

내 경우 가족들과 함께 티턴 광야를 배낭여행하다 보면, 걸음을 내딛는 일과 관련된 의문에 사로잡히곤 한다. 걸음을 옮길 때마다 발은 어딘가를 딛게 마련이다. 길 따라 제대로 가기도 하고 길에서 벗어나기도 하면서 바위가 많은 오르막길이나 내리막길 또는 가파른 경사로를 오르내릴 때, 우리의 두 발은 어디를 어떻게 디뎌야 하는지, 어떤 각도에서 어느 정도의 압력으로 디뎌야 하는지, 또 뒤꿈치로 디뎌야 하는지 발가락 쪽으로 디뎌야 하는지, 돌아가야 하는지 바로 가야 하는지 등을 그야말로 눈 깜짝할 새에 결정해야 한다. 아이들은 이런 질문은 절대 하지 않는다. "아빠, 발을 어디에 디뎌야 해요? 이 바위를 디뎌야 해요 저 바위를 디뎌야 해요?" 아이들은 그냥 발을 내딛는 것이며, 내가 보기엔 나름대로 자기 길을 찾아 간다. 걸음을 옮길 때마다 어디에 발을 디딜 건지를 정하는데, 발 딛는 지점들이 내가 딛는 지점들과는 다른 것이다.

　　이런 걸 보면서 나는 우리의 발이 스스로 제 갈 길을 찾아간다고 생각한다. 내 경우에도 걸음을 옮길 때마다 얼마나 많은 다른 지점에 얼마나 많은 다른 방식으로 발을 딛는지를 보며, 또 이처럼 계속 이어지는 순간의 가능성들 가운데 어떻게 결국 한 길을 결정해 온몸의 무게를 실어(위험한 상황이라면 무게를 덜 실어) 한 발을 내딛고 다시 결정해 다른 발을 내디디며 앞으로 나아가는지를 보며 놀라지 않을 수 없다. 이 모든 게 사실 아무 생각 없이 일어난다. 물론 때로는 생각과 경험을 동원해야 하는 까다로운 장소들도 있고, 그런 경우 나는 내 막내딸 세레나에게 도움의 손길을 내밀어줘야 한다. 그러나 그건 어디까지나 예외일 뿐 원칙은 아니다. 보통 우리는 우리의 발을 살피지도, 매 걸음에 대해 생각하지도 않는다. 우리는 그저 길 앞쪽만 볼 뿐이며, 우리의 뇌는 모든 상황을 감안해 발아래 펼쳐지는 지형에 따라 매 순간순간 눈 깜짝할 새에 발걸음 내딛는 방식을 결정한다.

　　그렇다고 해서 걸음을 잘못 내딛는 경우가 없다는 뜻은 아니다. 당신은 걸음 내딛는 일을 조심하고 잘 감지해야 한다. 우리의 눈과 뇌는 지형을 재빨리 훑어본 뒤 몸통과 팔다리에 세세한 지시를 내리는 일에 아주 능하다. 따라서 거친 지형에서 걸음을 옮기는 과정 전체는 부츠와 무거운 짐이 관련된 복잡한 상황에도 불구하고 우리의 움직임에 절묘한 균형 감각을 제공하는 과정이다. 바로 여기에 타고난 마음챙김이 있다. 거친 지형이 우리 안에서 마음챙김을 끄집어내 주는 것이다. 그리고 만일 거친 지형을 열 번 걷는다면, 우리는 아마 매번 걸음 내딛는 문제를 달리 해결할 것이다. 두 발로 땅을 걷는 일은 늘 매 순간은 유일무이하다는 전제 하에 행해진다.

명상의 경우도 마찬가지이다. 명상 수행의 길에도 위험한 함정들이 있어 잘 살펴봐야 하지만, 올바른 명상 수행 방법이 단 한 가지만 있는 것이 아니다. 각 순간을 늘 새롭게 그리고 인식 속에 들어 있는 풍요로운 잠재력으로 맞는 게 가장 좋다. 그러니까 각 순간을 깊이 들여다보고, 그런 다음 마지막 순간에 집착하지 말고 그 다음 순간으로 나아가는 것이다. 그러면 매 순간이 새로울 수 있으며, 매 호흡이 새로운 시작이며 새로운 놔줌이자 새로운 내버려둠이 될 수 있다. 바위투성이의 지형에서 걸음을 옮길 때처럼, 명상 수행의 길에도 '꼭 가야 할 길'이 있는 건 아니다. 사실 명상 수행의 길을 가다보면 볼 것도 많고 이해해야 할 것도 많지만, 당신이 누군가에게 밀밭 위를 비추는 지는 해의 황금색 빛이나 산들 사이로 뜨는 달의 모습을 감상하라고 강요할 수 없듯, 이 또한 강요할 수는 없다. 그런 순간에는 아무 말도 안 하는 게 가장 좋다. 당신이 할 수 있는 건 그저 당신 자신이 그 장대한 풍경을 만끽하면서 다른 사람들도 그 순간을 침묵 속에 보기를 바라는 것뿐이다. 일몰과 월출은 자신들만의 캔버스 위에 자신들만의 언어로 스스로 애기를 한다. 침묵은 가끔 야성이 애기할 여지를 남겨준다.

마찬가지로, 명상 수행의 경우에도 이것이 당신이 느끼거나 보거나 생각해야 할 것인지 너무 고민하지 말고 자기 자신의 직접적인 경험에 몰두하며 그걸 중요시하는 게 가장 좋다. 바위 길 위를 이동할 때 당신의 두 발이 알아서 몸의 균형을 잘 잡아줄 걸음 방법을 찾아내줄 것을 믿으면서, 어째서 매 순간에 대한 당신 자신의 경험은 믿지 못하는가? 당신이 만일 어떤 권위 있는 사람이 당신의 경험을(아무리 사소한 경험일지라도 또 대개는 사소하지만) 추인해주길 바라는 강한 습관과 불확실성에도 불구하고 그런 믿음을 갖고 있다면, 당신은 명상 수행의 길을 가는 동안 점점 심화되는 무슨 일인가가 일어나는 걸 보게 될 것이다. 우리의 발과 호흡은 매 순간 우리에게 걸음을 조심하고 집중력을 갖고 나아가며 편하게 마음먹으라고, 그리고 또 우리의 발이 우리를 어디로 이끌든 현재의 우리 위치에 감사하라고 가르친다. 과연 이보다 더 큰 선물을 기대할 수 있을까?

────────⟨ 시도 ⟩────────

명상 중에 다음과 같은 생각이 언제 드는지 잘 살펴보라. '내가 지금 제대로 하고 있는 걸까?', '내가 느껴야 할 느낌이 이런 걸까?', '의당 일어나야 할 일이 이걸까?' 이런 의문들에 답을 하려 하지 말고, 그냥 현재 순간을 더 깊이 들여다보라. 바로 현재 순간에 대한 알아차림을 늘려

라. 위의 의문들은 호흡을 하면서 알아차림 속에 또 특정 순간의 맥락 전체 속에서 억제하라. 지금 이 순간을 믿어라. 당신이 지금 어디서 무얼 하고 있든, 중요한 건 바로 지금 이 순간이다. 지금 이 순간이 어떻든 그 순간을 잘 들여다보라. 그리고 끊임없이 마음챙김 명상을 하면서, 분석하거나 말을 하거나 평가하거나 비난하거나 의심하지 말고, 그저 관찰하고 포용하고 마음을 열고 내버려두고 인정하면서, 한 순간이 다음 순간으로 펼쳐지게 하라. 바로 지금 그렇게 하라. 오직 지금 이 걸음에, 지금 이 순간에.

'내 길은 어디인가?' 명상

우리는 걸핏하면 우리 애들에게 모든 걸 마음대로 할 순 없는 법이라는 얘기를 하는데, 이 얘기는 마음대로 하려는 게 잘못된 일이라는 느낌까지 준다. 그러면 애들은 "어째서, 엄마?", "어째서, 아빠?" 하고 묻고, 우리는 더 이상 참을 수 없다는 듯 설명도 않고 이런 식으로 말한다. "신경 끊고 그냥 내 말 들어. 나중에 크면 알게 될 거야."

그런데 이건 너무 불공평한 일 아닌가? 우리 어른들도 애들과 똑같이 행동하지 않는가? 우리 역시 가능하다면 모든 걸 늘 우리 마음대로 하고 싶어 하지 않는가? 덜 정직해 공개적으로 입 밖에 내지 않을 뿐, 우리가 애들과 다른 게 무언가? 그리고 우리가 우리 마음대로 한다면 어찌 될까? 그렇다면 어떨까? 동화 속에서 요정이나 난쟁이 또는 마녀한테

서 세 가지 소원을 말해보라는 말을 들은 사람들이 어떤 곤경을 치르게 되는지 기억나는가?

미국 메인 주의 사람들은 누군가 길을 물어올 때 "여기서는 거기에 갈 수 없는데요."라는 말을 하는 걸로 유명하다. 삶의 길을 묻는 상황에서라면 이렇게 말하는 게 더 맞을 것이다. "당신은 완전히 여기에 존재할 때만 거기에 갈 수 있어요." 우리들 가운데 운명이라는 천에 있는 이 작은 꼬임을 제대로 인식하는 사람이 몇이나 될까? 설사 우리 마음대로 할 수 있다 해도, 우리는 과연 어떤 게 우리 마음인지 알까? 우리가 만일 너무도 자주 경험하는 우리의 아둔한 마음 상태에서 나오는 충동대로 해서 이런저런 소망들을 이룰 수 있다면, 우리 마음대로 하는 게 문제 해결에 도움이 될까 아니면 우리 삶을 더 엉망진창으로 만들 뿐일까?

여기서 정말 재미있는 의문은 이것이다. '내 길 내 길 하는데, 내 길은 정확히 무엇인가?' 우리는 이 정도로 깊게 우리 삶을 탐구하는 경우가 드물다. 우리는 얼마나 자주 다음과 같은 기본적인 의문들에 머물고 있을까? '나는 누구인가?', '나는 지금 어디로 가고 있는가?', '나는 지금 어떤 길 위에 있는가?', '지금 이게 과연 내게 옳은 방향인가?', '지금 한 길을 선택할 수 있다면, 나는 어느 방향으로 가게 될까?', '내가 갈망하는 건, 그러니까 내 길은 무엇인가?', '나는 진정 무얼 사랑하는가?'

'내 길은 무엇인가?' 하는 의문을 곰곰이 생각하는 것은 명상 수행에 집어넣어야 할 훌륭한 요소이다. 우리는 굳이 이 의문에 답할 필요가 없으며, 특별한 답이 있어야 한다고 생각할 필요도 없다. 전혀 생각하지 않는 게 더 좋다. 대신 이 의문을 계속 던지면서 저절로 어떤 답이 나왔다 들어갔다 하게 내버려두라. 명상 수행 과정에서의 다른 모든 것들의 경우와 마찬가지로, 그저 바라보고 듣고 주목하고 내버려두고 놔주면서 다음과 같은 의문을 계속 던지도록 하라. '내 길은 무엇인가?', '나는 누구인가?'

여기서의 의도는 '모른다'는 사실에 마음을 연 상태를 유지해, 당신 스스로 "나는 모른다."는 사실을 인정하고, 그래서 모른다는 사실 때문에 당신 자신을 비난할 게 아니라 모른다는 사실을 다소 마음 편히 받아들이는 실험을 하자는 데 있다. 어쨌든 이 순간에는 모른다는 게 현재의 당신 상태에 대한 정확한 표현일 테니 말이다.

이런 종류의 탐구는 그 자체가 새로운 시작으로, 그러니까 새로운 이해와 비전과 행동으로 이어진다. 그리고 탐구는 어느 정도 시간이 지나면 그 자체의 생명력을 갖게 된다. 당신 존재의 땀구멍들 속까지 스며들어 밋밋하고 단조롭고 틀에 박힌 일상에 새로운 생기와 활력과 우아함을 불어넣어준다. 당신이 뭔가를 탐구하는 게 아니라 결국 탐구가 당신을 탐구하게 되는 것이다. 이는 당신의 마음에 가장 가까운 길을 찾는 좋은 방법이다. 어쨌든 여행에는 영웅적인 면이 있지만, 깨어 있는 마음으로 모험적인 탐구에 전념함으로써 활기 있어진다면 더욱 더 그렇다. 한 인간으로서 당신은 보편적인 영웅의 신화적인 여행이나 동화 또는 아서왕 전설에 나오는 중심인물이다. 남녀 불문하고 이 여행은 탄생과 죽음 사이의 궤적, 즉 살아가는 인간의 삶이다. 누구도 이 모험을 피할 수 없다. 우리는 그저 서로 다른 모험들을 할 뿐이다.

우리는 우리 자신의 삶이 펼쳐지는 것에 함께할 수 있는가? 우리는 우리 자신의 인간성에 문제가 생길 때 잘 대처할 수 있는가? 우리는 만나는 도전들을 받아들일 수 있는가? 아니면 심지어 스스로 도전들을 찾아 나서 우리 자신을 테스트하고, 성장하고, 원칙에 따라 행동하고, 우리 자신에게 진실하고, 우리 자신의 길을 찾을 수 있을까? 그리고 궁극적으로는 우리 자신의 길을 선택해, 이게 더 중요한 것이지만, 그 길을 따라가며 살 수 있을까?

산 명상

산은 모든 문화권에서 다 중요하며, 명상과 관련해 우리에게 가르쳐주는 것도 많다. 산은 신성한 장소이다. 사람들은 늘 산에서 영적인 인도와 거듭남을 추구해왔다. 산은 세상의 중심 축(인도의 메루 산)을 상징하며, 신들의 거주지(그리스의 올림포스 산), 영적인 지도자들이 하나님을 만나 계명과 약속을 받는 곳(이집트 북부의 시나이 산)을 상징하기도 한다. 산은 또 두려움과 조화, 냉혹함과 장엄함이 공존하는 장소로 신성하게 여겨진다. 산은 지구상의 다른 무엇보다 높이 솟아 있어, 순전히 그 존재만으로도 우리를 유혹하고 또 압도한다. 기본적으로 산의 본질은 바위이다. 바위처럼 단단하고 바위처럼 변치 않는. 산은 많은 비전들이 있는 곳이며, 파노라마처럼 펼쳐지는 자연 세계는 물론 그 자연 세계가 연약하면서도 끈질긴 생명들과 뒤엉켜 있는 걸 접할 수 있는 곳이기도 하다. 또한 산은 선사 시대 이래 우리 인류 역사에서 중요한 역할을 해오고 있다. 전통을 따르는 사람들에게 산은 과거에는 물론 지금도 여전히 어머니이자 아버지이며 수호자이자 보호자이고 우군이다.

명상 수행을 할 때, 이처럼 놀라운 산의 전형적인 특성들을 '빌려와' 우리의 명상 의지를 강화하고 근본적인 순수성과 단순성을 가지고 매 순간을 잘 유지하기로 마음먹는 게 도움이 되는 경우가 많다. 명상을 하면서 마음의 눈과 몸 안에 산의 이미지를 품으면, 우선 우리가 왜 앉아 있는지 그리고 또 우리가 자리를 잡고 앉아 무위의 영역에 머문다는 게 무슨 의미인지를 새삼 되살리게 된다. 산은 본질적으로 변치 않는 존재와 평온함의 상징이다.

산 명상은 다음에 설명하는 것처럼 수행될 수도 있고, 아니면 산에 대한 당신의 개인적 비전과 그 의미에 맞춰 변경될 수도 있다. 산 명상은 어떤 자세로도 할 수 있지만, 내 경우 안팎으로 내 몸이 가장 산처럼 보이고 또 산처럼 느껴지게 바닥에 책상다리를 하고 앉아 할 때 가장 효과가 있었다. 직접 산 안에서 또는 산이 보이는 데서 명상을 하는 게 도움이 되지만, 꼭 그럴 필요는 없다. 여기서 힘의 근원은 산의 내적 이미지인 것이다.

당신이 직접 알거나 얘기를 들어 알거나 상상할 수 있는 가장 아름다운 산의 이미지를 떠올려보라. 그 형태가 당신에게 개인적으로 와닿는 그런 산 말이다. 당신의 마음속 눈에 보이는 그 산의 이미지나 느낌에 집중하면서, 그 산의 전체 모습, 높은 산봉우리, 지각의 바위에 뿌리 내린 그 기반, 가파르거나 완만한 산등성이들에 주목하라. 또한 그 산이 얼마나 거대한지, 얼마나 꿈적도 않는지, 멀리서 보든 가까이서 보든 얼마나 아름다운지도 주목하라. 그 산 모양과 형태상의 독특한 특징에서 발산되는 아름다움, 그리고 또 동시에 특정한 모양과 형태를 초월하는 '산다움'의 보편적 특징들을 보여주는 아름다움에 주목하라.

어쩌면 당신의 마음속 산은 꼭대기에는 눈이 덮여 있고 그 아래쪽 경사로들에는 나무들이 있을 수도 있다. 우뚝 솟은 산봉우리가 하나뿐일 수도 있고 여러 개일 수도 있으며, 높은 고원이 하나 있을 수도 있다. 그 산의 모습이 어떻든, 그 산을 관찰하고 그 특성들에 주목하면서 그냥 앉아 그 산의 이미지와 함께 호흡하라. 마음의 준비가 됐다고 느껴진다면, 이제 그 산을 당신의 몸속으로 끌어들여 여기에 앉아 있는 당신의 몸과 마음속 눈에 보이는 그 산이 하나가 될 수 있는지 보라. 당신의 머리는 우뚝 솟은 산봉우리가 되고, 당신의 어깨와 팔은 산기슭이 되고, 당신의 엉덩이와 다리는 바닥 위 방석이나 의자에 뿌리 내린 견고한 기반이 된다. 당신의 척추 깊숙이 자리한 산의 특성, 그러니까 든든한 중심축이 있고 고매하고 높다란 특성을 몸 안에서 느껴보라. 당신 스스로 숨 쉬는 산이 되어 변치 않는 평온함 속에서 완전한 당신 자신이 되고, 말과 생각을 초월해 중심이 잡히고 깊게 뿌리 내려 꿈적 않는 존재가 되라.

당신도 잘 알겠지만, 하루 종일 해가 하늘을 가로질러 가는 동안에도 산은 그대로 앉아 있다. 그러나 실은 꿈적 않는 산의 고요함 속에서도 빛과 그림자와 색은 매 순간 변화한다. 훈련되지 않은 눈에도 시간에 따른 변화가 보인다. 그런 산을 보면서 우리는 클로드 모네 Claude Monet의 걸작 그림들을 떠올리게 된다. 천재성을 갖고 있었던 그는 빛과 그림자와 색이 성당과 강과 산을 변화시킬 때, 많은 이젤들을 세워놓고 매 시간 이 캔버스에서 저 캔버스로 옮겨가며 그 무생물 소재들에 생명을 불어넣었고, 그렇게 해서 보는 이들의 눈을 번쩍 뜨이게 해주었다. 낮에 이어 밤이 오고 밤에 이어 낮이 와 빛이 모든 걸 변화시켜도, 산은 그저 그 자체로 존재하며 그대로 앉아 있다. 계절이 계속 바뀌고 순간순간 또 매일매일 날씨가 바뀌어도, 산은 평온하게 앉아 있다. 그 어떤 변화에도 평온한 것이다.

여름이 되면 산꼭대기나 직접 햇빛이 들지 않는 험한 바위들 틈새를 제외하곤 산에 눈이 없다. 가을이면 불처럼 찬란한 색들로 된 외투를 선보이고, 겨울이면 눈과 얼음으로 된 담요를 선보이기도 한다. 그리고 어떤 계절이든, 산은 가끔 구름과 안개에 뒤덮이기도 하고 차디 찬 비에 두들겨 맞기도 한다. 산을 찾아오는 관광객들은 산을 또렷이 볼 수 없을 때 실망할 수도 있지만, 보이든 보이지 않든, 햇빛 속에 있든 구름에 덮여 있든, 타는 듯이 뜨겁든 아주 춥든, 자신의 존재 그대로 그냥 앉아 있다. 때로는 격렬한 폭풍우가 찾아오기도 하고 상상할 수 없을 정도로 심한 눈과 비와 바람에 시달리기도 하지만, 그 난리통에도 산은 그대로 앉아 있다. 그러다 봄이 오면 새들이 다시 나무 위에서 노래를 하고,

잎이 다 떨어졌던 나무들에는 다시 잎이 나고, 높다란 초원과 산비탈들에 다시 꽃이 피고, 개울들에는 눈이 녹아 다시 물이 넘쳐흐른다. 이 모든 변화에도 산은 계속 가만히 앉아 있다. 날씨와 지표면과 세상 겉모습의 변화에도 불구하고 꼼짝 않고 앉아 있는 것이다.

이 같은 산의 이미지를 마음에 품고 앉아 명상을 할 경우, 우리는 매초 매시간 매년 우리 삶에서 일어나는 그 모든 변화에도 불구하고 산처럼 흔들림 없는 평온함과 견고함을 구현할 수 있다. 우리는 살아가면서 또 명상 수행을 하면서 늘 끝없이 변화되는 마음과 몸과 외부 세계의 본성을 경험한다. 빛과 어둠의 시기, 생생한 색과 생기 없는 칙칙한 단조로움의 시기도 경험한다. 외부 세계 안에서 또 우리 자신의 삶과 마음 안에서 세기와 격렬함이 다른 많은 폭풍우들도 경험한다. 거센 바람과 추위와 비에 시달리면서, 어둠과 고통의 시기는 물론 기쁨과 희망의 순간들도 경험한다. 산이 날씨와 풍화작용으로 계속 변화하듯 우리의 겉모습 또한 계속 변화한다.

명상 과정을 통해 스스로 산이 됨으로써, 우리는 산의 힘과 안정성에 연결될 수 있고, 그 힘과 안정성을 우리 자신을 위해 끌어올 수도 있다. 그러니까 산의 에너지를 이용해 마음챙김과 평온함과 명석함을 갖춘 상태로 매 순간을 맞으려는 노력에 힘을 보탤 수 있는 것이다. 또한 이를 통해 우리는 우리의 생각과 감정들, 우리가 몰두하고 있는 일들, 폭풍우처럼 몰아치는 감정들과 이런저런 위기들, 그리고 심지어 우리에게 일어나는 일들까지 모두 산의 날씨처럼 변화무쌍하다는 걸 알게 된다. 우리는 이를 흔히 개인적으로 받아들이지만, 가장 강한 특징은 비개인적이다. 우리는 우리 자신의 삶에 나타나는 날씨를 무시하거나 거부할 수 없다. 삶의 날씨는 우리를 죽일 수도 있기 때문에, 큰 관심을 갖고 마주하고 존중하고 느끼고 있는 그대로 알고 대해야 한다. 삶의 날씨를 이런 식으로 대할 경우, 우리는 거센 폭풍우 속에서도 우리가 가능할 거라고 생각한 것보다 더 깊은 침묵과 고요와 지혜를 알 수 있게 된다. 산은 우리에게 이런 걸 가르쳐주며, 우리가 귀를 기울이기만 한다면 더 많은 걸 가르쳐준다.

그러나 모든 걸 고려해볼 때, 산 명상은 그저 하나의 수단, 즉 우리에게 어딘가를 가리키는 손가락일 뿐이다. 우리는 여전히 살펴본 뒤 가야 한다. 산 이미지가 우리가 좀 더 안정되는 데 도움을 줄 수는 있지만, 인간은 사실 산보다 훨씬 더 흥미진진하고 복잡한 존재이다. 우리는 호흡을 하고 움직이고 춤을 추는 산들이다. 우리는 바위처럼 단단하고 굳고 꿈쩍 않을 수도 있지만, 그러면서 동시에 부드럽고 온화하고 유연할 수 있다. 우리는 마음대로 쓸 수 있는 엄청난 잠재력도 갖고 있다. 우리는 보고 느낄 수 있다. 우리는 알고 이해할 수 있다. 특히 우리가 어떤 고난 속에서도 산처럼 든든한 중심축을 유지할 수 있고 사물의 내적 조화에 귀 기울이는 법을 배운다면, 우리는 배울 수 있고 자랄 수 있으며 치유할 수도 있다.

새들은 하늘 속으로 사라졌고
이제 마지막 구름도 사라진다.

산과 나, 우리는 함께 앉아 있고
결국에는 산만 남는다.

_ 이태백

시도

앉아서 격식을 갖춘 명상을 하며 이 같은 산의 이미지를 계속 마음속에 품고 있어라. 그렇게 하는 것이 고요함 속에 머물 수 있는 능력을 키우는 데, 그러니까 더 오랜 시간 앉아 있을 수 있는 능력을 키우고, 마음속에 이런저런 역경과 어려움, 폭풍우, 무료함이 찾아와도 가만히 앉아 있을 수 있는 능력을 키우는 데 얼마나 도움이 되는지 살펴보라. 또한 이런 실험을 통해 무얼 배울 수 있는지를 자문해 보라. 삶 속의 변화되는 것들을 향한 당신의 마음자세에 얼마나 미묘한 변화가 일어나는지 보이는가? 일상생활에서 늘 산의 이미지를 품고 다닐 수 있겠는가? 다른 사람들 속에 있는 산이 보이는가? 또 각 산이 독특한 모양과 형태를 갖는 걸 인정할 수 있겠는가?

호수 명상

산의 이미지는 당신의 명상 수행에 도움을 주며 명상 수행을 더 활기차고 더 본질적인 것으로 만들어주는 많은 이미지들 중 하나에 지나지 않는다. 나무와 강, 구름, 하늘 등의 이미지 역시 도움이 될 수 있다. 이미지 그 자체는 근본적인 게 아니지만, 명상 수행에 대한 당신의 시각을 더 깊고 넓게 만들어줄 수 있다.

어떤 사람들은 호수의 이미지가 특히 도움이 된다고 느낀다. 호수는 물이 있는 넓은 지역이기 때문에, 호수의 이미지는 앉아서 하는 명상에도 도움이 될 수 있지만, 누워서 하는 명상에도 적합하다. 우리는 물의 법칙이 어느 모로 보나 바위만큼이나 근본적이며, 바위가 물에 닳는다는 점에서 물의 본성이 바위보다 더 강하다는 것도 잘 안다. 물은 또한 수용성이라는 매혹적인 특징도 갖고 있다. 물은 갈라지면서 뭐든 받아들이며, 그런 뒤 다시 제 모습을 찾는다. 산이나 바위를 망치로 때리면 그 단단함에도 불구하고, 아니 실은 그 단단함 때문에 깨져 나가고 조각나고 갈라진다. 그러나 바다나 연못은 망치로 때려봐야 당신의 망치만 녹이 슬게 될 뿐이다. 물이 갖고 있는 힘의 핵심은 바로 이런 점에 있다.

명상 중에 호수의 이미지를 사용하고 싶다면, 당신의 마음의 눈 안에 호수를, 그러니까 뭐든 받아들이는 많은 물이 담긴 대지의 거대한 분지를 떠올리면 된다. 물은 낮은 곳에 고이기 좋아한다는 사실을 당신의 마음의 눈과 가슴 속에 잘 새겨두어라. 물은 늘 수평이 되려 하며 어느 곳에든 고이려 한다. 당신이 떠올리는 호수는 깊을 수도 있고 얕을 수도 있고, 푸른색일 수도 있고 녹색일 수도 있고, 탁할 수도 있고 맑을 수도 있다. 바람이 없으면 호수의 수면은 잔잔하다. 호수는 거울처럼 나무와 바위와 하늘과 구름을 비추며, 모든 걸 잠깐 자신 속에 담는다. 물에 비친 또렷한 상들은 사라진다. 그러나 햇빛은 여전히 잔물결 사이에서 반짝이고 반짝이는 다이아몬드들처럼 물결 위에서 춤을 추기고 한다. 밤이 다가오면 이제 달이 호수 위에서 춤출 차례이며, 수면이 고요할 경우 수면 위에 나무와 그림자들의 윤곽과 함께 달빛이 비친다. 겨울이 되면 호수는 꽁꽁 얼기도 하지만, 얼음 밑에는 여전히 많은 움직임과 삶이 있다.

마음의 눈 안에 호수의 그림을 떠올리고 나면, 등을 대고 눕거나 앉은 자세로 명상을 하며 당신 스스로 그 호수와 한몸이 되라. 그러면 모든 걸 받아들이는 대지 자체의 거대한 분지 안에 호수의 물이 담기듯, 당신의 의식 안에 또 당신의 열린 마음과 당신 자신에 대한 동정심 안에 당신의 에너지가 담기게 된다. 그리고 호수의 물을 당신의 몸처럼 느끼며 매 순간 호수의 이미지와 함께 호흡하면서, 당신의 마음과 가슴이 활짝 열려 다가오는 모든 것을 받아들이고 내비추게 하라. 호수의 물과 그 물에 비친 상들이 완벽하게 깨끗할 때의 완전한 고요의 순간들을 경험하고, 수면이 일렁이며 어지러워져 수면에 비친 상들이 사라지고 물의 깊이를 알 수 없을 때의 순간들도 경험하라. 이 모든 과정을 거치며 명상을 하는 동안, 당신 자신의 마음과 가슴의 다양한 에너지의 움직임에 주목하고, 잔물결이나 파도처럼 잠깐 왔다가 사라지는 생각과 감정, 충동, 반응에 주목하고, 또 호수 위에서 움직이며 다채롭게 변화하는 에너지들, 즉 바람과 물결과 빛, 그림자, 물에 비친 상, 색깔, 냄새 등을 관찰하듯 그 결과들에도 주목하라.

당신의 생각과 감정들이 마음속 호수의 수면을 흐트러뜨리는가? 그래도 당신은 괜찮은가? 잔물결 일고 일렁이는 수면이 호수라는 존재의, 또 수면이 있는 물체의 본질적이고 낯익은 한 측면으로 보이는가? 당신은 호수의 수면은 물론 호숫물 전체와도 자신을 동일시할 수 있는가? 그래서 당신이 수면 밑의 고요한 물이 된 것 같기도 한가? 수면 밑의 고요한 물은 수면이 출렁거려 물거품이 일 때에도 기껏해야 부드럽게 출렁인다.

마찬가지로, 명상 수행 중에 그리고 일상생활 중에 당신은 당신 생각과 감정들의 내용은 물론 마음의 수면 밑에 존재하는 변함없이 거대한 인식의 저수지와도 자신을 동일시할 수 있는가? 호수 명상을 할 때 우리는 의도를 갖고 앉아서 마음과 몸의 모든 특성들을 인식하고 받아들인다. 마치 호수가 대지에 의해 안기고 달래지고 담겨, 태양과 달, 별, 나무, 바위, 구름, 하늘, 새, 빛을 비추고 공기와 바람의 애무를 받으면서 그 반짝임과 그 생명력과 그 본질을 드러내 강조하듯이 말이다.

✢

　　9월이나 10월의 그런 날이면, 월든 호수는 그 주변이 온통 보석 같은 돌들로 둘러싸여 완벽한 숲의 거울 같아진다. 지구 표면 위에 놓여 있는 것들 중에 호수처럼 그렇게 아름답고, 그렇게 순수하면서, 동시에 그렇게 커다란 것은 없다. 하늘의 물. 울타리도 필요 없다. 많은 나라들이 오고 갔지만 호수를 더럽히진 못했다. 그 어떤 돌로도 깰 수 없는 거울로, 그 수은은 결코 닳지 않고, 그 도금은 자연이 늘 손질해주며, 그 어떤 폭풍우나 먼지도 늘 깨끗한 그 표면을 흐리게 할 수 있다. 이 거울의 경우 표면에 나타난 모든 불순물이 연무 같은 태양의 솔로 씻기고 털려 가라앉고, 그 위에 입김을 불어도 입김이 남지 않으며, 자신의 호흡을 구름처럼 표면 위로 높이 떠올려 잠잠한 가슴 안에 비치게 된다.

_소로의 『월든』 중에서

알아차림 속에 안겨 아무데도 가지 말고, 호수의 이미지를 사용해 조용히 앉거나 누워서 명상 수행을 해보라. 마음이 잔잔히 비추는 건 언제고, 흔들리는 건 언제인지 잘 살펴보라. 수면 아래쪽의 고요도 주목하라. 이 같은 호수의 이미지가 당신에게 혼란스런 시기의 새로운 처신 방법들을 제시해 주는가?

걸으면서 하는 명상

평화가 모든 걸음이다.

- 틱낫한의 『평화』 중에서

내가 알고 있는 사람들 중에는 한때 앉아서 하는 명상은 아주 힘들어했지만 걸으면서 하는 명상을 통해 명상 수행에 깊이 빠진 사람들이 있다. 당신이 어떤 사람이든, 늘 앉아만 있을 수는 없다. 그리고 어떤 사람들은 실제로 자신이 느끼는 고통과 불안과 분노 수준에서 가만히 자리에 앉아 마음챙김을 하는 게 불가능하다는 걸 알게 된다. 그러나 그들의 경우 그런 감정 상태에서도 걸을 수는 있다.

전통적인 수도원 환경에서는 앉아서 하는 명상들이 걸으면서 하는 명상들 사이에 끼어 있다. 앉아서 하든 걸으면서 하든 똑같은 명상 수행이다. 걷는 게 앉아 있는 것 못지않게 좋다. 중요한 건 당신이 당신 마음을 어떻게 유지하는가이다.

격식을 갖춘 걷기 명상에서 당신은 걷기 그 자체에 몰입한다. 발걸음 전체에 정신을 집중하거나, 아니면 발을 옮겨 움직이고 다시 발을 디뎌 움직이는 각각의 동작에 집중하거나, 또는 온몸의 움직임에 집중할 수도 있다. 호흡을 인식하면서 동시에 걷기를 인식할 수도 있다.

걸으면서 하는 명상에서 당신은 어떤 곳으로 가기 위해 걷는 게 아니다. 대개 어떤 좁은 길에서 갔다 왔다 하거나 원을 그리며 돌고 도는 것이다. 문자 그대로 갈 곳이 없을 경우, 자신이 있는 곳에 존재하기가 더 쉽다. 어차피 계속 같은 길을 걷는 거라면, 굳이 다른 데로 가려 할 이유가 무엇이겠는가? 여기서의 도전 과제는 당신이 매 순간 이 걸음, 이 호흡에 충실할 수 있겠는가 하는 것이다.

걸으면서 하는 명상은 아주 천천히 걷는 것에서부터 아주 빨리 걷는 것까지 어떤 속도로도 수행할 수 있다. 당신이 얼마나 많은 보행 주기에 주의를 기울일 수 있느냐 하는 건 걷는 속도에 달렸다. 걸으면서 하는 명상은 매 걸음을 걸으면서 거기에 완전히 몰입하는 것이다. 그러니까 당신의 발과 다리에서 그리고 당신의 자세와 걸음걸이에서 걷는 감각 그 자체를 느끼는 것이다. 늘 그렇듯 매 순간을, 그리고 이 경우 한 걸음 한 걸음을. 말하자면 '당신의 걸음을 지켜보는 것'이라 할 수 있겠다. 물론 내면적으로 지켜보는 것이지만 말이다. 직접 발을 보는 게 아닌 것이다.

앉아서 하는 명상의 경우와 마찬가지로, 이런저런 일들이 일어나 당신의 주의를 순수한 걷기 경험에서 다른 데로 뺏으려 할 것이다. 그래서 앉아서 명상을 할 때와 마찬가지로, 걷는 동안 나타나는 이런저런 인식과 생각, 감정과 충동, 기억과 기대치 등을 처리해야 한다. 결국 걷기는 움직임 속의 고요함, 물 흐르듯 하는 마음챙김이다.

격식을 차려서 하는 걷기 명상은 다른 사람들에게 구경거리가 되지 않을 장소에서 하는 게 가장 좋다. 특히 당신이 걷기 명상을 아주 천천히 하려 할 경우 더 그렇다. 당신의 거실, 들판 또는 숲속의 빈터 등이 좋은 장소이며, 외떨어진 바닷가 역시 좋다. 슈퍼마켓에서 쇼핑 카트를 밀며 원하는 대로 천천히 걸을 수도 있겠다.

격식을 차리지 않는 걷기 명상은 어디서든 할 수 있다. 격식을 갖추지 않은 약식 걷기 명상의 경우, 같은 길을 갔다 왔다 하거나 원을 그리며 돌지 않고 그저 평소처럼 걸으면 된다. 보도를 따라, 사무실 복도를 따라, 하이킹을 하면서, 개를 산책시키면서, 아이들과 함께 산책하면서 마음챙김 수행을 하며 걸으면 된다. 그러면서 당신이 지금 여기 당신의 몸 안에 존재한다는 사실을 상기하는 것이다. 다가오는 매 순간을 있는 그대로 받아들이며 걸음을 내디디면서, 그저 당신 자신이 이 순간에 존재한다는 걸 상기하는 것이다. 만일 당신 자신이 서둘고 있거나 초조해 하고 있다면, 걷는 속도를 늦추는 것이 서두는 걸 늦춰주고 당신이 지금 여기 존재한다는 것과 저기에 도달할 경우 거기에 존재하게 될 거라는 사실을 상기하는 데 도움이 될 수 있다. 만일 여기를 놓친다면, 저기도 놓치게 될 가능성이 높다. 또한 당신의 마음이 여기에 집중하지 못한다면, 그건 당신이 다른 어딘가에 도달하기 때문에 집중하지 못하는 것일 가능성이 높다.

***

시도

당신이 어디에 있든, 걷는 것을 잘 인식하라. 걷는 속도를 조금 늦춰라. 그리고 당신의 몸과 현재 순간에 정신을 집중하라. 걷지 못하는 사람도 많다. 당신이 걸을 수 있다는 사실에 감사하라. 걸을 수 있다는 게 얼마나 기적 같은 일인지 인지하고, 잠깐만이라도 당신의 몸이 그렇게 멋지게 작동된다는 사실을 당연하게 생각지 말라. 당신이 지금 대지 표면 위를 똑바로 서서 걸어 다니고 있다는 사실을 알라. 자신감을 갖고 품위 있게 걸어라. 그리고 미국 원주민 나바호 족의 격언처럼, 당신이 어디에 있든 아름다움 속에 걸어라.

그리고 또 격식을 갖춰 걷기 명상을 해보라. 앉아서 명상을 하기 전과 후에 걷기 명상 시간을 가져보라. 걸었다 앉았다 하는 사이에 계속 마음챙김 수행을 하라. 10분이면 되며 30분도 좋다. 여기서 중요한 건 시계상의 시간이 아니라는 걸 다시 한 번 기억하라. 그러나 그만두고 싶다는 첫 번째나 두 번째 충동만 잘 극복하고 명상을 계속한다

면, 당신은 더 많은 걸 배우고 걷기 명상에 대해 더 깊이 이해하게 될 것
이다.

~~~~~~

서서 하는 명상

서서 하는 명상은 나무들로부터 가장 잘 배울 수 있다. 나무 한 그루 옆에 가까이 서거나, 이게 더 나은 방법이지만, 많은 나무들 사이에 서서 그냥 한 방향을 보라. 당신의 두 발이 땅속으로 뿌리내리고 들어가는 걸 느껴라. 늘 그렇겠지만, 나무들이 산들바람에 흔들리듯 당신 몸이 부드럽게 흔들리는 걸 느껴라. 가만히 서서 당신 자신의 호흡과 함께 하면서 바로 앞의 공기를 마셔라. 그리고 두 눈을 감고 주변을 느껴보라. 가장 가까이에 있는 나무를 느껴보라. 그 나무가 내는 소리에 귀 기울이고, 그 존재를 느끼고, 당신의 마음과 몸으로 그걸 만져보라.

당신 자신의 몸이 가만히 서서 매 순간 호흡하고 존재하는 걸 느끼면서…… 호흡의 도움을 받아 매 순간에 머물도록 하라. 마음과 몸이 이제 그만 자리를 떠야 할 때가 된 것 같다는 신호를 처음 보내올 때, 나무들은 여러 해 동안, 그리고 운이 좋다면 평생 그 자리에 가만히

서 있다는 걸 기억하며 좀 더 서 있어 보라. 나무들이 고요함에 대해 그리고 접촉에 대해 가르쳐주는 게 없나 보라. 어쨌든 나무들은 뿌리와 몸통으로 땅과 접촉하고 있고, 몸통과 나뭇가지들로 바람과 접촉하고 있으며, 잎사귀들로 햇빛 및 바람과 접촉하고 있다. 짧은 시간 동안만이라도 이런 식으로 서 있는 실험을 해보라. 피부에 닿는 공기, 발이 땅에 닿는 기분, 세상의 소리들, 빛과 색과 그림자의 춤, 시간의 춤에 몰입해보라.

시도

숲이나 산, 강가 또는 당신 집 거실에 있든 아니면 그냥 버스를 기다리는 중이든, 어디에서든 이렇게 나무처럼 서 있어보라. 접촉이 가능한 상태로 열려 있고 받아들이며 인내하는 나뭇가지와 나뭇잎들처럼 혼자 있을 때 두 손바닥을 하늘을 향해 펴고 두 팔을 다양한 자세로 뻗어볼 수도 있을 것이다.

누워서 하는 명상

잠들지만 않을 수 있다면 누워서 하는 명상은 아주 괜찮은 명상 방법
이다. 그리고 설사 잠이 든다 해도, 명상을 하다 잠이 든 경우 그 잠은
더 편안할 것이다. 명상에서 깨어나는 첫 순간들을 온전히 알아차리듯,
당신은 그런 상태로 잠에서 깨어날 수 있다.

　몸이 누워 있을 경우, 당신은 전 과정을 다른 어떤 자세에서보
다 훨씬 더 쉽게 해낼 수 있다. 당신의 몸은 근육들이 당신을 꼭 잡으려
는 최소한의 노력마저 멈출 때까지 계속 침대나 매트, 바닥 또는 땅속
으로 가라앉게 된다. 이는 당신의 근육들과 그 근육들을 지배하는 운
동 신경 세포들의 차원에서 일어나는 심오한 놓아줌이다. 당신이 만일
당신의 마음을 활짝 열린 채 깨어 있게 허락해준다면 마음은 곧 그걸
따른다.

　누워서 명상을 하며 당신의 몸 전체를 관심의 대상으로 삼을 수

있다면, 그건 축복이다. 당신은 호흡을 하고 당신 피부 전체에 온기를 발산하면서 머리 꼭대기부터 발끝까지 당신의 몸을 느낄 수 있다. 몸 전체가 호흡을 하고 몸 전체가 살아 있는 것이다. 몸 전체로 마음챙김 수행을 하면서, 당신은 당신의 몸 전체를 당신의 존재와 당신의 생명이 깃든 장소로 회복할 수 있고, 당신이 어떤 사람이든 '당신'이 단순히 머릿속의 거주자가 아니라는 걸 상기할 수 있다.

당신은 또 누워서 명상을 하면서, 아주 자유롭게든 아니면 보다 체계적으로든 다른 여러 부위들에 집중할 수 있다. 우리는 우리 클리닉을 찾는 사람들에게 45분간 행해지는 '바디스캔body scan' 형태의 누워서 하는 명상을 소개한다. 모든 사람이 곧바로 45분간 앉은 자세의 명상을 할 수 있는 건 아니지만, 바디스캔은 누구나 할 수 있다. 당신이 해야 할 일은 그저 여기 누워서 당신 몸의 여러 부위를 느끼고 그런 다음 그 부위들을 보내주는 것뿐이다. 바디스캔은 정해진 순서대로 몸의 여러 부위를 옮겨 다닌다는 점에서 체계적이다. 그러나 바디스캔 방법은 단 한 가지가 아니다. 머리에서 발까지 또는 발에서 머리까지, 아니면 옆구리에서 옆구리 쪽으로 스캔할 수도 있다.

마치 당신의 발가락이나 무릎 또는 귀로 숨을 들이마신 뒤 다시 거기에서 숨을 내쉬는 것처럼, 내면적으로 당신의 숨을 몸의 여러 부위로 들이마시고 다시 거기서 내쉬는 것이 이 명상을 수행하는 한 가지 방법이다. 준비가 됐다고 느껴지면, 숨을 내쉴 때 그 부위를 그냥 놔주고, 그럼으로써 그 부위가 당신의 마음의 눈(당신의 상상력) 안에서 스러지게 하라. 근육 자체들을 놔줄 때 당신은 고요함과 열린 의식 상태로 들어가며, 그런 다음 몸의 다른 부위로 옮겨가 연결되고, 그 부위로 다시 숨을 들이마시게 된다. 모든 숨이 가능한 한 코를 통해 들어오고 나가게 하라.

그러나 누워서 명상을 할 때 바디스캔의 경우만큼 체계적으로 할 필요는 없다. 또한 당신은 몸의 특정 부위들에 당신 마음대로 집중할 수도 있고, 아니면 특정 부위의 문제나 통증 때문에 당신의 인식에서 눈에 띌 때 집중할 수도 있다. 특히 당신이 이 명상을 규칙적으로 수행한다면, 마음을 열어 관심을 보이고 받아들이면서 그 부위들에 집중하는 게 치유 효과가 아주 좋을 수 있다. 이는 마치 정신과 영혼, 몸 전체와 마음은 물론 세포와 세포 조직들에까지 영양분을 제공하는 듯한 느낌이다.

누워서 하는 명상은 당신의 정서적 몸과 접촉하는 데도 좋은 명상 방법이다. 우리에겐 육체적인 심장도 있지만, 비유적인 심장과 신화적인 심장도 있다. 심장 부위에 집중할 경우 가슴이 조여 오는 느낌들, 갑갑하거나 묵직한 느낌에 몰입하는 데 도움이 될 수 있으며, 그처럼 육체적인 느낌들 바로 밑에 숨겨진 비통함, 슬픔, 외로움, 절망감, 자책감, 분노 등의 감정들을 인식하는 데도 도움이 될 수 있다. 영어에서는 '심장'이라는 뜻을 가진 heart를 가지고 broken hearted(비통한)라든가,

hard-hearted(냉혹한)라든가, heavy-hearted(우울한) 같은 말들을 하는데, 이는 서구 문화에서 심장이 정서적 삶이 깃든 자리로 알려져 있기 때문이다. 심장은 또 사랑과 기쁨과 동정심이 깃든 자리로, 이런 감정들이 발견될 경우 비통함, 슬픔 등과 똑같은 관심과 존경을 받을 자격이 있다.

자애 명상처럼 여러 특수한 명상 수행법들은 자기 자신 속에 비유적인 심장을 확대하고 활짝 열어주는 특정한 감정 상태들을 연마하기 위해 나온 명상 수행법들이다. 받아들임, 용서, 자애심, 너그러움, 믿음 등은 모두 의도적으로 심장 부위에 집중하고 심장 부위에 대해 계속 관심을 보일 때, 그리고 또 이런 감정들을 격식을 갖춘 명상 수행의 일부로 받아들일 때 더 강화된다. 그러나 그런 감정들은 명상 수행 과정 중에 자연스레 생겨나는 걸 알아볼 때, 그리고 또 의식을 가지고 그런 감정들을 만날 때도 강화된다.

심장 외의 다른 신체 부위들 역시 비유적인 의미를 갖고 있으며, 누워서 또는 다른 자세로 명상을 할 때 심장의 경우와 비슷한 의식으로 접근할 수도 있다. 명치는 태양처럼 에너지를 발산하는 특징을 갖고 있는데다가 몸의 중심이자 생명력의 중심에 자리 잡고 있어, 우리가 중심과 접촉하고 있다는 느낌을 갖게 해준다. 목은 우리의 감정들을 소리로 표현하며, 수축될 수도 있고 열릴 수도 있다. 심장이 활짝 열려 있다 해도, 각종 감정들은 이따금 목 안에서 걸릴 수도 있다. 목 부위에 대한 마음챙김을 수행할 경우, 우리는 말의 내용은 물론 말 그 자체나 음색의 특성들(한편으로는 폭발성, 속도, 거침, 음량, 습관성, 다른 한편으로는 부드러움, 점잖음, 민감성 등)과도 더 긴밀히 접촉하게 된다.

육체적인 몸의 각 부위는 정서적인 몸에도 그에 해당하는 부위가 있어, 우리에게 더 깊은 의미가 있으면서도 가끔은 우리가 전혀 인식도 하지 못한다. 그러나 우리가 계속 성장하려면, 끊임없이 우리의 정서적인 몸을 활성화하고 그 말에 귀 기울이고 또 배워야 한다. 누워서 하는 명상은 이 일에 많은 도움이 될 수 있다. 당신이 자리에서 일어날 때 당신의 통찰력이 요구하는 기준들을 과감히 따르기만 한다면 그렇다. 옛날에는 우리의 문화와 신화와 의식들이 우리의 정서적인 몸을 활성화하고 그 생명력과 비영구성을 존중하는 과정에 도움이 됐다. 이는 대개 젊은이들에게 부족이나 문화 안에서 성인이 된다는 것의 의미에 대해 가르치는 원로 집단에 의해 치러지는 동성의 성인식에서 행해졌다. 그런데 오늘날 우리는 정서적인 몸의 발달이 얼마나 중요한지를 거의 알지 못한다. 남녀를 불문하고 우리는 대개 어른들의 보살핌 없이 자기 혼자 힘으로 성인이 된다. 그리고 우리의 윗사람들 역시 어른들의 보살핌 없이 성인이 됐기 때문에, 우리의 젊은이들과 우리의 아이들을 상대로 어떻게 정서적 생명력과 진실성을 일깨워줄 것인지에 대한 집단 지식이 더 이상 없다. 어쩌면 마음챙김 수행이 우리 자신과 다른 사람들 속에 잠들어 있는 옛 지혜를 다시 깨우는 데 도움이 될 것이다.

우리는 평생 워낙 많은 시간을 누워서 지내기 때문에, 누워서 하는 명상은 손쉽게 또 다른 차원의 의식 세계로 갈 수 있는 관문이나 다름없다. 잠들기 전에, 잠에서 깨었을 때, 그리고 쉬는 동안, 누워 있는 것 자체로 마음챙김을 수행하고 매 순간 호흡과 몸을 하나로 묶고 당신의 몸을 알아차림과 받아들임으로 채우고 귀 기울이고, 귀 기울이고, 듣고, 듣고, 성장하고, 성장하고, 손에서 놓고 또 놓고……

시도

자리에 누워 있는 동안 호흡에 집중해보라. 호흡이 당신의 온몸을 돌아다니는 걸 느껴라. 당신의 발, 다리, 골반과 생식기, 배, 가슴, 등, 어깨, 팔, 목구멍과 목, 머리, 얼굴, 머리 꼭대기 등, 당신 몸의 여러 부위에서 호흡과 함께하라. 조심스레 귀 기울여라. 존재하는 건 그 무엇이든 느껴라. 몸속의 감각들이 움직이고 변하는 걸 지켜보라. 그 감각들에 대한 당신의 느낌들이 움직이고 변하는 걸 지켜보라.

꼭 취침 시간이 아니더라도 일부러 자리에 누워 명상을 해보라. 하루 중 아무 때나 틈을 내 침대 외의 바닥에서도 해보라. 때론 들판이나 초원에서, 나무 아래서, 빗속에서, 눈 속에서도 해보라.

잠자리에 들거나 잠에서 깨어날 때 당신의 몸에 특별한 관심을 기울여보라. 잠시 동안이라도 가능하면 등을 바닥에 댄 채 몸을 똑바로 펴 스트레칭을 하고 그냥 몸이 호흡을 하는 걸 느껴보라. 문제가 있는 부위들이 있다면 특히 관심을 쏟고, 그 부위들에 호흡을 집중해 나머지 부위들과 동질감과 일체감이 들게 하라. 당신의 정서적인 몸도 늘 염두에 두어라. 그리고 '직감적인' 느낌들을 중시하라.

적어도 하루에 한 번은 바닥에 눕기

'바디스캔'을 할 때처럼 누워서 명상을 수행하든, 아니면 마음챙김 '하타 요가'를 할 때처럼 처음엔 이런 식으로 다음엔 저런 식으로 부드러우면서도 강하게 그리고 체계적으로 우리 몸을 그 한계로 몰든, 바닥에 누워 있다 보면 시간이 멈춘 듯한 특별한 기분이 든다. 그저 방안에 누워 있는 것만으로도 마음이 맑아지는 경우가 많다. 그것은 아마 바닥에 누워 있는 게 워낙 낯설어서 우리의 습관적인 신경 패턴들이 무너지고, 그 바람에 이른바 '몸의 문'이 갑자기 열려 현재 순간으로 들어가게 되기 때문일 것이다.

하타 요가 수행의 경우, 당신이 몸을 움직이고 스트레칭을 하고 호흡하고 이런저런 자세들을 취하고 팔과 다리와 몸통을 뻗거나 들어올릴 때 생겨나는 여러 감각과 생각과 느낌들을 제대로 인식해, 당신의 몸안에 온전히 존재하는 게 그 핵심이다. 기본적인 요가 자세는 무려 8만 가지가 넘는다고 한다. 따라서 몸으로 도전해볼 수 있는 새로운 자세가 부족할 일은 거의 없겠지만, 나는 지금 주로 20여 가지의 자세를 중심으로 명상 수행을 하고 있다. 여러 해 동안 그렇게 해오면서 나는 점점 더 내 몸 깊숙이, 그리고 고요함 깊숙이 들어가고 있다.

요가는 동작과 고요함을 하나가 되게 만들어준다. 놀라울 정도로 도움이 되는 수행이다. 그리고 다른 형태의 마음챙김 수행들의 경우와 마찬가지로, 당신은 어딘가에 도달하려고 애쓸 필요가 없다. 그대신 당신은 의도적으로 매 순간 당신 몸의 한계까지 움직인다. 당신은 스트레칭을 하거나 들어 올리거나 팔다리와 머리와 몸통을 특이한 모양으로 만들면서 균형을 잡게 되며, 그러면서 상당히 강렬한 감각이 느껴지는 부위를 탐험하게 된다. 그리고 그저 호흡을 하고 당신의 몸을 느끼면서, 당신의 마음 일부가 원하는 것보다 더 오래 그 부위에서 머문다. 그렇다고 뭔가를 향해 달려가는 걸 모색하는 건 아니다. 매 순간이 당신의 몸 안에서 찬란히 피어나는 걸 맛보면서 어떤 격렬함이나 불편함(당신 자신에게 한계를 뛰어넘을 걸 강요하지만 않는다면 그리 크지 않겠지만) 등 폭넓은 경험 속에 그저 가만히 고요 속에 머물 뿐이다.

그럼에도 불구하고 열심히 요가 수행을 해온 사람이라면, 몸이 이런 상태를 꾸준히 경험하고 싶어 하며 또 스스로 변화된다는 걸 어렵잖게 알아차릴 수 있다. 보다 까다로운 자세들을 취하면서 바닥에 누워 있다 보면 몸이 점점 스트레칭된 상태나 놔주는 상태로 깊이 가라앉게 되어, 요가 수행 과정 중에 종종 '어딘가로 향하는' 느낌도 들지만 동시에 '현재 상태 그대로 머무는' 느낌도 들게 된다. 그러니까 그 무엇도 강요하지 않고, 그저 몸과 마음의 기본 요소들, 바닥, 그리고 세상과 조화를 이루기 위해 최선을 다하는 것이다.

시도

하루에 한 번 단 3~4분 동안만이라도 바닥에 누워 정신을 집중해 몸을 스트레칭해보고, 당신의 호흡과 함께하고, 또 당신의 몸이 하는 말에 귀 기울여보라. 이것이 오늘의 당신 몸이라는 걸 상기하라. 그 몸과 잘 접촉하고 있는지 확인해보라.

수행하지 않는 것도 수행이다

나는 가끔 요가를 하지 않는 게 요가를 하는 것과 같다는 점을 지적하고 싶다. 물론 사람들이 이 말을 잘못 받아들여, 수행을 하는 거나 하지 않는 거나 매 한가지라는 식으로 생각하진 않기 바란다. 내 말은 잠시 쉬었다가 다시 요가 수행을 할 때마다 그 결과를 알 수 있다는 것이다. 그러니까 어떤 면에서는 계속 요가를 하는 것보다는 잠시 쉬었다가 다시 하는 게 더 배울 게 많은 것이다.

물론 이는 당신의 몸이 얼마나 둔해졌는지, 어떤 자세를 취하는 게 얼마나 어려운지, 마음은 얼마나 조급해졌는지, 호흡을 계속 유지하는 게 얼마나 힘들어졌는지 등을 알아차릴 때에 한해 그렇다. 바닥에 누워 두 무릎을 잡고 머리를 그쪽으로 당겨보면 이 모든 걸 알아채지 못할 수가 없다. 우리가 얘기하는 게 요가가 아니라 삶 그 자체일 때는 특히 이 모든 걸 알아채지 못한다는 게 훨씬 더 어렵다. 그러나 요가 든 삶이든 적용되는 원칙은 같다. 요가와 삶은 같은 걸 말하 는 서로 다른 방법인 것이다. 잠시 마음챙김 명상 수행을 잊 거나 소홀히 하는 것이 늘 수행하는 경우보다 배울 게 더 많 다. 다행히 우리 대부분은 그 점에 대해 걱정할 필요가 없는 데, 그건 우리가 마음챙김을 못하는 경우가 워낙 많기 때문 이다. 명상을 하지 않았을 때의 결과를 알 수 있는 건 잠시 쉬었다 다시 마음챙김 명상을 할 때이다.

시도

살아가면서 매일 명상이나 요가 수행을 하는 때와 그렇지 않은 때에 당신의 느낌이 어떻게 다른지, 스트레스 해소법은 어떻게 다른지 잘 살펴보라. 그리고 특히 직장생활이나 가정생활과 관련된 스트레스들 로 인해 생겨나는 보다 부주의하고 습관적인 행동들의 결과를 인식할 수 있는지 보라. 명상 수행을 할 때와 그렇지 않을 때에 몸의 움직임은 어떻게 다른가? 무위를 잊지 않으려 애쓰는 일은 어찌 되고 있는가? 규 칙적으로 명상 수행을 하지 못할 경우 시간에 대한 불안감과 특정 결 과들을 내는 것에 대한 불안감에 어떤 영향이 가는가? 또 그것이 당신의 인간관계에 어떤 영향을 주는가? 당신의 가장 부주의한 일부 패턴들은 어디서 비롯되는가? 무엇이 그런 패턴들을 촉발하는가? 이번 주에 격식을 차린 명상 수행을 제대로 했든 하지 못했든, 그런 패턴들이 당신을 좌지우지할 때 당신은 그걸 제대로 인지할 수 있는가? 명상 수행을 하지 않는 것이 아주 힘든 수행이라는 걸 알 수 있는가?

자애 명상

그 어떤 사람도 섬이 아니며, 혼자 완전할 수 없다.

모든 사람은 대륙의 일부이며, 본토의 일부이다.

만일 흙 한 덩어리가 바닷물에 쓸려 가버린다면

유럽은 그만큼 더 작아지고, 갑岬도 작아지고

당신 친구들의 땅은 물론 당신 자신의 땅도 작아진다.

나는 인류에 속해 있기 때문에 누군가가 죽으면 나도 줄어든다.

그러니 누구를 위해 종은 울리는지 절대 알려 하지 말라.

종은 당신을 위해 울린다.

_존 던의 『명상 17』 중에서

우리는 서로 연결되어 있기 때문에 서로의 슬픔에 공명한다. 우리는 전체이고 동시에 더 큰 전체의 일부이며, 그래서 우리 자신을 변화시키는 것만으로도 세상을 변화시킬 수 있다. 내가 만일 이 순간 사랑과 친절의 중심이 된다면, 세상은 이제 소소하면서도 의미 있는 방식으로 이전 순간에 부족했던 사랑과 친절의 세포핵을 갖게 된다. 이는 내게도 도움이 되고 다른 사람들에게도 도움이 된다.

당신은 심지어 당신 자신을 상대로 해서도 늘 사랑과 친절의 중심이 되진 못한다는 사실을 알고 있을 것이다. 사실 우리 사회는 지금 낮은 자존감이 전염병처럼 퍼져 있다고 해도 무방하다. 1990년 인도 다람살라에서 있었던 한 모임에서 달라이 라마와 함께하는 대화 시간이 있었는데, 달라이 라마는 한 서방 심리학자가 '낮은 자존감low self-esteem' 얘기를 할 때 처음엔 그 말의 의미를 잘 못 알아들었다. 그는 영어를 꽤 잘하지만, 그 구절은 그를 위해 여러 차례 티베트어로 통역되어야 했다. 그는 낮은 자존감이란 말의 개념을 알 수가 없었다. 그러다 마침내 그게 무슨 말인지를 이해했을 때, 그는 미국에선 워낙 많은 사람들이 뿌리 깊은 자기혐오감과 무력감을 갖고 있다는 말을 듣고 슬픔을 감추지 못했다.

사실 자기혐오감이니 무력감이니 하는 감정들은 티베트인들 사이에선 들어볼 수 없다. 물론 그들은 모두 중국인들의 탄압을 피해 제3세계에서 망명 생활을 하며 심각한 문제들을 안고 있지만, 낮은 자존감은 그 문제들 중 하나는 아니다. 그러나 티베트의 미래 세대들이 아이로니컬하지만 이른바 '선진 세계'라 불리는 우리 서구 세계와 접촉하게 될 때 어떤 일이 일어날지는 아무도 모른다. 아마 우리는 지금 외면적으로는 지나치게 발전되고 내면적으로는 후진 상태를 면치 못하는 상태일 것이다. 어쩌면 그 모든 부에도 불구하고 가난하게 살고 있는 게 우리 서구인들인지도 모른다.

당신은 자애 명상을 통해 그런 가난을 극복하기 위한 조치들을 취할 수 있다. 늘 그렇듯 모든 것의 출발점은 당신 자신이다. 당신 자신의 가슴 안에 친절, 받아들임, 소중히 여김의 감정을 불러일으키겠는가? 앉아서 하는 명상 중에 몇 번이고 계속 당신 마음을 호흡에 집중하듯, 당신은 몇 번이고 계속 그래야 할 것이다. 우리가 품고 있는 상처가 깊기 때문에 우리의 마음은 쉽게 자애 명상에 다가가지 못할 것이다. 그러나 엄마가 다치거나 겁에 질려 있는 아이를 조건 없는 사랑으로 품어주듯, 명상 수행 중에 잠시 실험 삼아 당신 자신을 알아차림 속에 받아들여줄 수 있을 것이다. 다른 사람들을 용서할 수 없다면, 당신 자신을 용서하는 마음은 가질 수 없겠는가? 지금 이 순간 당신 자신을 행복으로 초대할 수는 있지 않겠는가? 당신 스스로 좋은 기분을 가질 수는 있지 않겠는가? 어쨌든 행복의 토대는 지금 이 순간에 존재하지 않겠는가?

자애 명상 수행은 다음과 같은 방법으로 행해진다. 그러나 여기서 말들을 수행으로 오해하진 말라. 늘 그렇듯, 말들은 그저 길을 가리키는 이정표일 뿐이다.

무엇보다 먼저 당신의 자세와 호흡에 집중하는 걸로 시작하라. 그런 다음 당신의 심장이나 배로부터 친절과 사랑의 느낌이나 이미지들을 초빙해 당신의 전 존재를 채울 때까지 방출하라. 당신이 마치 사랑과 친절을 받을 자격이 있는 어린아이인 듯, 당신 자신의 알아차림으로 당신 자신을 감싸주도록 하라. 당신의 알아차림이 자애로운 어머니의 에너지와 자애로운 아버지의 에너지를 구현하도록 해, 이 순간 당신의 존재에 대해 인정과 존경을 받을 수 있게 하고, 어쩌면 어린 시절 충분히 받지 못했을 친절을 충분히 받도록 하라. 그리고 자애의 에너지를 숨 쉬듯 들이마시고 내쉬면서 충분히 즐기도록 하라. 마치 오랜 기간 파손돼 있다가 마침내 당신이 갈망하던 영양분을 제공해주는 생명선이라도 되는 듯 말이다.

평화로움과 받아들임의 느낌들을 초빙해 당신 속에 존재하게 하라. 어떤 사람들은 가끔 스스로에게 이런 말들을 하는 게 도움이 된다는 걸 안다. "부디 무지로부터 자유로워지기를! 부디 탐욕과 증오로부터 자유로워지기를! 부디 행복해지기를!" 그러나 이런 말들은 그저 자애의 감정을 불러일으키기 위한 것이다. 또한 소망이기도 하다. 우리 자신의 두려움과 건망증 때문에 우리 스스로 너무도 자주 만들어내는 문제들로부터 적어도 그 순간만이라도 자유로워지자고 의도적으로 만들어낸 의도들 말이다.

당신 스스로 자신의 존재를 통해 발산되는 사랑과 친절의 중심이 되고, 그 결과 자애와 받아들임 안에서 당신 자신을 끌어안게 되면, 당신은 무한정 그 상태에 머물면서 이 샘물을 마시고 이 샘물로 목욕해 스스로 거듭나며 당신 자신에게 영양분을 제공하고 당신 자신을 활기차게 만들게 된다. 몸과 마음을 제대로 치유해주는 명상 수행이 될 수 있는 것이다.

당신은 이 자애 명상을 더 발전시킬 수도 있다. 당신의 존재 안에 사랑과 친절을 발산하는 센터를 만들면, 자애를 외부로 발산할 수 있음은 물론 어디든 당신이 원하는 데로 발산할 수 있다. 먼저 가까운 가족들을 향해 발산할 수 있겠다. 만일 자녀들이 있다면, 그 애들을 당신의 마음의 눈과 가슴에 품고 그들의 본질적인 자아를 떠올리고 그들이 잘되기를 빌라. 그들이 불필요한 고통을 받지 않고, 세상 속에서 자신들의 진정한 길을 찾게 되고, 삶 속에서 사랑과 받아들임을 경험할 수 있게 되길 빌라. 그런 다음 수행을 더 해나가면서, 자애를 발산하는 대상을 사업 파트너, 배우자, 형제,

부모 등으로 확대하라.

당신은 부모님들을 향해 자애를 발산할 수도 있다. 살아 계시든 돌아가셨든, 그분들을 공경하면서 잘 지내시기를 빌고 또 소외감이나 고통을 받지 않으시길 비는 것이다. 당신이 만일 그렇게 할 수 있으며 그렇게 하는 게 정신 건강에도 좋다고 생각한다면, 당신 자신의 가슴 속에서 그분들의 한계, 그분들이 두려움, 그분의 잘못된 행동들, 그분들이 야기했을 수도 있는 고통을 용서해줄 장소를 발견하라. 그러면서 예이츠Yeats의 다음과 같은 시를 떠올려라. "왜, 무엇을 그녀가 할 수 있었겠는가, 현재의 그녀가 될 수 있었겠는가?"

그리고 여기서 멈출 필요는 전혀 없다. 당신은 자애를 모든 사람에게, 그러니까 당신이 아는 사람과 모르는 사람 모두에게 발산할 수 있다. 그들에게도 도움이 되겠지만, 당신의 정서적 자아를 다듬고 확장함으로써 당신 자신에게도 분명 도움이 될 것이다. 당신을 힘들게 한 사람들, 당신이 싫어하거나 거부감을 느끼는 사람들, 당신을 위협하거나 상처를 줬던 사람들에게까지 의도적으로 자애를 발산하면서 그 대상은 점점 더 확대된다. 당신은 어떤 사람들의 집단 전체를 향해 자애를 발산하는 수행을 할 수도 있다. 그러니까 억압받는 사람들, 고통 받는 사람들, 전쟁이나 폭력 또는 증오심에 희생되고 있는 사람들 전체를 향해 자애심을 발산하는 것이다. 그들은 당신과 전혀 다르지 않으며, 그들에게도 사랑하는 사람들과 희망과 포부가 있고 잠잘 곳과 먹을 것과 평화가 필요하다는 걸 이해하면서 말이다. 그리고 당신은 지구 그 자체에게, 그리고 지구의 영광과 침묵에게, 환경에게, 개울과 강들에게, 공기와 대양들과 숲들에게, 식물과 동물들에게 개별적으로 또는 전체적으로 자애를 발산할 수도 있다.

명상에서 또는 우리의 삶에서 자애를 수행하는 데는 그야말로 아무 한계도 없다. 자애 수행은 지속적으로 계속 확장되는 상호연관성에 대한 깨달음이다. 상호연관성의 구현이기도 하다. 한순간만이라도 한 그루의 나무나 꽃, 개, 한 장소, 한 사람 또는 당신 자신을 사랑할 수 있을 때, 그 한순간에 모든 사람들, 모든 장소들, 모든 고통, 모든 조화를 발견할 수 있다. 이런 식의 수행은 얼핏 보기엔 어떤 변화를 추구하거나 어딘가에 도달하려고 애쓰는 것처럼 보일 수도 있지만, 실은 그렇지 않다. 이 수행을 통해 당신이 하게 되는 것은 늘 존재하는 것들을 발견하는 것이다. 사랑과 친절은 늘 여기 어딘가에 아니 사실상 모든 곳에 있다. 우리 자신을 사랑과 친절을 발산하고 받을 수 있는 우리의 능력은 우리 자신의 두려움과 상처들, 우리의 탐욕과 증오심, 우리 자신이 고립되고 외로운 존재라는 착각에 대한 필사적인 집착 아래 묻혀 있다.

명상 수행 과정에서 사랑과 친절을 일깨움으로써, 우리는 우리 자신의 무지의 경계를 넘어서게 된다. 요가에서 근육과 인대와 힘줄의 저항에 맞서고, 기타 다른 모든 형태의 명상에서 우리 자신의 마음 및 가슴의 경계와 무지를 넘어서듯 말이다. 그리고 때론 고통이 따르더라도 그렇게 확장하는 과정에서 우리는 성장하고 우리 자신을 변화시키고 세상을 변화시킨다.

❖

나의 종교는 친절이다.

_ 달라이 라마

⁓⁓⁓⁓⁓⁓⁓⁓(시도)⁓⁓⁓⁓⁓⁓⁓⁓

명상 수행 중 어느 시점에서 당신 자신 안에 있는 자애의 감정에 접촉해 보라. 당신이 명상 수행에 대해 갖고 있는 거부감의 원인들이나 당신이 사람들에게 사랑받지 못하거나 받아들여지지 못하는 이유들을 찾아낼 수 있는지 보라. 그 모든 걸 그저 생각으로 보라. 그리고 마치 사랑하는 어머니나 아버지의 품에 안겨 있는 어린아이처럼 따뜻하게 받아들여주는 자애를 온몸에 받는 실험을 해보라. 그런 다음 그 자애를 다른 사람들과 세상을 향해 발산해 보라. 이 수행에는 한계가 없지만, 다른 수행들의 경우와 마찬가지로, 마치 애정 어린 보살핌을 받는 정원의 식물들처럼 끊임없는 보살핌 속에 더 깊어지고 성장한다. 다른 누군가를 또는 지구를 도우려 애쓰는 게 아니라는 걸 분명히 하라. 그보다는 그저 알아차림 속에 다른 사람들을 끌어안고 존중하고 잘되기를 바라고 친절과 동정심과 받아들임을 가지고 그들의 고통에 마음을 여는 것이다. 만일 그 과정에서 당신이 이 세상에서 이전과는 달리 행동해야 한다면, 그런 행동들을 통해 자애와 마음챙김을 구현하도록 하라.

3부

마음챙김의 정신으로

우리 모두 원래 종교 기관들이 함께 일한 현실이라는 이름의 스승 밑에서 견습공 일을 하고 있다. 현실 통찰력은…… 하루 24시간의 주인이 되라고 말한다. 자기연민 없이 잘하라. 아이들을 이끌고 차에 태운 뒤 도로 아래쪽 버스 있는 데까지 데려가는 것은 추운 날 아침에 법당 안에서 경전을 외는 것만큼이나 어려운 일이다. 한 움직임이 다른 움직임보다 나은 건 아니며, 각 움직임은 아주 따분할 수 있고, 둘 다 반복이라는 미덕이 있다. 반복과 의식 그리고 그 좋은 결과들은 여러 형태로 나타난다. 필터 교환하기, 콧물 훔치기, 회의에 참석하기, 집 주변 정리하기, 설거지하기, 자동차 오일 계량봉 확인하기 등등, 이런 일들이 보다 중요한 일들을 하는 걸 방해한다고 생각지 말라. 이런 자잘한 일들이 우리가 '수행'(우리가 갈 '길'을 제시해주는)을 하기 위해 피했으면 하는 어려운 일들은 아니다.

_게리 스나이더의『야생의 실천』중에서

불가에 앉아서

옛날에는 일단 해가 지고 나면 계속 변화하는 달과 하늘의 별들 외에 사람들이 구할 수 있는 빛의 원천은 불밖에 없었다. 수백만 년 동안 우리 인간들은 추위와 어둠을 등지고 불 주변에 앉아 물끄러미 타오르는 불길과 불씨들을 보았다. 어쩌면 격식을 갖춘 명상은 처음에 이렇게 시작되었는지도 모른다.

불은 우리에게 위안이었고, 열과 빛과 보호의 원천이었으며, 위험했지만 아주 조심하기만 한다면 통제 가능했다. 하루를 끝내고 불가에 앉아 있으면 마음이 편했다. 그 온기와 깜빡거리는 빛 속에서 우리는 이런저런 이야기들을 하거나 그날 있었던 일들을 얘기했고, 아니면 말 없이 가만히 앉아 끊임없이 변하는 불길과 환하게 빛나는 마법의 세계 같은 풍경들 속에 우리 마음이 반영되는 걸 지켜보았다. 우리는 불 덕분에 어둠을 견딜 수 있었고 안도감도 얻을 수 있었다. 불은 마음

왜 마음챙김 명상인가?

을 가라앉혀 주고 믿음직스러웠으며, 원기를 회복시켜주고 명상을 할 수 있게 해주었으며, 생존을 위해서도 절대적으로 필요했다.

이제 우리의 일상생활에서 이 같은 불의 필요성은 사라졌고, 조용히 있을 수 있는 그 모든 기회 역시 거의 다 사라져버렸다. 모든 게 빨리빨리 돌아가는 오늘날의 세상에서, 불은 비실용적인 것이 되었고, 간혹 어떤 분위기를 연출할 때나 쓰이는 사치품처럼 되어버렸다. 이제 외부의 빛이 어두워지기 시작할 경우 그저 스위치만 켜면 된다. 우리는 이제 세상을 원하는 만큼 밝게 밝힌 채 생활을 계속할 수 있고, 깨어 있는 시간 내내 뭔가를 하며 바삐 지낼 수 있다. 오늘날에는 우리가 일부러 시간을 내지 않는 한, 삶이 우리에게 존재를 위한 시간을 거의 내주지 않는다. 우리에겐 더 이상 빛이 충분치 않아 하던 일을 멈춰야 하는 시간이란 없다. 예전에는 매일 밤 분위기를 바꿔 그날 있었던 일들을 머릿속에서 내보내는 시간이 있었지만, 이제는 없는 것이다. 오늘날에는 평온한 마음으로 불가에서 시간을 보낼 귀한 기회가 거의 없는 것이다.

대신 우리는 하루를 끝내는 시간에 진짜 불과 비교해 흐릿한 전자 불꽃 에너지인 텔레비전을 본다. 오늘날 우리는 우리 자신이 아닌 다른 사람들이 만들어내는 끝없이 많은 소리와 이미지들에 파묻혀 지내며, 각종 정보와 사소한 일들, 다른 사람들의 모험과 흥분과 갈망들로 머리를 가득 채우고 있다. 텔레비전을 보다 보면 하루 중에 고요함을 경험할 여지가 한결 줄어들게 된다. 텔레비전은 시간과 공간과 고요함을 빨아들이면서, 우리를 아무 생각 없는 수동적인 존재들로 전락시키고 있다. 미국 코미디언 스티브 앨런Steve Allen은 텔레비전을 '눈을 위한 풍선껌'이라 불렀다. 신문도 아주 비슷하다. 신문 자체는 나쁘지 않지만, 우리 스스로 좀 더 충실하게 살았을 수도 있었을 많은 소중한 순간들을 신문에게 빼앗기고 있는 것이다.

우리의 시간을 뺏어가는 열정적인 오락과 연예의 중독적인 매력에 굴복할 필요는 없다. 따뜻함과 고요함과 내적 평화를 누리기 위해 우리 자신을 기본적인 내면의 동경으로 되돌아가게 해주는 다른 습관들을 기를 수도 있다. 예를 들어 우리가 호흡을 하며 가만히 앉아 있는 것은 불가에 조용히 앉아 있는 것과 아주 흡사하다. 호흡을 깊이 들여다보면, 우리는 적어도 벌겋게 타오르는 석탄과 불씨와 불꽃들 속에서 본 것과 같은 춤추는 우리 마음의 반영을 볼 수 있다. 어떤 온기 같은 것도 만들어진다. 그리고 만일 아무데도 도달하려 애쓰지 않고 우리 스스로 있는 그대로의 이 순간에 여기 존재하게 된다면, 우리의 생각과 감정들의 움직임 뒤와 안에서 우리는 모든 게 보다 단순했던 시대에 사람들이 불가에 앉아 발견한 그 고요함을 쉽게 만날 수 있게 될 것이다.

조화

병원 주차장에 주차를 하는데 머리 위로 수백 마리의 기러기가 날아간다. 높이 날고 있어 끼룩끼룩하는 울음소리는 들리지 않는다. 제일 먼저 떠오르는 생각은 기러기들은 자신들이 어디로 가고 있는지를 분명히 알고 있다는 것. 전부 북서쪽으로 날아가고 있는데, 기러기가 워낙 많아 대형은 동쪽 멀리까지 뻗쳐 있고, 그 동쪽에서는 11월 초의 태양이 지평선에 걸려 있다. 대형 맨 앞의 기러기가 머리 위를 날 때, 나는 뚜렷한 목적을 가진 그 대형의 고귀함과 아름다움에 깊은 감동을 받아, 차 안에서 바로 종이와 펜을 꺼내 서툰 손과 눈으로 최선을 다 해 그 패턴을 포착한다. 금방 날아가 버릴 것이기 때문에… 휘리릭 빨리 그려야 했다.

수백 마리가 V자를 그리고 있지만, 많은 기러기들이 보다 복잡한 배열을 이루고 있다. 모든 게 움직이고 있다. 기러기들이 만드는 선들은 바람에 날리는 천처럼 우아함과 조화로움 속에 내려왔다 올라갔다 하고 있다. 서로 소통을 하고 있는 게 분명하다. 어쨌든 기러기들은 각자 자신의 위치를 알고 있고, 끊임없이 변화되는 복잡한 패턴 속에서 자신의 자리를 지키고 있으며, 또 기러기 무리에 속해 있다.

기러기들이 지나가는 걸 보며 나는 묘한 축복 같은 걸 느꼈다. 이 순간은 선물이다. 나는 그리 자주 볼 기회는 없지만 중요하다고 알고 있는 뭔가를 보고 공유하는 걸 허락받은 것이다. 그 뭔가의 일부는 기러기들의 야성이고, 또 일부는 기러기들이 구현하는 조화와 질서와 아름다움이다.

기러기들이 날아가는 걸 보는 동안, 시간 흐름에 대한 평소의 내 경험은 잠시 중지된다. 기러기들의 패턴을 과학자들은 '혼돈'이라 한다. 구름 대형이나 나무들의 형태도 마찬가지. 그 패턴에는 질서가 있고, 그 질서 안에 무질서가 내재돼 있지만, 그 무질서조차 질서정연하다. 지금 내게는 그저 경이롭고 놀라운 선물이다. 오늘 출근을 하는 내게 자연은 모든 게 하나의 조그만 영역 안에 어떻게 존재하는지를 보여주고 있으며, 또한 우리 인간이 얼마나 아는 게 적은지, 조화의 진가에 대해 얼마나 아는 게 적은지, 또는 조화를 얼마나 하찮게 보는지를 상기시켜주고 있다.

그래서 그날 저녁 신문을 읽으면서, 나는 필리핀 남부 고지대의 울창한 산림을 벌채한 결과가 1991년 말 태풍이 들이닥치면서 비로소 완전히 드러났다는 데 주목한다. 벌거벗은 땅은 더 이상 물을 품지 못하게 됐고, 그 결과 평소보다 네 배나 많은 물이 걷잡을 수 없이 저지대로 쏟아져 내려 그 일대에 살던 가엾은 주민 수천 명이 익사했다. 자동차 범퍼에 붙이는 한 유명한 스티커의 글처럼 '뭣 같은 일은 일어나게 마련'(Shit happens.)인 것이다. 문제는 우리가 그런 일이 일어나는 데 한몫 했다는 걸 인정하지 않으려 드는 경우가 너무 많다는 것. 자연의 조화를 무시하면 절대 위험하다.

자연의 조화는 늘 우리 주변에 또 우리 내면에 존재한다. 조화를 인지할 수 있다면 큰 행복을 느낄 수 있지만, 뒤늦게 되돌아보고서야, 아니면 깨지고 나서야 깨닫는 경우가 많다. 몸 안에서 모든 게 잘 돌아갈 때는 조화는 눈에 띄지 않고 넘어가기 쉽다. 두통이 없다는 것은 당신의 대뇌피질 입장에서 주요 뉴스가 못된다. 예를 들어 걷고, 보고, 생각하고, 소변을 보는 능력은 저절로 이루어지며, 그래서 거의 자동적이며 무의식적인 영역 속에 섞여 들어간다. 우리를 각성시키고 뭔가에 집중하게 만드는 건 고통과 두려움과 상실뿐이다. 그러나 그때쯤 되면 조화는 찾아보기 힘들며, 우리는 삶이라는 강 안에서 보다 어렵고 복잡한 질서를 나타내는 급류와 폭포 같은 격변에 휘말리게 된다. 캐나다 가수 조니 미첼의 노래 가사처럼 '당신은 갖고 있는 게 사라지고 나서야 그걸 알게 된다.'

차에서 내리면서 나는 100퍼센트 문명화된 병원 주차장의 상공

에서 신선한 자연의 야성을 보여준 여행자들에게 마음속으로 경의를
표한다.

시도

무자각의 베일을 걷어내 이 순간의 조화를 인지하라. 구름들에서, 하늘
에서, 사람들에게서, 날씨에서, 음식에서, 당신의 몸에서, 이 호흡에서
조화가 보이는가? 바로 지금 바로 여기에서 보라, 다시 보라!

이른 아침

가야 할 직장도 없고, 밥을 먹여 학교에 보내야 할 아이들도 없고, 아침에 일찍 일어날 외적인 이유도 없었지만, 월든 호수에 살던 시절 소로는 아침에 일찍 일어나 동틀 녘에 연못에서 목욕을 하는 습관이 있었다. 그는 내적인 이유에서, 그러니까 영적인 훈련 삼아 그렇게 했다. "그건 종교적인 훈련이었고 내가 행한 가장 잘한 일들 중 하나였다." 소로의 말이다.

벤저민 프랭클린 역시 자신의 잘 알려진 글에서 아침에 일찍 일어나 얻게 되는 건강과 부와 지혜의 장점을 칭송했다. 그러나 그는 말만 한 게 아니라 실천도 했다.

일찍 일어나는 일의 장점들은 하루 중 부지런하고 바쁘게 지내는 시간이 더 늘어나는 점에서 오는 건 아니다. 오히려 그 반대이다. 그 장점들은 그 시간에 혼자 조용히 있을 수 있다는 데서, 또한 그 시간에 의식을 확장하고 명상을 하고 존재하는 시간을 갖고 의도적으로 아무 것도 하지 않을 수 있다는 데서 온다. 평화와 어둠, 여명, 고요함 등이 모두 이른 아침을 마음챙김 명상 수행에 특히 적합한 시간으로 만들어 주는 데 일조한다.

아침에 일찍 일어나는 일에는 그만큼 더 유리한 조건에서 하루 를 시작하게 된다는 장점도 있다. 당신이 만일 든든한 토대의 마음챙 김과 내적 평화 속에 하루를 시작할 수 있다면, 당신이 뭔가 일을 하기 시작할 때 그 일에 제대로 집중을 할 수 있게 될 가능성이 훨씬 더 높아 진다. 그러니까 이제 막 침대에서 뛰어나와 이런저런 필요한 일들을(아 무리 시급하고 중요한 일들이라 해도) 해야 할 때보다 하루 종일 강한 마음 챙김 상태에서 내적 평화와 마음의 균형을 유지할 가능성이 더 높아지 는 것이다.

아침에 일찍 일어나는 습관에는 워낙 강력한 힘이 있어, 격식을 갖춘 마음챙김 명상 수행을 하지 않는 상황에서도 개인의 삶에 지대한 영향을 줄 수 있다. 매일 아침 여명을 보는 것 그 자체만으로도 모닝콜 효과가 있다.

그러나 내가 알기로 이른 아침은 격식을 갖춘 명상을 하기에 더 없이 좋은 시간이다. 다른 사람은 아직 일어나지 않았다. 세상의 분주 함도 아직 시작되지 않았다. 그런 시간에 나는 침대를 빠져 나와 대개 아무 일도 하지 않고 오직 존재하는 데에 한 시간 정도를 보낸다. 28년이나 됐지만 아직 그 매력을 유지하고 있는 습관이다. 가끔은 일어나는 게 힘들고, 내 마음이나 몸이 저항을 한다. 그러나 그렇게 하고 싶지 않을 때에도 어쨌든 한다는 데에 이 습관의 가치가 있다.

매일 반복하는 훈련의 중요한 장점들 중 하나는 일시적인 기분 상태들에 투명성을 유지한다는 것이다. 매일 꾸준히 일찍 일어나 명상을 하다 보면, 특정한 날 아침에 명상을 하고 싶다거나 하고 싶지 않다거나 하는 기분 상태에 영향을 받지 않게 된다. 명상 수행은 우리에게 보다 높은 기준을 요구한다. 그러니까 우리로 하여금 깨어 있음의 중요성을 기억하게 하고, 또한 우리로 하여금 알아차림과 감성이 부족한 습관적인 삶의 패턴에 빠져들기 쉽다는 걸 잊지 않게 하는 것이다. 일찍 일어나서 무위를 수행하는 것 자체가 우리 자신을 단련하는 과정이다. 이른 아침 수행을 통해 우리의 원자들을 재배열하는 데 필요한 열이 발생하며, 우리에게 보다 새롭고 강력한 마음과 몸의 '결정 격자'들이 제공된다. 결정 격자란 우리를 정직한 사람으로 만들어주고, 삶에는 단순히 이런저런 일들을 해내는 것보다 훨씬 더 소중한 것이 있다는 걸 상기시켜주는 격자이다.

훈련은 어제는 어떤 날이었는지 그리고 오늘은 어떤 날을 기대하는지 하는 것과는 관계없는 항상성을 제공한다. 행복한 일이든 괴로운 일이든 뭔가 중요한 일이 일어난 날, 내 마음과 주변 상황이 어수선한 날, 해야 할 일이 많고 감정들이 누그러지지 않는 날, 나는 단 몇 분간이라도 시간을 내 격식을 갖춘 명상 수행을 하려 한다. 이렇게 함으로써, 나는 그런 순간들의 내적 의미를 놓치지 않고 또 그런 순간들을 좀 더 잘 헤쳐 나갈 수 있다.

아침 일찍 마음챙김 명상을 통해 자신을 연마함으로써, 모든 건 늘 변화하며 좋고 나쁜 일은 생겨났다 사라지고, 어떤 상황에 처하더라도 일관성 있는 관점과 지혜와 내적 평화를 견지할 수 있다는 걸 깨닫게 된다. 매일 일찍 일어나 명상 수행을 하기로 마음먹는 것은 이런 관점을 현실화하는 것이다. 나는 가끔 아침 일찍 일어나 명상 수행을 하는 걸 나의 정해진 '일상'이라고 말하지만, 그건 사실 일상과는 거리가 멀다. 마음챙김 명상은 일상의 정반대인 것이다.

만일 평상시보다 한 시간 일찍 일어나는 게 내키지 않는다면, 30분이나 15분 아니면 단 5분 일찍 일어나도 좋다. 중요한 건 마음자세이다. 아침에 수행하는 단 5분간의 마음챙김 명상도 도움이 될 수 있다. 그리고 그렇게 단 5분간의 잠만 희생해도, 우리가 잠에 얼마나 집착하고 있는지, 그래서 아무것도 하지 않고 깨어 있기 위해 그 적은 시간을 내는 데도 얼마나 많은 훈련과 굳은 결심이 필요한지를 알 수 있게 된다. 어쨌든 생각하는 마음은 늘 그럴싸하게 들리는 구실을 만들어내는 법인데, 그건 당신이 뭔가를 성취해야 하는 것도 아니고 그걸 또 오늘 아침에 해야 할 이유 같은 것도 없기 때문이다. 일단 지금 필요한 잠을 좀 더 자고, 명상은 내일 시작하면 어떤가?

당신의 마음 한 구석에서 일어나는 완전히 예측 가능한 이런 반대를 극복하려면, 어떤 생각이 들든 반드시 일어날 거라고 그 전날 밤에 미리 마음을 굳게 먹을 필요가 있다. 이것이 진정한 의도와 내적 훈련의 면모이다. 그렇게 하기로 자신과 약속을 했기 때문에, 마음의 일부가 원하든 원하지 않든 약속된 시간에 일어나는 것이다. 얼마 후면 이런 훈련이 당신의 일부가 된다. 순전히 당신이 선택하는 새로운 방식의 삶인 것이다. 이는 '반드시 해야 하는 일'이 아니며, 스스로에게 강요할 일도 아니다. 그저 당신의 가치관과 행동 방식이 변하는 것뿐이다.

당신이 아직 그럴 준비가 되지 않았다면(또는 심지어 준비가 됐다 하더라도), 당신은 늘 일어나는 바로 그 순간을(그게 언제든) 마음챙김의 순간으로, 그러니까 새로운 날의 출발점으로 삼을 수 있다. 심지어 몸을 움직이기도 전에 당신의 호흡이 움직이고 있다는 사실을 느끼도록 해보라. 당신의 몸이 침대에 누워 있는 걸 느껴보라. 몸을 쭉 펴보라. "나는 지금 깨어 있는가? 나는 지금 새로운 날이 내게 선물로 주어지고 있다는 걸 아는가? 내가 이 선물에 깨어 있을 수 있을까? 오늘은 어떤 일이 일어날까? 지금 당장은 알 수가 없다. 내가 해야 할 일들에 대해 생각할 때조차, 내가 이렇게 모른다는 사실에 솔직할 수 있을까? 오늘을 모험으로 볼 수 있을까? 지금 이 순간을 가능성들로 가득한 순간으로 볼 수 있을까?"

아침은 내가 깨어 있고 내 속에 새벽이 오는 때이
며…… 우리는 기계의 도움 없이 새벽에 대한 끝없는
기대로 다시 깨어나고 또 계속 깨어 있는 법을 배워야
한다. 새벽은 가장 깊은 잠 속에서도 우리를 저버리지
않는다. 나는 의식적인 노력에 의해 자기 삶을 고양시
키는 인간의 능력보다 더 고무적인 능력은 알지 못한
다. 특별한 그림을 그리거나 조각상을 만들거나 몇 안
되는 대상들을 아름답게 만드는 건 대단한 일이다. 그
러나 우리가 뭔가를 볼 때의 분위기나 매체를 그리거
나 새기는 건 훨씬 더 대단한 일로…… 하루의 본질에
영향을 주는 것, 그것이야말로 가장 높은 경지의 예술
이다.

_소로의 『월든』 중에서

시도

평상시보다 더 일찍 일어나겠다고 스스로 다짐하라. 그렇게 하는 것만
으로도 당신의 삶은 변화된다. 그리고 얼마나 긴 시간이 됐든, 그렇게
얻는 시간이 존재의 시간, 의도적인 각성의 시간이 되게 하라. 당신은
그 시간이 각성 이외의 다른 그 무엇으로 채워지는 건 원치 않을 것이
다. 머릿속으로 그날의 약속들을 생각하면서 시간을 앞당겨 살 필요는

없다. 아침 시간은 시간이 없는 시간, 정적의 시간, 존재의 시간, 당신 자신과 함께하는 시간이다.

　그리고 아침에 일어나는 순간, 침대에서 빠져나오기 전에 당신의 호흡을 느끼고, 당신의 몸안의 다양한 감각들을 느끼고, 존재하는 모든 생각과 느낌을 주시해, 그 순간이 마음챙김의 순간이 되게 하라. 당신의 호흡이 느껴지는가? 각 호흡의 시작이 인지되는가? 이 순간 당신의 몸안으로 자유롭게 들어오는 호흡의 느낌을 즐길 수 있는가? 그리고 자신에게 이렇게 물어보라. "나는 지금 깨어 있는가?"

직접적인 접촉

우리 모두는 흔히 다른 사람들로부터 배웠거나 우리가 들은 강의나 읽은 책들에서 배웠거나, 텔레비전, 라디오, 신문 등 세상이 어떤지 또 어떤 일들이 일어나고 있는지를 보여주는 문화 전반을 통해 배운 현실에 대한 생각과 이미지들을 갖고 산다. 그 결과 우리는 바로 우리 앞이나 우리 안에 있는 것들을 보는 게 아니라 우리의 생각이나 다른 사람들의 생각을 보는 경우가 많다. 심지어 우리가 이미 잘 알고 있거나 이해하고 있다고 생각해, 우리가 어떻게 느끼고 있는가 하는 건 아예 보거나 확인하려고도 하지 않는다. 그래서 우리는 새로운 것들을 만날 때 느끼는 경이로움과 생명력에 아예 마음을 닫게 될 수도 있다. 조심하지 않으면 직접적인 접촉이 가능하다는 사실마저 잊어버릴 수도 있다. 기본적인 것들과 접촉하지 못하면서 그런 사실조차 모를 수도 있다. 우리는 우리 자신과 경험 사이에 스스로 조성하고 있는 불필요한 거리와 깊은 틈과 상실은 느끼지도 못한 채 우리 자신이 만든 꿈같은 현실 속에서 살아갈 수도 있다. 이런 사실을 모르면, 우리는 영적으로 또 정서적으로 훨씬 더 빈곤해질 수 있다. 그러나 우리가 세상과 직접 접촉하게 되면, 뭔가 놀랍고 독특한 일이 일어날 수도 있다.

내 멘토이자 친구이자 유명한 물리학자인 빅토 바이스코프Victor Weisskopf는 직접적인 접촉과 관련해 다음과 같은 인상적인 이야기를 들려준다.

몇 해 전 나는 투손에 있는 애리조나대학교에서 일련의 강연을 해달라는 초대를 받았다. 늘 직접 들여다보고 싶었던 아주 강력한 망원경이 있는 키츠 피크 천문대를 방문할 좋은 기회였기 때문에, 나는 기쁜 마음으로 그 초대를 수락했다. 나는 그 망원경으로 직접 관심 있는 물체 몇 개를 관찰하기 위해, 강연 주최 측에 저녁 시간에 그 천문대를 방문할 수 있게 스케줄을 조정해달라고 했다. 그러나 그 망원경은 끊임없이 사진 촬영이나 다른 연구 목적에 쓰이기 때문에 그건 불가능할 거라는 답을 들었다. 그저 천체의 물체들을 관찰할 시간은 없다는 것이었다. 그래서 나는 그렇다면 강연을 하러 가지 못할 거 같다고 했다. 며칠 지나지 않아 나는 모든 게 내가 원하는 대로 조정되었다는 말을 들었다. 우

리는 놀랍도록 맑은 밤에 차를 몰고 산을 올랐다. 별들과 은
하수가 눈부시게 반짝이는 게 거의 손에 닿을 듯 가까워 보
였다. 나는 천문대의 둥근 지붕 안으로 들어가 컴퓨터로 작
동되는 망원경을 조종하는 기술자들에게 토성과 여러 은하
계를 보고 싶다고 했다. 이전에는 사진으로나 봤던 세세한
장면들을 내 눈으로 직접 더없이 선명하게 관찰하니 정말
기뻤다. 그 모든 걸 보다가 나는 문득 방안이 사람들로 꽉
차기 시작하더니 한 사람 한 사람이 다 슬쩍 망원경을 들여
다보고 있다는 걸 알게 됐다. 나중에 들은 얘기지만, 그들은
천문대에 소속된 천문학자들인데, 이전에는 자신들의 연구
대상들을 직접 볼 기회가 전혀 없었다고 했다. 나는 그들이
그때의 접촉으로 그 같은 직접 접촉의 중요성을 깨달았길
바랄 뿐이다.

_ 빅터 바이스코프의 『통찰력의 기쁨』 중에서

시도

당신의 삶이 적어도 달이나 별들만큼 흥미진진하고 기적처럼 놀랍다
고 생각하라. 당신과 당신 삶과의 직접적인 접촉을 가로막는 건 무엇
인가? 그걸 바꾸기 위해 당신은 무얼 할 수 있는가?

달리 더 하고 싶은 말이 있나요?

물론 직접적인 접촉은 의사와 환자 관계에도 상당한 영향을 미친다. 우리는 의대생들을 상대로 이 문제를 제대로 이해시키기 위해, 또 개인으로서의 자기 자신의 감정을 개입시키거나 진정으로 환자 입장에서 귀기울여야 들어야 한다는 사실이 두려워 이 문제로부터 도피하지 않게 하기 위해 애쓰고 있으며, 그리고 또 환자들을 단순히 자신의 판단력과 통제력을 연마하기 위한 질병 관련 퍼즐이나 기회로 보지 않고 사람으로 대하게 하려 애쓰고 있다. 물론 많은 것들이 의사와 환자 간의 직접 접촉을 방해할 수 있다. 많은 의사들이 이 같은 의학 분야에 대한 정식 훈련을 받지 못한 상태이다. 그들은 우리가 건강관리라고 말하지만 실은 단순한 질병관리에 지나지 않는 경우가 너무도 많은 관리 분야에서 효과적인 의사소통과 배려심이 결정적으로 중요하다는 사실을 여전히 모르고 있으며, 만일 환자에 대한 배려가 없다면 아무리 뛰어난 질병 관리도 별 도움이 안 된다는 사실 또한 여전히 모르고 있다.

자신의 걱정거리들을 진지하게 들어줄 의사를 찾지 못해 좌절 감을 느낀 내 어머니는 수술 후에도 여전히 걷는 게 불편하고 통증이 심해 다시 병원을 찾아가셨다. 그후 어머니는 내게 자신의 엉덩이 부위를 인공 고관절로 대체하는 수술을 했던 담당 정형외과 의사가 어떻게 했는지를 털어놓으셨다. 그 의사는 엑스레이를 들여다보더니 상태가 좋아 보인다면서('최상'이란 말을 써 가며), 실제의 엉덩이 부위와 다리는 아예 검사할 생각도 하지 않았고, 심지어 여러 차례 호소하는 데도 어머니의 고충 자체를 인정하지 않으려 했다고 한다. 어머니는 계속 통증을 느끼고 있는데도, 그 의사는 엑스레이만 보면 어머니가 통증이 있을 수 없다는 걸 충분히 알 수 있다는 듯 행동한 것이다.

의사들은 부지불식간에 자신의 솜씨, 의료 장비, 의료 검사, 전문용어 뒤로 숨을 수 있다. 환자를 완전한 사람, 그러니까 자신만의 생각과 두려움과 가치관과 걱정과 의문들을 가진 한 개인으로 너무 직접적으로 접촉하는 걸 꺼리는 것이다. 의사들에게 환자와의 직접 접촉은 잠재적 두려움이 있는 미지의 영역이기 때문에, 자신에게 그런 일을 할 수 있는 능력이 있는지를 의심하는 경우도 많다. 자기 자신의 생각, 두려움, 가치관, 걱정, 의문 등을 직시하는 데도 익숙하지 않기 때문에, 다른 누군가의 그런 것들이 아주 위협적으로 느껴질 수 있는 것이다. 그리고 그들은 자신이 그런 것들에 마음을 열 시간이 없다고 느끼고 있거나 아니면 그런 것들에 적절히 대처할 방법을 모른다고 생각하고 있을 수도 있다. 그러나 환자들이 가장 바라는 것은 그저 자신의 말에 귀 기울여주는 것, 같이 있어주는 것, 단순히 환자로서가 아니라 한 인격체로서 진지하게 대해주는 것이다.

이런 이유 때문에, 우리는 의대생들에게 환자 진찰을 끝낼 때 다른 무엇보다 다음과 같은 개방형 질문을 던지라고 가르친다. "달리 더 하시고 싶은 말이 있나요?" 필요하다면 제법 오래 생각해볼 시간을 주도록 하라. 환자로 하여금 자신이 원하는 게 무언지 또 병원을 찾아온 진짜 이유가 무언지를 생각할 정신적 여유를 충분히 주는 것이다. 이런 이야기는 의사가 특히 관심을 주지 않거나 서둘 경우 첫 번째나 두 번째 방문 때는, 아니면 아예 끝까지 하지 않는 경우가 많다.

어느 날 능력 개발 시간에 다른 기관에서 온 몇몇 전문가들이 환자 면담을 위한 자신들의 훈련 프로그램에 대해 설명했는데, 그 프로그램에서는 학생들에게 각자의 환자 면담 스타일을 직접 보여주기 위해 면담 과정을 비디오로 촬영한다. 어떤 시점에서 그들은 우리에게 많은 환자 면담 과정에서 학생들이 환자에게 마지막 질문을 던지는 장면이 담긴 아주 짧은 비디오들을 보여주었는데, 거기에서 각 학생은 환자에게 "달리 더 하시고 싶은 말이 있나요?" 하는 질문을 던지고 있었다. 그 비디오들을 보여주기에 앞서 그들은 우리에게 잘 보고 나중에 어떤 일이 일어나고 있는지에 대해 보고해달라는 과제를 주었다.

세 번째 비디오를 볼 때쯤 나는 배를 움켜쥐고 바닥에 뒹굴지 않기 위해 안간힘을 다 쓰고 있었다. 놀랍게도 일부 학생들은 금방 알아차렸지만, 대부분의 학생들은 아무것도 모른 채 멍한 얼굴로 있었다. 비디오마다 똑같은 장면이 나오고 있었지만, 너무도 분명해 알아채기가 힘들 지경이었다. 마치 바로 코앞에 있는 것들이 잘 보이지 않듯 말이다.

사실상 모든 비디오에서 학생들은 자신이 배운 대로 환자 면담이 끝날 때 "달리 더 하시고 싶은 말이 있나요?"라는 질문을 던지고 있었지만, 그 질문을 하면서 하나같이 눈에 띌 만큼 머리를 좌우로 흔들고 있었다. 마치 "아뇨, 제발 더 이상 아무 말 마세요."라는 무언의 메시지를 전하듯 말이다.

당신 자신의 권위

메디컬 센터에서 일하기 시작했을 때, 나는 포켓 위에 '카밧진 박사/의학부'라는 글씨가 깔끔하게 수놓아진 길다란 흰색 가운 세 벌을 받았다. 그 가운들은 한 번도 사용되지 않은 채 15년째 내 방 문 뒤쪽에 걸려 있다.

내게 이 흰색 가운들은 내 직업에서 필요 없는 것의 상징이나 다름없다. 어쩌면 의사에게 권위적인 분위기를 주고 따라서 환자들에게 긍정적인 플라시보 효과(환자에게 아무 효험이 없는 가짜 약을 진짜 약이라 속이고 먹게 했을 때 실제로 병세가 호전되는 현상 - 역자 주)를 주어, 의사들에겐 도움이 될 수도 있을 것이다. 가운 주머니 밖으로 적절한 각도로 청진기가 매달려 있게 한다면 의사의 권위는 더 올라갈 것이다. 그래서 젊은 의사들은 가끔 좀 더 권위 있게 보이고 싶다는 열망에서 청진기를 자연스레 목덜미나 어깨에 매는 연출을 하기도 한다.

그러나 스트레스 완화 클리닉에서 일할 경우 흰 가운은 정말 거추장스러울 수 있다. 나를 '미스터 느긋' 또는 '모든 걸 다 갖춘 박사' 또는 '미스터 지혜 및 연민의 화신'으로 보는 사람들의 모든 기대에 부응하려면, 나는 야근을 하지 않을 수 없다. 마음챙김에 토대를 둔 스트레스 완화(이 경우 가장 넓은 의미에서 보자면 건강 증진)의 핵심은 사람들로 하여금 자신의 권위를 되찾도록, 또 자신의 삶과 자신의 몸과 자신의 건강에 대해 더 많은 책임을 지도록 도전하게 하고 격려하는 것이다. 나는 모든 사람은 이미 자기 자신의 문제에 한해 세계 최고의 권위자라는 것을, 아니면 적어도 모든 일을 마음챙김 명상을 하듯 한다면 그렇게 될 수 있다는 것을 강조하고 싶다. 우리 모두가 우리 자신과 우리의 건강과 관련해 보다 많이 알아야 할 많은 정보는, 그러니까 우리 자신이 성장하고 치유하고 효과적인 삶의 선택들을 하기 위해 절대적으로 필요로 하는 정보는 이미 언제든 바로 이용할 수 있는 상태이다.

우리 자신의 건강과 행복을 보다 온전히 지키려면, 그저 우리 자신의 삶이 전하는 메시지를, 그리고 우리의 몸과 마음과 감정들이 전하는 메시지를 보다 주의 깊게 듣고 믿으면 된다. 이 같은 참여 의식과 믿음은 의료계에서 너무 자주 잊힌 요소로, 우리는 이를 치유를 위해, 더 잘 대처하기 위해, 좀 더 명확히 보기 위해, 좀 더 적극적이 되기 위해, 보다 많은 질문을 하기 위해, 좀 더 능숙해지기 위해 '환자의 내적 자원들을 동원하는 것'이라고 한다. 이는 전문적인 의료 행위의 대안은 아니지만, 진정 건강한 삶을 살기 바랄 때 꼭 필요한, 특히 질병이나 장애 또는 건강 문제들에 직면하거나 자주 사람을 소외시키고 위협하고 무감각해지게 하고 이따금 의사로 인해 오히려 병이 생기는 의료 시스템 상의 문제에 직면할 때 꼭 필요한 보완이다.

이런 마음자세를 개발한다는 건 자기 자신의 삶을 직접 쓰고, 따라서 스스로 일종의 권위를 갖는다는 의미이다. 그러자면 자기 자신을 믿을 필요가 있다. 그러나 슬픈 일이지만, 많은 사람들이 마음 깊이 자기 자신을 믿지 못한다.

낮은 자존감은 그야말로 순전히 잘못된 추정과 현실에 대한 오해에서 비롯되는 것이므로, 마음챙김 탐구를 통해 치유 가능하다. 이는 명상 중에 당신 자신의 몸이나 당신의 호흡을 잘 관찰해보기 시작하면 분명히 알 수 있다. 아마 곧 당신의 몸조차도 기적이라는 걸 알 수 있게 될 것이다. 당신의 몸은 의식적인 노력 없이도 매 순간 놀라운 일들을 해낸다. 우리의 자존감 문제는 대개 우리의 사고에서 비롯되며, 과거의 경험들에 의해 왜곡된다. 우리는 우리의 단점들만 보며, 그 단점들을 침소봉대한다. 동시에 우리는 우리의 모든 장점들은 당연한 걸로 여기거나, 아니면 전혀 인정하지 않는다. 어쩌면 우리는 아직도 피가 나는 어린 시절의 깊은 상처들에 사로잡혀 있으며, 그래서 종종 우리에게 황금처럼 귀한 장점들도 있다는 걸 잊거나 전혀 깨닫지 못한다. 상처들도 중요하지만, 우리 내면의 선, 우리의 배려, 다른 사람들에 대한 우리의 친절, 몸의 지혜, 우리의 사고 능력, 뭐가 뭔지를 아는 능력 등도 중요하다. 그리고 우리는 우리 자신이 인정하는 것보다 훨씬 더 많은 뭐가 뭔지를 알고 있다. 그러나 우리는 균형 잡힌 눈으로 사물을 보는 대신에, 남들은 괜찮고 우리는 그렇지 않다는 생각을 남들에게 투사하는 버릇을 버리지 못하는 경우가 많다.

나는 사람들이 내게 이런 식의 생각을 투사할 때 멈칫한다. 나는 그걸 최대한 상식적인 선에서 그들에게 돌려주려 애쓴다. 그들로 하여금 자신이 무얼 하고 있는지 알게 하고 또 나에게 투사하는 그들의 긍정적인 에너지가 실은 자신들에게 투사하는 거라는 걸 이해하기 바라기 때문이다. 긍정성은 그들 자신의 것이다. 그건 그들의 에너지로, 그들은 그걸 계속 유지하고 이용하고 그 근원을 제대로 알아야 한다. 어째서 그들이 자신의 힘을 포기해야 하는가? 나는 내 자신의 문제들만으로도 벅차다.

✛

사람들은 상대가 어떤 사람인가에 의해서가 아니라 상대가 무얼 가지고 있는가에 따라 서로를 존중하며…… 당신 자신 외에 그 어느 것도 당신에게 평화를 갖다 줄 수 없다.

_랄프 왈도 에머슨의 『자기신뢰』중에서

당신이 어디를 가든 거기에 당신이 있다

당신은 자신이 그 무엇으로부터도 달아날 수 없다는 깨달음을 얻은 적이 있는가? 당신이 상관하고 싶지 않아 달아나려 하거나 아무 일도 없는 양 무시해버리고 싶어 하는 일들이, 특히 그 일들이 낡은 사고 패턴이나 두려움과 관계가 있을 경우, 결국 조만간 당신의 발목을 잡을 거라는 깨달음을 말이다. 이쪽에 있어 봐야 좋을 게 없어 저쪽으로 갈 수밖에 없고, 그러면 모든 게 달라질 거라고 생각한다면, 그건 낭만적인 생각이다. 이 직장이 별로면 직장을 바꾸면 된다. 이 아내가 별로면 아내를 바꾸면 된다. 이 동네가 별로면 동네를 바꾸면 된다. 이 아이들이 문제라면, 다른 사람들이 돌보게 하면 된다. 이 모든 것의 밑에는 문제의 원인이 당신의 바깥세상에, 그러니까 장소에, 다른 사람들에게, 그리고 주변 환경에 있다는 생각이 깔려 있다. 그러니까 장소를 바꾸고 주변 환경을 바꾸면, 모든 게 제 자리를 찾아갈 것이고, 당신은 모든 걸 처음부터 다시 시작할 수 있다는 것이다.

이 같은 관점의 문제는 당신이 어디를 가든 당신의 머리와 가슴도 가져가게 되고 또 이른바 '업보'도 안고 가게 된다는 사실을 멋대로 무시하게 된다는 것이다. 아무리 애를 써도 당신 자신으로부터 달아날 수는 없다. 그리고 순전한 희망 사항이 아니라면 대체 어떤 근거로 다른 어딘가로 가면 상황이 달라지거나 더 나아질 거라고 생각한단 말인가? 문제들이 대개 보고 생각하고 행동하는 당신의 패턴들에서 비롯되는 것이라면, 조만간 똑같은 문제들이 일어나기 마련이다. 우리의 삶은 너무도 자주 제대로 돌아가는 걸 멈추는데, 그건 우리가 삶을 열심히 사는 걸 멈추기 때문이며, 또 우리가 모든 걸 있는 그대로 책임지려 하거나 우리의 어려움에 제대로 대처하려 하지 않기 때문이다. 아무리 문제가 많다 해도 지금 이곳 이 상황에서 명료성과 이해와 변화를 취할 수 있다는 사실을 우리는 제대로 이해하지 못한다. 그러나 우리의 문제들을 다른 사람들과 주변 환경에 투사하는 게 보다 쉽고 우리의 자존감에도 덜 위협이 된다.

흠을 찾아내 비난을 하는 건, 그리고 필요한 건 외부의 변화이고 또 당신의 발목을 잡아 당신이 성장하고 행복해지는 걸 방해하는 힘들로부터 달아나는 것이라고 믿는 건 훨씬 더 쉽다. 당신은 심지어 모든 것을 당신 자신의 탓으로 돌릴 수도 있으며, 급기야는 책임을 회피해 당신이 모든 걸 구제 불능 상태로 만들었다거나 아니면 당신이 치유 불가능할 정도의 상처를 입었다는 느낌으로부터 달아나려 할 수도 있다. 어떤 경우든, 당신은 당신이 진정한 변화나 성장을 주도할 수 없으며, 다른 사람들에게 더 이상 고통을 안겨주지 않으려면 당신 자신이 문제의 현장에서 빠져나가야 한다고 믿고 있는 것이다.

이런 식의 사고방식은 어디서고 문제를 일으키게 된다. 어디든 보라. 망가진 인간관계, 망가진 가정이 보일 것이며 망가진 사람들도 보일 것이다. 적절한 사람, 적절한 직장, 적절한 장소, 적절한 책만 만난다면 모든 게 좋아질 거라는 간절한 희망을 안고 이 장소에서 저 장소로, 이 직장에서 저 직장으로, 이 인간관계에서 저 인간관계로, 이 구원관에서 저 구원관으로 뿌리 없이 여기저기 떠도는 사람들 말이다. 아니면 자신이 고립되어 있고 사랑받을 자격도 없다는 생각으로 절망에 빠져, 마음의 평화를 찾기 위해 아무리 잘못된 시도든 시도조차 않으려는 사람들 말이다.

명상 그 자체만으로는 자기 문제에 대한 해결책이나 답을 다른 데서 찾으려는 이런 사고 패턴에서 자유로워질 수 없다. 사람들은 가끔 뭔가 특별한 것, 뭔가 특별한 가르침, 뭔가 특별한 관계를 찾기 위해, 그리고 자기이해와 자유로 향하는 문을 열어줄 뭔가 특별한 '경지'에 오르기 위해, 이 기법에서 저 기법으로 이 스승에게서 저 스승에게로 이 전통에서 저 전통으로 계속 옮겨 다닌다. 그러나 그럴 경우 심각한 망상에 빠져, 정곡을 찌르는 그래서 가장 아플 수도 있는 현실이나 문제를 직시하지 않으려고 끝없이 도피할 수도 있다. 또한 사람들은 두려움 때문에 그리고 사물을 직시하는 데 도움을 줄 특별한 누군가에 대한 갈망 때문에, 명상 스승과 건강하지 못한 의존 관계를 맺기도 한다. 스승이 아무리 뛰어나다 해도 결국 내면 작업을 해야 하는 건 자기 자신이며, 그 작업은 늘 자신의 삶의 천으로 해야 한다는 걸 잊은 것이다.

어떤 사람들은 명상 스승이 이끌어주는 명상 수련회를 자기 자신을 깊이 들여다볼 기회로 삼지 않고, 자신의 삶 안에서 계속 이리저리 떠다닐 수단으로 잘못 이용하기도 한다. 명상 수련회에서는 어떤 면에서 모든 게 쉽기 때문이다. 우선 삶에 필요한 최소한의 것들이 다 제공된다. 세상사도 다 이해가 된다. 나는 그저 자리에 앉아 있거나 걷고, 마음챙김 명상을 하고, 현재에 머물고, 보살펴주는 사람들이 해주는 음식을 먹고, 자신을 깊이 들여다보아 자신의 삶에 대해 상당한 이해와 조화를 얻어낸 사람들이 전해주는 위대한 지혜에 귀 기울이면 된다. 그러면 나는 변화될 것이고, 내 자신에게 보다 충실한 삶을 살게 될 것이고, 세상에서 어떻게 존재해야 하는지 알게 될 것이고, 내 자신의 문제들에 대해 더 나은 관점들을 갖게 될 것이다.

대체로 이건 다 사실이다. 명상 수행 기간 중에 마주치는 모든 걸 제대로 바라볼 마음만 있다면, 좋은 스승들과 함께 장기간 외딴 곳에서 홀로 명상 수행을 하는 것은 아주 가치 있는 일이며 치유 효과도 좋을 수 있다. 그러나 조심해야 할 위험도 있다. 외떨어진 곳에 있는 명상 수행 장소가 세상 속 삶의 도피처가 될 수도 있고, 결국 '변화'라는 것도 수박 겉핥기식 변화일 수도 있기 때문이다. 어쩌면 그 변화가 명상 수련이 끝난 뒤 며칠, 몇 주, 또는 몇 달 가겠지만, 그러다 결국은 다시 예전의 낡은 생활 패턴과 불명료한 인간관계로 되돌아가게 될 것이고, 그러면 당신은 다음 명상 수련회, 다음 위대한 스승, 아시아로의 명상 순례, 모든 게 더 깊어지고 더 명료해지고 당신 자신이 더 나은 사람으로 변화되는 뭔가 다른 낭만적인 공상 등을 생각하게 된다.

이런 식으로 생각하고 보는 것은 워낙 흔히 빠질 수 있는 함정이다. 결국 당신 자신으로부터 달아날 방법은 없어 변화하는 것만 남는 것이다. 당신이 이용하는 게 약물이든 명상이든, 술이든 클럽 메드 (Club Med. 세계적인 호텔 리조트 체인 – 역자 주)든, 이혼이든, 퇴직이든 그건 중요치 않다. 당신이 현재의 상황을 제대로 직시하며 마음챙김 명상을 통해 마음의 문을 열지 않는 한, 그렇게 해서 그 힘든 현재 상황이 당신 자신의 모난 면들을 부드럽게 만들게 하지 않는 한, 성장에 이를 수 있는 해결책이란 없다. 다시 말하자면, 삶 자체가 당신의 스승이 되게 만들어야 한다.

이 모든 게 바로 지금 여기서 발견되는 것들을 통해 당신 자신을 발견하는 길이다. 가장 중요한 것은 이 장소, 이 인간관계, 이 딜레마, 이 직장이다. 마음챙김 명상에서 가장 큰 도전 과제는 당신 자신이 처해 있는 바로 지금 이 상황에 대처하는 것이다. 현재 상황이 아무리 불쾌하고 아무리 실망스럽고 아무리 한계가 있고 아무리 끝없이 당신의 발목을 잡는 것 같다 하더라도 말이다. 또한 당신의 손실을 줄이고 앞으로 나아가기로 마음먹기에 앞서, 먼저 현재 상황에 내재된 에너지를 활용해 당신 자신을 변화시키는 일에 전력투구해야 한다. 제대로 된 작업이 이루어져야 할 곳은 바로 여기인 것이다.

　　따라서 만일 당신의 명상 수행이 따분하다거나 아무 소용없다고 생각된다면, 또는 당신 자신을 찾기에는 모든 여건이 적절치 않다고 생각된다면, 또 당신 자신이 히말라야 산맥의 어느 동굴 안이나 아시아의 수도원 또는 열대 지방의 한 해변이나 자연 속의 어떤 외딴 명상 수련회장 같은 데 있어야 모든 게 더 잘되고 명상도 더 잘될 거라고 생각한다면…… 다시 생각해 보라. 당신이 설사 꿈에 그리던 동굴이나 해변 또는 어떤 외딴 명상 수련회장에 간다고 해도, 여기 있을 때나 똑같은 마음, 똑같은 몸, 똑같은 호흡으로 거기 존재하게 될 것이다. 동굴 안에서 15분 남짓 있으면, 당신은 외로움을 느끼거나 보다 많은 빛을 그리워하게 될 것이며, 아니면 동굴 천장에서 머리 위로 물이 뚝뚝 떨어지게 될지도 모른다. 해변에 있다면 비가 오거나 추울 수도 있다. 외딴 명상 수련회장에 있다면, 명상 스승들이나 음식 또는 방이 마음에 들지 않을 수도 있다. 어디를 가나 늘 뭔가 싫은 게 있는 법이다. 그러니 모든 걸 있는 그대로 놔두고 당신이 어디에 있든 집에 있는 거나 다름없다는 걸 인정하는 게 어떻겠는가? 바로 그 순간 당신은 당신 존재의 핵에 다가가게 되고 마음챙김 상태에 도달해 치유될 것이다. 이런 걸 이해할 때, 그때 비로소 동굴과 수도원과 해변과 외딴 명상 수련회장이 당신에게 진정한 풍요로움을 선사해줄 것이다. 물론 다른 모든 순간과 장소들 역시 그럴 것이다.

✢

내 한쪽 발이 좁은 바위 턱에서 미끄러진다. 바로 그 짧은 순간, 공포의 바늘들이 심장과 관자놀이를 꿰뚫고 영원과 현재 시간이 교차한다. 생각과 행동이 다르지 않고, 돌과 공기, 얼음, 태양, 두려움, 자아 등이 모두 하나가 된다. 신나는 건, 이처럼 예리한 각성 상태를 보통 순간들에까지 확대한다는 것이다. 자신이 만물의 중심에 있다는 걸 잘 알아, 참된 자신에 대한 비밀이 전혀 필요 없는 수염수리 및 늑대의 각성 상태를 매 순간 경험하면서 말이다. 당신이 지금 하고 있는 호흡 속에 모든 위대한 스승들이 우리에게 말하려 하는 비밀이, 그러니까 한 라마승이 말하는 '현재 이 순간의 정확성과 개방성과 지성'이 들어 있다. 명상 수행의 목적은 깨우침이 아니다. 특별하지 않은 시간들에도 주의를 기울이고 오로지 현재에만 존재하고 현재의 마음챙김 상태를 일상생활의 모든 일에서도 그대로 유지하는 것이 그 목적인 것이다.

_피터 매티슨의 『신의 산으로 떠난 여행』 중에서

위층으로 올라가기

일상생활에서 마음챙김 명상을 수행할 기회는 얼마든지 있다. 내 경우 위층으로 올라가는 것도 좋은 명상 수행이다. 집에 있을 때 나는 하루에도 수백 번 위층으로 올라간다. 대개 위층에서 뭔가를 가져와야 하거나 위층에 있는 누군가와 얘기를 해야 할 일이 있지만, 장기간 해야 할 일들은 주로 아래층에서 하게 되며, 그래서 나는 위층과 아래층 사이에서 갈등하는 경우가 많다. 나는 위층에 올라갔다가도 내가 찾던 걸 찾아내거나 화장실에 가거나 한 뒤에는 바로 다시 아래층으로 내려온다.

그래서 나는 다른 어딘가에 가야 한다는 필요성에 의해, 아니면 일어나야 한다고 생각하는 다음 일에 의해, 아니면 내가 있어야 한다고 생각하는 다음 장소에 의해 끌려 다니는 경우가 많다는 걸 깨닫는다. 대개 한 번에 두 계단씩 뛰어

오르며 급히 위층으로 올라갈 때, 나는 종종 마음을 가라앉히고 정신없이 뛰는 내 자신을 제어하려 한다. 그럴 때면 나는 내 자신이 약간 숨을 헐떡이고 있다는 걸 알게 되고, 마음만큼이나 심장도 뛴다는 걸 알게 되며, 또 그 순간 내 존재 전체가 막상 올라가면 잊히는 어떤 다급한 목적에 쫓기고 있다는 걸 알게 된다.

아직 계단 아래쪽에 있거나 이제 막 계단을 오르기 시작하면서 파도처럼 휘몰아치는 이런 에너지를 알아챌 때, 나는 한 번에 한 걸음 정도가 아니라 정말 느리게, 그러니까 한 걸음당 한 호흡 정도의 느린 속도로 계단을 오른다. 이 순간에 온전히 존재하기 위해 잠시 잠깐도 기다릴 수도 없을 만큼 급히 가야 할 곳이나 급히 가져와야 할 것은 없다는 걸 상기하면서.

이렇게 해야 한다는 걸 기억해내는 경우, 나는 계단을 오르면서 더 깨어 있고, 위층에 올라가서도 정신 집중이 더 잘된다는 걸 깨닫게 된다. 외부적으로 서둘 이유가 없다는 것도 깨닫게 된다. 서두는 건 순전히 내면적인 이유, 그러니까 주로 조급함과 무지한 불안감 때문에 생겨난다. 그런데 그 내면적인 이유는 다양해, 그야말로 주의 깊게 귀 기울여야 알아볼 수 있을 정도로 미세하기도 하고, 그 무엇으로도 그 힘을 억누르지 못할 정도로 강력하기도 하다. 그러나 그럼에도 불구하고 나는 그 내면적 이유와 그 결과들을 인식할 수 있으며, 그런 인식 자체가 그런 순간들에 마음의 혼란 속에서도 내 자신을 완전히 잃지 않게 하는 데 도움이 된다. 그리고 여러분도 짐작할 수 있겠지만, 이는 위층에서 아래층으로 내려갈 때도 마찬가지이다. 그러나 이 경우 내게 중력의 가속도가 작용하기 때문에, 모든 걸 진정시킨다는 게 훨씬 더 힘들어진다.

시도

당신의 집에서 일어나는 일상적이고 반복적인 일들을 마음챙김 명상 수행의 초대장으로 활용해 보라. 현관문 쪽으로 가거나, 전화를 받거나, 집 안에서 얘기를 나눌 누군가를 찾거나, 화장실을 가거나, 건조기에서 세탁물을 꺼내거나, 냉장고 쪽으로 가거나 하는 일들이 전부 마음을 진정시키고 현재 순간에 보다 충실해질 수 있는 기회가 될 수 있다. 벨이 울리자마자 바로 전화기나 현관으로 달려가게 만드는 내면의 감정들을 잘 살펴보라. 대체 이전 순간에 살고 있던 삶에서 끌려 나와야 할 만큼 그리 다급하게 응답해야 하는 이유가 무엇인가? 그런 변화들이 좀 더 우아하게 이루어질 수는 없는 걸까? 늘 당신 자신을 발견하는 데서 좀 더 존재할 수는 없는 걸까?

또한 샤워를 하거나 음식을 먹는 일 같은 걸 할 때 그걸 위해 존재하도록 해보라. 샤워를 할 때 정말 샤워를 하고 있는 건가? 피부에 물이 와 닿는 게 느껴지는가 아니면 생각 속에서 길을 잃어 샤워는 완전히 잊은 채 다른 어딘가에 가 있지는 않은가? 음식을 먹는 것은 마음챙김 명사 수행을 할 수 있는 또 다른 좋은 기회이다. 당신은 자신이 얼마나 빨리, 얼마나 많이, 언제, 어디서, 무엇을 먹고 있는지 인식하는가? 당신은 계속해서 자꾸 당신의 하루 전체를 존재하기 위한 기회로 또는 당신 자신을 현재로 되돌아오게 하는 기회로 만들 수 있는가?

바비 맥퍼린의 노래를 들으며 스토브 청소하기

나는 주방용 스토브를 청소할 때 내 자신을 잊으면서 또 동시에 내 자신을 발견할 수 있다. 이는 마음챙김 명상 수행을 위한 드문 기회이긴 하지만, 멋진 기회이기도 하다. 스토브 청소는 자주 하는 일은 아니기 때문에, 막상 청소를 할 때가 되면 상당한 도전 거리가 되며, 청소를 어느 정도로 할 건지 그 수준도 다양하다. 나는 모든 걸 끝낼 때쯤이면 완전히 새것처럼 보일 정도로 스토브 청소를 열심히 한다.

나는 베이킹 소다를 써서 수세미로 세게 문지르는데, 이때 칠이 벗겨질 정도가 아니라 말라붙은 음식이 떨어질 정도의 거친 수세미를 사용한다. 나는 버너 부품들과 아래쪽 팬들은 물론 손잡이들까지 떼어 내 싱크대 안에 담근 뒤 드디어 청소를 시작한다. 그런 다음 스토브 표면 구석구석을 문질러 닦는데, 때론 원을 그리며 닦고 또 때론 앞뒤로 닦는다. 결국 모든 건 스토브에 묻은 오물의 위치와 형태에 따라 달라진다. 나는 둥글게 둥글게 원을 그리면서 또는 앞뒤로 문지르면서 온몸으로 그 움직임을 느끼며, 더 이상 스토브가 깨끗해 보이게 청소하려 애쓰지 않고, 그저 움직이고 또 움직이고 눈앞에서 모든 게 서서히 변하는 걸 지켜보고 또 지켜본다. 그리고 마지막으로 젖은 스펀지로 조심스레 스토브 표면을 닦는다.

가끔은 이런 경험에 음악이 보태진다. 물론 어떤 때는 침묵 속에 일하는 더 좋다. 어느 토요일 아침 스토브를 청소할 일이 생겼는데, 마침 카세트 플레이어에서 바비 맥퍼린Bobby McFerrin의 노래가 흘러나왔다. 그러자 청소는 곧 춤과 주문, 사운드, 리듬, 내 몸동작의 결합으로 바뀌었고, 음악 소리와 함께 팔에 많은 감각과 동작이 느껴졌고, 수세미에 가해지는 손가락 압력이 바뀌는 게 느껴졌으며, 이전의 음식 찌꺼기들이 서서히 모양이 바뀌며 사라지는 게 보였고, 모든 게 음악과 함께 내 의식 속에서 부침을 거듭했다. 존재를 나타내는 거대한 춤이요, 현재를 축하하는 춤이었다. 그리고 마침내 스토브는 깨끗해졌다. 평소 같았으면 그런 일에 대한 공을 주장하고("스토브가 얼마나 깨끗해졌나 봐봐.") 인정을 요구하는("정말 청소를 잘했지?") 내면의 목소리가 나왔겠지만, 청소를 하며 있었던 일들에 대한 이해가 더 깊어져 그 목소리는 곧 억제됐다.

그런데 마음챙김 명상 관점에서 보자면, '내'가 스토브 청소를 했다고 주장할 수는 없을 것 같다. 아마 뜨거운 물과 일련의 현재 순간들의 찬조 출연 하에 바비 맥퍼린과 수세미, 베이킹 소다, 스펀지의 도움을 받아 스토브 자신이 청소됐다고 보는 게 더 옳을 것이다.

이 행성에서 내가 해야 할 일은?

"이 행성에서 내가 해야 할 일은 무엇일까?" 이 질문은 우리가 거듭해서 우리 자신한테 물어봐도 좋을 법한 질문이다. 그러지 않을 경우, 우리는 다른 누군가가 해야 할 일을 하면서도 그 사실조차 모를 수도 있다. 게다가 그 다른 누군가는 우리 자신의 상상력이 만들어낸 허구일수도 있고 그 일에 얽매인 죄수일 수도 있다.

우리 인간은 모든 생물체의 경우와 마찬가지로 몸이라는 독특한 유기체적 구성단위 안에 포장되어 있고, 또한 끝없이 펼쳐지는 삶속에 온전히 박혀 있는 생각하는 존재로서, 적어도 우리가 태양 아래에서 짧은 순간 살아가며 그것에 대해 책임을 지는 독특한 능력을 갖고 있다. 그러나 또 우리는 우리 마음을 가지고 세상 살아가는 길을 구름처럼 덮어버릴 수 있는 능력도 갖고 있다. 적어도 우리 자신의 사고습관 등에 의해 드리워진 그림자 안에 머물러 있는 한, 우리는 우리의 독창성을 전혀 깨닫지 못할 수도 있는 것이다.

지오데식 돔의 창시자인 미국 건축가 버크민스터 풀러Buckminster Fuller는 서른두 살 되던 해 어느 날 밤에 미시간 호수 주변에서 몇 시간 동안 자살 생각을 했다. 소문에 따르면, 연이은 사업 실패 끝에 그는 자신의 삶이 다 망가졌다고 느꼈고, 그래서 스스로 사라지는 게 가장 좋은 길이며 자신의 아내와 젖먹이 딸 입장에서도 상황을 더 단순화시켜줄 수 있는 길이라고 믿었다. 후에 인정받게 된 놀라운 창의력과 상상력에도 불구하고, 그가 손을 대거나 떠맡은 일은 죄다 실패로 끝났다. 그러나 풀러는 삶을 끝내는 대신(아마 우주에는 근본적인 통일성과 질서가 있으며, 자신은 그 우주에서 없어선 안 될 일부라는 굳은 믿음 때문이었겠지만) 자신은 그날 밤 죽었다고 생각하며 살자고 마음먹었다.

이미 죽은 사람이었으므로, 그는 개인적으로 일이 어떻게 돌아가든 더 이상 걱정할 필요가 없었고, 그냥 마음 가볍게 우주를 대변하는 사람으로 살아갈 수 있었다. 남은 삶은 선물이나 다름없었다. 그는 자신을 위해 사는 대신, 자신에게 계속 이런 질문을 던지며 살았다. "이 행성(그는 우주선 '지구호'라 불렀음)에서 내가 잘 알고 있으면서 꼭 해야 할 일은 무엇이고, 내가 책임지고 해야만 할 일은 무엇일까?" 그는 이 질문을 계속 자신에게 하기로 마음먹었고, 또 그 답이 떠오르는 대로 바로 하기로 마음먹었다. 이런 식으로 전 우주의 대변인으로 인류를 위해 일하면서, 당신은 자신이 어떤 사람인지, 어떻게 느끼는지, 하는 일이 무언지 등에 따라 자신의 상황에 맞춰 변화하게 된다. 하지만 이는 더 이상 개인적인 일이 아니다. 자기 자신을 표현하는 우주 전체의 일부에 지나지 않기 때문이다.

우리는 우리의 가슴이 우리에게 원하는 일이나 존재 방식에 대해 의문을 제기하며 깊이 생각해보는 경우가 거의 없다. 나는 그런 노력들을 다음과 같은 질문으로 표현하길 좋아한다. "이 행성에서 내가 해야 할 일은 무엇일까?" 또는 "내가 돈을 내면서까지 하고 싶어하는 일은 무엇일까?" 만일 내 스스로 이런 질문을 던져 "모르겠어."라는 답 외에 다른 답을 얻지 못한다 해도, 나는 계속 그 질문을 던진다. 당신이 만일 20대 때 그런 질문들에 대해 깊이 생각하기 시작한다면, 35세나 40세 또는 50세나 60세가 될 때까지 그 질문 자체는 당신이 가본 적도 없었을 곳들로 당신을 이끌어줄지도 모른다. 당신이 그저 사회 주류의 관습이나 당신에 대한 부모의 기대를 따르거나, 한술 더 떠 스스로를 제한하는 검증되지도 않은 당신 자신의 믿음과 기대치만 따를 경우에 말이다.

당신은 어느 나이, 어느 때든 자기 자신에게 이 질문을 던져볼 수 있다. 살아가면서 이 질문이 사물에 대한 당신의 관점과 당신의 선택에 큰 영향을 주지 않을 시기란 절대 없다. 그렇다고 해서 당신이 하는 일 자체가 변화된다는 뜻은 아니며, 당신이 사물을 보는 방식과 어쩌면 사물을 처리하는 방식을 바꾸고 싶어질 거라는 뜻이다. 일단 우주가 당신의 고용주가 되면, 설사 다른 누군가가 당신의 급여를 깎는다 해도 아주 흥미로운 일들이 일어나기 시작한다. 그러나 당신은 참고 기다려야 한다. 당신의 삶에서 이런 식으로 존재하려면 시간이 걸리기 때문이다. 물론 출발점은 바로 여기이다. 가장 좋은 시간은? 지금은 어떤가?

당신은 그런 자기성찰에서 무엇이 나올지 전혀 모른다. 풀러 자신은 지금 이 순간 일어나는 것처럼 보이는 일이 실제로 일어나고 있는 일은 결코 아니라는 말을 즐겨 했다. 그러면서 꿀벌에게 중요한 건 꿀이라는 점을 즐겨 지적했다. 그러나 꿀벌은 그러면서 또 동시에 꽃들의 이화수분을 촉진하는 자연의 매개체이기도 하다. 상호연관성은 자연의 근본적인 법칙인 것이다. 저 혼자 존재하는 것은 없다. 마찬가지로 모든 사건들 역시 서로 연결되어 있다. 모든 게 끊임없이 서로 다른 차원에서 펼쳐지는 것이다. 우리는 그 모든 것의 기본 요소들을 최대한 잘 감지하면서, 우리 자신의 실들을 따라 성실하면서도 꾸준히 복잡한 삶의 직물을 헤쳐 나가는 법을 배워야 한다.

풀러는 자연에는 어떤 근본적인 구조가 있고, 그 구조 안에서 형태와 기능이 불가분의 관계로 연결되어 있다고 믿었다. 자연의 청사진들은 일리가 있는 것이며, 여러 차원에서 우리의 삶과 실질적인 관련이 있다고 믿은 것이다. 그는 세상을 떠나기 전, 엑스레이 결정학 연구를 통해 많은 바이러스들의 조직이 그가 다면체를 연구하면서 발견한 것과 동일한 지오데식 원칙들대로 형성되어 있다는 걸 밝혀냈다.

물론 그는 그 모든 걸 볼 정도로 오래 살지는 못했지만, 그의 다른 모든 독창적인 발명 및 아이디어들을 토대로 독특한 특성을 가진 축구공 모양의 탄소 화합물(곧 버크민스터플러렌 또는 버키벌로 불리게 됨)이 발견되었고, 그 덕에 완전히 새로운 화학 분야가 활짝 열렸다. 실험실 모래통 안에서 놀며 자기 자신의 길을 따라간 끝에, 그의 오랜 사색은 그가 꿈도 꾸지 못한 발견과 세상들로 이어졌다. 당신의 사색 역시 그런 결과로 이어질 수 있다. 풀러는 어떤 면에서건 자신을 특별한 사람이라고 생각해본 적이 전혀 없었다. 그저 이런저런 아이디어와 형태들을 가지고 노는 걸 좋아한 평범한 사람이었던 것이다. 그의 신조는 이랬다. "내가 이해할 수 있다면, 누구든 이해할 수 있다."

✛

당신 자신의 것을 고집하라. 절대 따라하지 말라. 당신은 평생 계속해온 수양의 누적된 힘을 가지고 매 순간 당신 자신의 재능을 표출할 수 있다. 그러나 다른 사람에게서 빌려온 재능은 일시적인 재능으로 완전한 당신 소유가 아니다. 당신에게 할당되는 일을 하라. 그리고 너무 많은 걸 바라거나 너무 무모하게 행동하지 말라.

_랄프 왈도 에머슨의 『자기신뢰』 중에서

유추의 산

"그가 오를 수도 있겠죠. 하지만 결국 누가 오를 건지를 결정하는 건 산입니다."

– 어떤 나이든 베테랑 등반가가 정상에 오를 수 있겠느냐는 질문에
에베레스트 등반 대장이 한 말

외부의 산도 있고 내면의 산도 있다. 산의 존재 그 자체가 우리에게 손짓하며 올라오라고 한다. 아마도 산이 우리에게 주는 가르침이란 외부의 산이든 내면의 산이든 산 전체를 당신 자신 안에 넣고 다닌다는 것이리라. 그리고 어떤 때는 계속해서 산을 찾고 또 찾지만 찾지 못하며, 그러다 때가 되어 동기 부여가 되고 준비가 되면 그제야 먼저 산기슭에 이르는 길을, 그 다음에 정상에 이르는 길을 찾게 된다. 등반은 인생 탐구, 영적 여행, 성장의 길, 변화, 깨달음을 뜻하는 강력한 비유이다.

산을 오르는 과정에서 부딪히는 어려움들은 우리 자신을 확장하고 그 결과 우리의 경계를 확장하는 데 필요한 도전들을 나타낸다. 결국 삶 자체가 산이요 스승으로, 우리에게 힘과 지혜를 키우는 내적 작업에 필요한 더없이 좋은 기회들을 제공해준다. 그리고 일단 산에 오르기로 마음먹으면서 우리는 많은 걸 배우며 성장하게 된다. 위험이 크고 희생은 엄청나지만 그 결과는 늘 불확실하다. 결국 산 정상에 서는 게 아니라 산을 오르는 일 그 자체가 모험이다.

먼저 우리는 산 아래쪽에 서는 게 어떤 건지를 배운다. 산비탈을 만나고 마침내 정상을 만나는 건 나중의 일이다. 그러나 산 정상에 계속 머물 수는 없다. 오르는 여정은 내려오는 일 없이는, 그리고 뒤로 물러서서 멀리서 다시 전체를 보는 일 없이는 불완전하다. 그러나 정상에 오르면서 당신은 새로운 관점을 얻게 되며, 그를 통해 사물을 보는 당신의 방식이 영원히 바뀔 수도 있다.

『유추의 산Mount Analogue』이라는 자신의 놀라운 미완성 소설에서 르네 다우말Rene Daumal은 이 내적 모험의 일면을 그려 보인 적이 있다. 가장 생생하게 기억나는 대목은 '유추의 산'의 규칙이었다. 다음 캠프를 향해 산을 오를 때는 그 전에 먼저 다음에 올 사람들을 위해 현 캠프에 필요한 것들을 채워 넣고, 산을 내려갈 때는 다른 등반인들에게 당신이 배운 지식을 나눠주어 당신이 여태 산을 오르면서 배운 것들에서 도움을 받을 수 있게 해주어야 한다는 것.

어떤 면에서 이는 우리 모두가 뭔가를 가르칠 때 하는 일이다. 최선을 다해 지금껏 우리가 봐온 것들을 다른 사람들에게 보여주는 것 말이다. 그러나 이는 기껏해야 경과보고이자 우리 경험을 그려놓은 지도일 뿐 결코 완전한 진리는 아니다. 그리고 모험은 계속 그렇게 펼쳐지는 것이다. 우리 모두 '유추의 산'을 오르고 있다. 그리고 우리는 서로의 도움을 필요로 한다.

상호연결

사람들은 너 나 할 것 없이 모두 어린 시절부터 모든 건 어떤 식으로든 다른 모든 것에 연결되어 있어, 저것이 일어나기 때문에 이것이 일어나고 이것이 일어나면 저것이 일어나야 한다는 걸 잘 알고 있는 듯하다. 옛날이야기들을 떠올려보라. 우선 어떤 할머니가 땔감용 나무를 긁어모으느라 잠시 한눈을 판 사이에 양동이에 든 할머니의 우유를 거의 다 마셔버린 늑대의 이야기가 있다. 분통이 터진 할머니는 여우의 꼬리를 잘라버린다. 여우가 꼬리를 돌려달라고 애원하자, 할머니는 우유를 돌려주면 자신도 여우의 꼬리를 다시 꿰매 붙여주겠다고 말한다. 그러자 여우는 들판에 있는 암소에게 가서 우유를 좀 달라고 하고, 그 암소는 자신에게 풀을 좀 갖다 주면 우유를 좀 주겠다고 말한다. 그래서 여우는 다시 들판으로 나가 풀을 좀 달라고 하자 들판이 말한다. "그럼 내게 물을 좀 갖다 줘." 그래서 여우는 개울로 가 물을 좀 달라고 하자 개울이 말한다. "항아리를 갖고 와." 이 이야기는 한 마음씨 좋은 방앗간 주인이 여우를 가엾이 여겨 약간의 곡물을 줄 때까지 계속되며, 여우는 다시 그 곡물을 암탉에게 주어 달걀을 받고, 다시 그 달걀을 행상인에게 주어 구슬을 받고, 다시 그 구슬을 한 아가씨에게 주어 항아리를 받아 물을 떠오고…… 그렇게 해서 결국 여우는 자신의 꼬리를 되찾아 행복해 하며 떠난다. 저런 일이 일어나려면 이런 일이 일어나야 한다. 그 무엇도 무無에서 생겨나진 않는다. 모든 일에는 그에 앞서 일어나는 일이 있다. 심지어 방앗간 주인의 친절도 어디선가 온 것이다.

어떤 과정이든 곰곰이 들여다보면 이 같은 원리가 적용될 수 있다는 걸 알 수 있다. 햇빛이 없으면 생명도 없다. 물이 없으면 생명도 없다. 식물이 없으면 광합성도 없고, 광합성이 없으면 동물이 호흡할 산소도 없다. 부모들이 없으면 당신도 없다. 트럭이 없으면 도시의 식량도 없다. 트럭 제조업체가 없으면 트럭도 없다. 철강 노동자들이 없으면 트럭 제조업체에서 쓸 철강도 없다. 식량이 없으면 철강 노동자들도 없다. 비가 없으면 식량도 없다. 햇빛이 없으면 비도 없다. 우주 형성기에 별과 행성 형성에 필요한 조건들이 없었다면 햇빛도 지구도 없다. 이런 관계들이 늘 단순하고 직선적인 건 아니다. 대개 세상 모든 것들은 정교하게 균형 잡히고 서로 연결된 거미줄처럼 복잡한 연결망 속에 들어 있다. 소위 말하는 삶, 건강 또는 생물권은 모두 상호연결된 복잡한 시스템으로, 확실한 출발점도 종점도 없다.

따라서 상호연결성과 끝없는 변화에 대한 숙고 없이 어떤 사물이나 상황을 완전히 개별적인 존재로 생각한다면, 그건 허황되고 위험한 일이다. 모든 것은 다른 모든 것과 관련되어 있으며, 어떤 면에서는 다른 모든 것을 포함하고 있고 동시에 다른 모든 것에 포함되어 있다. 게다가 모든 것은 끊임없이 변한다. 별들은 태어나서 여러 단계를 거친 뒤 소멸된다. 행성들 역시 형성과 궁극적인 소멸의 리듬을 갖고 있다. 새 자동차들은 공장 문을 나서기도 전에 이미 폐차장으로 향하기 시작한다. 이런 깨달음을 통해 우리는 만물의 덧없음을 더 잘 인식할 수 있게 되며, 더 이상 우리 주변의 모든 사물과 환경과 관계들을 당연한 것으로 받아들이지 않게 된다. 우리가 만일 모든 사물을 보다 깊이 들여다봐, 우리가 접촉하는 모든 것이 우리를 매 순간 세계 전체에 연결시켜주고 있으며 또 모든 사물과 다른 사람들 그리고 심지어 모든 장소와 환경들도 일시적으로 여기 존재하는 것뿐이라는 사실을 깨닫게 된다면, 우리는 삶과 사람들과 음식과 의견들과 순간들의 진가를 보다 더 잘 이해하게 될 것이다. 사실 현재 순간을 가장 소중한 것으로 만들어주는 것이다.

호흡을 통한 마음챙김 명상은 우리의 경험, 우리의 생각, 우리의 감정, 우리의 정서, 우리의 지각, 우리의 충동, 우리의 이해, 우리의 의식이라는 구슬들을 하나로 묶어 꿸 수 있는 실이나 다름없다. 그렇게 해서 생겨난 목걸이는 뭔가 새로운 것으로, 실제로 어떤 물건이 아니라 새로운 방식의 관점이요, 새로운 방식의 존재이며, 세상에서의 새로운 행동 방식을 허용해주는 새로운 방식의 경험이다. 이 새로운 방식은 고립되어 보이는 것들을 연결해주는 듯하다. 그러나 실은 그 어떤 것도 고립되어 있지 않으며 그래서 재연결도 필요치 않다. 고립을 만들어내고 유지하는 건 우리의 관점이다.

이 같은 새로운 관점과 새로운 존재 방식 덕에 삶의 조각들이 한데 모여 자리 잡게 된다. 그리고 보다 큰 충만함 속에 들어 있는 자기 자신의 충만함 속에서 매 순간을 귀하게 여기게 된다. 마음챙김 명상 수행은 상호연결성의 실을 계속 발견해나가는 과정일 뿐이다. 어떤 시점이 되면, 실로 구슬들을 꿰듯 우리가 모든 걸 꿰 나간다는 건 정확한 얘기가 아니라는 걸 알게 될 수도 있다. 그보다는 늘 존재해왔던 상호연결성을 새삼 인식하게 된다는 게 더 정확할 것이다. 그러니까 전망 좋은 곳으로 올라가, 거기에서 전체를 보다 잘 내다보고 알아차림 속에서 현재 순간들의 흐름을 보듬어 안는 것이다. 호흡의 흐름과 현재 순간들의 흐름은 서로 합쳐지며, 구슬들과 실은 함께 어우러져 뭔가 더 큰 것을 만들어 낸다.

❖

우리가 알고 있는 소위 생명체가 따개비와 바위, 바위와 흙, 흙과 나무, 나무와 비 그리고 공기 같은 비생명체를 만나 합쳐질 때까지, 하나가 다른 하나 속으로 합쳐지고 집단들은 생태계 집단들로 녹아 들어간다. 그리고 묘한 일이지만, 우리가 종교적이라고 말하는 느낌의 대부분은 또 우리 인간이 가장 소중히 여기고 애용하고 갈망하는 반응들 중 하나인 신비스런 외침의 대부분은, 인간이 모든 것에 연결되어 있고 또 알려졌거나 알려지지 않은 모든 현실에 불가분의 상태로 연결되어 있다는 사실에 대한 이해이며 또 그런 사실을 말하려는 시도이다. 이는 단순한 말 같지만, 그 심오한 느낌으로부터 예수, 성 아우구스티누스, 성 프란치스코, 로저 베이컨, 찰스 다윈, 아인슈타인 같은 위대한 인물들이 탄생됐다. 그들 각자가 나름대로의 속도와 나름대로의 목소리로 모든 것은 하나이며 하나는 모든 것이라는 놀라운 지식을 발견하고 재확인했다. 그러니까 플랑크톤과 반짝거리는 바다 위의 인광과 빙빙 도는 행성들과 팽창하는 우주, 이 모든 것들이 탄력성 있는 시간의 끈으로 한데 묶여 있는 것이다.

_ 존 스타인벡과 에드워드 F. 리케츠의 『코르테스의 바다』 중에서

비폭력 – 아힘사

1973년에 내 친구 한 명이 네팔과 인도에서 몇 년을 보낸 뒤 되돌아와 자신에 대해 이런 말을 했다. "도움이 되는 일은 못할망정, 적어도 가능한 한 해를 끼치는 일은 안하고 싶다."

　　당신이 조심하지 않을 경우 먼 지역들로부터 전염성이 있는 온갖 종류의 것들을 끌고 올 수도 있다. 나는 그 당시 내 거실 안에서 '아힘사'(인도 종교의 비폭력, 무살생 교리 – 역자 주)의 사상에 전염되었으며, 그런 일이 일어나던 그 순간을 한 번도 잊은 적이 없다. 아힘사에 대해서는 그 전에도 들은 적이 있었다. 해를 끼치지 않는다는 마음자세는 요가 수행과 히포크라테스 선서의 핵심에도 깔려 있다. 간디의 혁명과 그의 개인적 명상 수행의 기본 원칙이기도 했다. 그러나 그 말을 할 때 내 친구의 얼굴에 나타난 그 진지한 표정엔 뭔가가 있었고, 내가 잘 안다고 생각한 사람이 그런 말을 했다는 사실 때문에 그 말은 그만큼 더 인상 깊게 다가왔다. 아힘사는 세상 및 자기 자신과 관계를 맺는 좋은 방법이라는 생각이 들었다. 가능한 한 남들에게 해와 고통을 주지 않으며 살려 애쓰는 게 어떤가? 그런 식으로 살았다면, 아마 오늘날 우리의 삶과 우리의 사고를 지배하는 그 광적인 수준의 폭력은 생겨나지 않았을 것이다. 그리고 또 아마 명상용 방석 위에 앉아 있을 때든 그렇지 않을 때든 우리 자신을 향해 좀 더 관대해질 수 있었을 것이다.

다른 어떤 사상의 경우와 마찬가지로, 비폭력 사상은 훌륭한 원칙이 될 수도 있지만, 중요한 것은 실제로 그런 삶을 사는 것이다. 당신은 어떤 순간에든 당신 자신에게 또 다른 사람들과의 삶에서 아힘사의 온유함을 수행하기 시작할 수 있을 것이다.

당신은 가끔 당신 자신에게 모질게 굴거나 스스로를 비하하지는 않는가? 그런 순간 아힘사를 떠올려라. 그냥 본 뒤 보내 주어라.

당신은 눈에 띄지 않는 데서 다른 사람들 험담을 하는가? 아힘사를 떠올려라.

당신은 당신의 몸 및 당신의 행복과 관계없이 당신의 한계 너머까지 당신 자신을 몰아세우진 않는가? 아힘사를 떠올려라.

당신은 다른 사람에게 고통이나 슬픔을 안겨주는가? 아힘사를 떠올려라. 당신을 위협하지 않는 누군가에게 아힘사를 적용하는 건 쉽다. 문제는 당신을 위협한다고 느껴지는 사람이나 상황에 대해 어떻게 하느냐이다.

다른 사람에게 해나 상처를 주려는 마음은 결국 두려움에서 나온다. 비폭력을 실천하려면 당신 자신의 두려움을 보고 또 그 두려움을 이해한 뒤 자신의 것으로 만들어야 한다. 두려움을 자신의 것으로 만든다는 것은 그 두려움에 대해 책임을 진다는 의미이다. 또한 책임을 진다는 것은 두려움이 당신의 예지력이나 관점을 완전히 지배하게 내버려두지 않는다는 의미이다. 당신 자신의 집착과 거부에 대한 마음챙김 명상 수행만이, 그리고 아무리 고통스럽더라도 그런 집착과 거부에 맞서 싸우려는 마음만이 그런 고통의 악순환으로부터 우리를 해방시켜줄 수 있다. 매일 실천하지 않을 경우, 숭고한 이상들은 이기심 앞에 무릎 꿇을 가능성이 높다.

❖

아힘사는 영혼의 태도이며, 따라서 인생사 전반에서 모든 사람에 의해 실천되어야 한다. 만일 인생 전반에서 실천될 수 없다면, 아힘사에 실제적인 가치가 없는 것이다.

_ 마하트마 간디

❖

당신이 예들 들어 조지 5세나 윈스턴 처칠 경을 사랑할 수 없다면, 당신의 아내나 당신의 남편 또는 당신

의 아이들부터 사랑해보라. 매일 매 순간 그들의 행복
을 앞에 놓고 당신 자신의 행복은 마지막에 놓으면서,
거기서부터 사랑의 원이 확대되어 나가게 하라. 당신
이 최선을 다하는 한 실패할 가능성은 전혀 없다.

_마하트마 간디

카르마

나는 선불교 대가들이 매일 명상 수행을 하면 나쁜 카르마를 좋은 카르마로 바꿀 수 있다고 말하는 걸 들었다. 나는 늘 그런 말을 교묘한 도덕적 세일즈 권유 정도로 보았었다. 그 말을 제대로 이해하는 데는 몇 년이 걸렸다. 아마 그게 내 카르마일 것이다.

카르마, 즉 '업보'란 저런 일이 일어났기 때문에 이런 일이 일어난다는 의미이다. B는 어떤 면에서 A와 연결되어 있고, 모든 결과에는 그에 선행하는 원인이 있으며, 적어도 비非양자적인 차원에서 모든 원인에는 그 척도이자 귀결인 결과가 있다. 전체적으로 보자면, 우리가 어떤 사람의 카르마에 대해 얘기할 때, 그건 그 사람의 삶의 방향과 그 사람 주변에서 일어나는 일들, 그러니까 선행하는 조건과 행동, 생각, 느낌, 감각 인상, 욕망 등에 의해 생겨나는 모든 일들이 갖고 있는 의미의 총합을 의미한다. 카르마는 가끔 정해진 운명이라는 개념과 혼동되는 경우가 많다. 카르마는 우리를 특정한 행동 패턴들 속에 가둘 수 있는 성향들의 지속적인 축적에 더 가까우며, 이는 결국 비슷한 특성을 가진 성향들의 또 다른 축적으로 이어진다. 그래서 우리는 우리 자신의 카르마에 갇혀 원인은 우리 자신 속에 있는 게 아니라 늘 다른 데에, 그러니까 우리 통제권을 벗어난 다른 사람들이나 상황들에 있다고 생각하기 쉽다. 그렇다고 당신이 반드시 낡은 카르마의 포로가 될 필요는 없다. 당신의 카르마는 언제든 바꿀 수 있는 것이다. 당신은 새로운 카르마를 만들 수 있다. 그러나 당신이 반드시 그래야 하는 때가 딱 한 번 있다. 그게 어떤 때인지 짐작이 가는가?

마음챙김 명상이 카르마를 바꾸는 방식은 다음과 같다. 가만히 자리에 앉아 있을 때, 당신은 당신의 이런저런 충동들이 행동으로 옮겨지는 걸 허용치 않는다. 적어도 그 순간 당신은 당신의 충동들을 지켜보기만 한다. 그 충동들을 지켜보면서, 당신은 곧 당신 마음속에서 온갖 충동이 일어났다 사라진다는 것, 그 충동들이 나름대로의 삶을 갖고 있다는 것, 또 그 충동들은 당신이 아니라 그저 생각일 뿐이라는 것, 그리고 당신이 그 충동들에 지배당할 필요가 없다는 것을 알게 된다. 충동들에 즉각 즉각 반응하지 않을 경우, 당신은 곧 충동이 갖고 있는 생각으로서의 특성을 이해하게 된다. 이런 과정 속에 파괴적인 충동들은 집중과 평정과 무위의 불길 속에 다 타버리게 된다. 그와 동시에 창의적인 통찰력과 충동들은 더 이상 더 혼란스럽고 파괴적인 통찰력과 충돌들에 그리 심하게 밀려나지 않게 된다. 또한 창의적인 통찰력과 충동들은 알아차림 속에 인지되고 유지되면서 더 커지게 된다. 그렇게 함으로써 마음챙김 명상은 각종 행동과 결과의 사슬 속 연결 상태를 변화시키고, 그렇게 함으로써 우리를 그 사슬로부터 벗어나 자유롭게 해주고, 이른바 삶이라는 순간들을 통해 우리에게 새로운 방향들을 열어준다. 마음챙김 명상이 없다면, 우리는 과거로부터 나오는 힘에 너무도 쉽게 사로잡히게 되고, 우리 자신을 가두고 있는 것이 무언지를 알 길이 없어 거기서 빠져나오지 못하게 된다. 늘 모든 건 다른 사람의 잘못이거나 세상의 잘못이며, 그래서 우리 자신의 관점과 감정들은 늘 정당화된다는 것. 그게 바로 우리의 딜레마이다. 우리는 늘 현재 순간이 새로운 시작이 되지 못하게 하기 때문에, 현재 순간은 절대 새로운 시작이 되지 못한다.

너무도 흔히 볼 수 있는 한 남녀의 경우를 예로 들어보자. 두 사람은 성인이 된 이후 내내 함께 살면서 함께 아이들도 가졌고 자신들의 영역 내에서 흔히 이룰 수 없는 수준까지 성공도 거두었다. 그런데 말년이 되어 그 모든 노고의 결실을 누려야 할 때에, 의외로 서로 상대 때문에 자신의 삶이 비참해지고 외로워지고 악몽 같아졌으며 또한 너무 혹사당하고 학대 받았다며 서로를 비난하면서 매일 분노와 상처를 안고 살아간다. 이 두 사람의 관계를 카르마 말고 달리 어떤 말로 설명할 수 있겠는가? 카르마는 애초부터 뭔가가 틀어진 인간관계나 또는 뭔가 근본적인 게 빠져 슬픔과 고뇌와 아픔을 주는 인간관계에서 이런 저런 형태로 흔히 나타난다. 우리는 결국 우리가 뿌린 대로 거두게 된다. 40년간 어떤 인간관계에서 분노와 고립이 반복된다면, 당신은 결국 분노와 고립 안에 갇히게 된다. 놀랄 일도 아니다. 그리고 이런 경우 서로 비난을 해봐야 만족스러울 리도 없다.

결국 우리를 가두는 것은 마음챙김의 반대인 마음 놓침이다. 그 상태에서 우리는 우리의 가능성들과 연결되는 게 점점 더 힘들어지고, 평생 길러온 제대로 보지 않는 버릇에 점점 더 깊이 빠져들어 그저 계속 반응하고 비난하게 된다.

나는 감옥 안에서 일할 기회가 생겨 '나쁜' 카르마의 결과들을 가까이서 보게 된다. 감옥 담장 밖에서 일어나는 일들과 별 차이도 없지만 말이다. 모든 죄수들은 한 가지 일이 다른 일로 이어지는 이야기를 갖고 있다. 결국 모든 이야기가 그렇지 않은가. 한 가지 일이 다른 일로 이어지고. 많은 죄수들은 자신에게 무슨 일이 일어났는지, 대체 무엇이 잘못됐는지도 모른다. 그들의 이야기는 대개 길게 이어지는 사건들의 연속으로, 그 사건들은 부모들과 가족, 거리의 문화, 가난과 폭력, 믿어선 안 될 사람들을 믿는 것, 돈을 쉽게 벌려 하는 것, 상처를 달래고 감각을 무디게 하려고 몸과 마음을 흐리게 만드는 술과 다른 약물들에 의존하는 것 등에서 시작된다. 약물도 그렇지만, 집안 내력, 결핍, 발육 지체 등도 몸과 마음을 흐리게 만든다. 그런 것들은 생각과 감정과 행동과 가치들을 왜곡시키고, 해롭고 잔인하고 남들과 자신을 파괴하는 충동이나 욕망들을 바꾸거나 알아챌 여지까지 없애 버린다.

그렇게 해서 당신의 다른 모든 순간들이 모인 어느 한 순간 당신도 모르는 새에 '정신을 잃어' 돌이킬 수 없는 행동을 하게 되고, 그 행동이 많은 방식으로 미래의 순간들에 영향을 주는 걸 경험하게 된다. 우리가 알든 모르든, 우리가 경찰에 '잡히든' 잡히지 않든, 모든 일에는 그에 따른 결과들이 있다. 우리는 늘 잡힌다. 어떤 행동의 카르마에 잡힌다. 우리는 매일 우리 자신의 감옥을 짓는다. 어떤 면에서 감옥에 있는 내 친구들은 알든 모르든 결국 스스로 선택한 것이다. 또 어떤 면들에서는 그들에겐 선택권이 없었다. 그들은 자신에게 선택권이 있다는 것도 전혀 몰랐다. 여기서 다시 우리는 불교 신자들이 말하는 '무자각' 즉 무지와 맞닥뜨리게 된다. 그러니까 검증되지 않은 충동들이, 특히 제아무리 정당하고 합리적이고 합법적이라 해도 탐욕이나 증오심으로 변질된 충동들이 어떤 식으로 한 사람의 마음과 삶을 망가뜨릴 수 있는가 하는 것에 대한 무지 말이다. 그런 마음 상태들은 때론 아주 드라마틱한 방식들로, 그러나 대개의 경우 보다 미묘한 방식들로 우리 모두에게 영향을 준다. 우리는 너 나 할 것 없이 모두 끊임없는 갈망에 의해, 또한 마치 진리인 양 집착하는 이런저런 생각과 견해들로 흐려진 마음에 의해 자기 자신의 감옥에 갇힐 수 있다.

우리가 만일 우리의 카르마를 바꾸려 한다면, 우리의 몸과 마음을 흐리게 하고 우리의 모든 행동을 변질시키는 일들이 일어나지 않게 해야 한다. 이는 착한 행동들을 한다는 의미는 아니다. 당신 자신이 어떤 사람인지를 알고, 지금 이 순간 당신의 카르마가 무엇이든 당신이 당신의 카르마는 아니라는 걸 안다는 의미이다. 당신 자신을 사물들이 실제 존재하는 방식에 맞춰야 한다는 의미이기도 하다. 결국 사물을 똑똑히 보라는 것이다.

어디서부터 시작해야 할까? 당신 자신의 마음에서부터 시작하는 건 어떤가? 어쨌든 이 세상에서 당신의 모든 생각과 감정과 충동과 인식들이 행동으로 바뀌는 건 당신의 마음을 통해서이니 말이다. 당분간 외부 활동을 중단한 채 그 순간 그 장소에서 가만히 앉아 명상 수행을 하기로 마음먹는 순간, 당신은 이미 낡은 카르마의 흐름을 끊고 전혀 새롭고 더욱 건강한 카르마를 만들고 있는 것이다. 바로 여기에 변화의 뿌리가 있고 삶의 전환점이 있다.

외부 활동을 중단하고 무위의 순간들을 늘리고 그저 가만히 지켜보는 행위 자체로 당신의 미래는 그 근본부터 완전히 달라지게 된다. 어떻게? 미래의 순간이 보다 큰 이해와 명료함과 친절함을 가진 순간이 되고, 두려움과 상처에 덜 지배되고 권위와 수용에 더 지배되는 순간이 되게 하려면, 지금 이 순간에 충실하게 존재하는 수밖에 없기 때문이다. 지금 일어나는 일만이 나중에도 일어난다. 우리가 접촉해야 하고 우리 자신을 보살펴야 할 유일한 시간인 지금 마음챙김이나 평정심이나 동정심이 나타나지 않는다면, 그것들이 어떻게 나중에 스트레스나 압력 속에 마법처럼 나타날 수 있겠는가?

❖

육체가 썩기 때문에 영혼이 무아지경에
들어가게 될 거라는 생각.
그 생각은 완전히 환상이다.
지금 발견되는 건 그때도 발견된다.

_카비르

전체성과 유일성

존재 전체와 접촉할 때, 우리는 모든 것과 하나라고 느낀다. 또한 모든 것과 하나라고 느낄 때, 우리는 우리 자신 전체를 느낀다.

어떤 순간이든 가만히 앉아서 또는 가만히 누워서 명상 수행을 하면, 우리는 우리의 몸과 재결합될 수 있고, 우리의 몸을 초월할 수 있으며, 호흡 및 우주와 하나가 될 수 있고, 우리 자신을 온전하게 경험하며 점점 큰 전체의 일부가 될 수 있다. 그리고 일단 이런 상호연결성을 맛보고 나면, 소속감에 대한 깊은 지식이 생기고, 사물의 내밀한 일부로 존재하는 느낌과 우리가 어디에 있든 더없이 편해지는 느낌을 갖게 된다. 우리는 탄생과 죽음을 뛰어넘는 고대의 영원성을 맛보며 놀랄 수도 있고, 동시에 우리가 살다가는 이 삶이 얼마나 덧없이 짧은지, 또 우리와 우리 몸의 연결 상태, 우리와 이 순간의 연결 상태 그리고 우리 서로 간의 연결 상태가 얼마나 일시적인지도 경험하게 된다. 명상 수행 과정에서 우리 존재의 전체성을 알게 되면서, 우리는 사물들을 있는 그대로 받아들일 수 있게 되며, 이해심과 동정심도 깊어지고 고뇌와 절망이 줄어들게 된다.

전체성은 우리의 언어와 문화 내에서 건강, 치유, 신성함 등으로 표현되는 모든 것들의 뿌리이다. 우리가 우리 자신의 고유한 전체성을 인지할 때, 그야말로 가야 할 곳도 해야 할 일도 없어지게 된다. 따라서 우리는 마음대로 우리가 갈 길을 선택할 수 있다. 평온함은 행위와 무위 모두에서 가능하다. 우리는 언제든 우리 자신 속에 평온함이 깃들어 있는 걸 알게 되며, 우리가 그 평온함을 만지고 맛보고 들을 때 몸 역시 그걸 만지고 맛보며 들을 수밖에 없고, 그러면서 손에서 놓아주게 된다. 또한 마음 역시 들으러 오며 적어도 평화의 순간을 알게 된다. 마음을 열고 받아들이면서 우리는 바로 여기서 균형과 조화를 찾게 되며, 모든 공간이 이 장소로 합쳐지고 모든 순간이 이 순간으로 합쳐진다.

❖

보통 사람들은 고독을 싫어한다.
그러나 대가는 자신의 외로움을 받아들이고
자신이 우주 전체와 하나라는 걸 깨달으면서
고독을 이용한다.

_노자의 『도덕경』 중에서

❖

자신이 우주와 하나라는 걸 깨달을 때
인간의 영혼 안에 평화가 깃든다.

_블랙 엘크

❖

싯다르타는 귀를 기울였다. 그는 이제 마음을 비운 채
완전히 몰입해 모든 걸 빨아들이듯 열심히 귀 기울였
다. 그는 자신이 이제 귀 기울여 듣는 법을 완전히 익
혔다고 느꼈다. 그는 이전에도 가끔 이 모든 소리를,
그러니까 강에서 나는 이 많은 소리들을 들었지만, 오
늘은 그 소리가 다르게 느껴졌다. 그는 이제 서로 다
른 그 소리들을, 그러니까 흐느껴 우는 소리와 즐거운
소리를, 어른 소리와 아이 소리를 더 이상 구분할 수
없었다. 갈망하는 이들의 탄식 소리, 현자들의 웃음소
리, 분노의 외침과 죽어가는 이들의 신음 소리, 이 모

왜 마음챙김 명상인가?

든 소리가 서로 다른 소리에 속했다. 이 모든 소리가 숱한 방식으로 서로 뒤섞이고 서로 맞물리고 서로 뒤엉켜 있었다. 그리고 그 모든 목소리, 그 모든 목표, 그 모든 즐거움, 그 모든 선과 악, 그 모든 게 다 합쳐진 게 세상이었다. 그 모든 게 합쳐진 게 사건들의 개울이었고 삶의 음악이었다. 싯다르타가 강의 이런 소리들에, 그러니까 이처럼 숱한 목소리들의 합창에 열심히 귀 기울일 때면, 그가 슬픔이나 웃음에 귀 기울이지 않고 자신의 영혼을 어느 한 특정 목소리에 집중하거나 그걸 자신의 자아 안에서 흡수해 들이지 않고 그 모든 소리들을 전체로 통합해 들을 때면, 숱한 목소리들이 합쳐진 그 위대한 노래는 단 한 단어로 이루어졌다.

_헤르만 헤세의 『싯다르타』 중에서

✣

필요한 것은 새롭게 배우고 관찰하고 우리 자신을 위해 전체성의 의미를 찾아내는 것이다.

_데이비드 봄의 『전체와 접힌 질서』 중에서

✣

나는 거대하다. 내 속에는 많은 게 들어 있다.

_월트 휘트먼의 『풀잎』 중에서

개별성과 본질

직접 경험하는 전체성은 폭압적일 수가 없는데, 그것은 전체성이 다양성 면에서 무한한데다가, 우주를 상징하는 힌두교의 여신 인드라의 그물처럼 개개의 것들 속에 투영되며 들어 있기 때문이다. 인드라의 그물은 그 끄트머리마다 보석이 달려 있으며, 각 보석이 그물 전체의 모습이 투영돼 결국 그물 전체가 그 보석 안에 들어 있는 셈이다. 어떤 사람들은 우리들로 하여금 개별성의 제단에서 획일적인 경배를 하게 한다. 개별성과 지속적으로 맞닥뜨리기보다는 단일성이란 개념을 이용해 증기 롤러로 밀어버리듯 모든 차이들을 없애버리려 하는 것이다. 그러나 모든 시와 예술, 과학과 삶, 경이, 우아함, 풍요로움은 이런저런 사물들의 독특한 특성들, 즉 특별한 개성과 본질 안에 머물며, 또한 그 사물들의 개별성과 본질 안에 머문다.

　모든 얼굴들은 서로서로 비슷한데도, 우리는 각 얼굴의 독특함과 개성과 정체성을 얼마나 쉽게 알아보는가. 또한 그런 차이들을 얼마나 높이 평가하는가. 바다는 그 자체로 온전하지만, 수없이 많은 파도를 갖고 있고, 그 파도가 서로 다 다르다. 바다는 또 저마다 독특하고 계속 변화하는 해류를 갖고 있고, 해저는 어디든 다 자신만의 다른 풍경을 갖고 있으며, 해안선도 마찬가지이다. 대기는 그 자체로 온전하지만, 그 기류들은 그저 바람일 뿐이라 해도 독특한 특성들을 갖고 있다. 지구상의 생명은 그 자체로 온전하지만, 육안으로 보이든 보이지 않든, 동물이든 식물이든, 멸종됐든 살아 있든, 시간에 얽매인 독특한 육신들 형태로 스스로를 표현한다. 따라서 한 장소에만 존재할 필요는 없다. 한 방법으로 존재할 필요도 없고, 한 가지 방법으로 수행할 필요도 없고, 한 가지 방법으로 사랑할 필요도 없고, 한 가지 방식으로 성장하거나 치유할 필요도 없고, 한 가지 방식으로 살 필요도 없고, 한 가지 방식으로 느낄 필요도 없고, 한 가지 방식으로 알거나 알려져야 할 필요도 없다. 중요한 건 독특함이다.

✢

박새
박새가
깡총거리며 내게 가까이 다가온다.

_소로

❖

무를 뽑고 있는 남자가
무로
길을 가르쳐주네.

_잇사

❖

오래된 연못,
개구리가 뛰어 드네
첨벙.

_바쇼

❖

한밤중. 파도도 없고
바람도 없고, 텅 빈 배 안에
달빛만 차고 넘치네.

_도겐

이해가 되는가?

이건 무엇인가?

탐구 정신은 마음챙김 명상 수행을 하며 살아가는 데 꼭 필요한 것이다. 탐구란 단순히 문제를 해결하는 방법이 아니다. 탐구는 지금 이곳에서의 우리 존재 및 삶 그 자체의 기본적인 신비와 계속 접촉할 수 있게 해주는 한 방법이다. 나는 누구인가? 나는 지금 어디로 가고 있는가? 존재한다는 것의 의미는 무엇인가? 남자나 여자, 아이, 부모, 학생, 노동자, 사장, 죄수, 노숙자가 된다는 것의 의미는 무엇인가? 나의 카르마는 무엇인가? 나는 지금 어디에 있는가? 나의 길은 무엇인가? 이 행성에서 내가 할 일은 무엇인가?

탐구를 한다는 것은 답을, 특히 피상적인 생각 끝에 나오는 빠른 답을 찾는다는 의미가 아니다. 탐구란 답을 기대하지 않고 질문을 던지는 것이고, 그저 그 질문을 곰곰이 생각하는 것이고, 늘 경이로움을 갖고 있는 것이고, 다른 모든 것들이 알아차림 속으로 들어왔다 나가듯 그 경이로움이 알아차림 속에 스며들어 팔팔 끓고 요리되고 익어 나가게 내버려 두는 것이다.

당신은 탐구를 하며 조용하게 있을 필요는 없다. 탐구와 마음챙김은 우리의 일상생활의 펼침 속에서 동시에 일어날 수 있다. 사실 탐구와 마음챙김은 하나이며 같은 것으로, 서로 다른 방향에서 온다. 그러니까 당신은 자동차를 수리하거나, 직장으로 걸어가거나, 설거지를 하거나, 별이 빛나는 봄날 저녁에 당신 딸이 노래하는 걸 듣거나, 구직 활동을 하면서 "나는 누구인가?", "이건 무엇인가?", "나는 지금 어디로 가고 있는가?", "내가 할 일은 무엇인가?" 같은 질문들에 대해 숙고해 볼 수 있는 것이다.

우리는 평생 온갖 형태와 크기의 문제들을 접하게 된다. 그 문제들은 소소한 것에서부터 심각한 것 내지 아주 부담스러운 것까지 천차만별이다. 여기서의 도전 과제는 마음챙김의 정신 속에 탐구심을 가지고 그 문제들과 맞닥뜨려야 한다는 것이다. 그러니까 스스로 다음과 같은 질문들을 던져보라는 것이다. "이 생각, 이 감정, 이 딜레마는 무엇인가?", "이 문제를 어떻게 처리해야 할 것인가?", "나는 이 문제를 처리할 마음이 있는가? 아니 이 문제를 인정할 생각이나 있는가?"

첫 단계는 문제가 있다는 것, 그러니까 어떤 중압감이나 긴장 또는 부조화가 있다는 걸 인정하는 것이다. 우리가 끌어안고 다니는 큰 악마들 중 일부는 그걸 인정하는 일에만 40년 내지 50년이 걸릴 수도 있다. 그러나 어쩌면 그것도 괜찮다. 탐구에는 정해진 시간표가 없기 때문이다. 그건 마치 당신 집의 선반 위에 놓인 냄비와 같다. 언제든 선반에서 내려 그 안에 뭔가를 넣고 스토브 위에서 열을 가하기만 하면 요리를 할 수 있는 것이다.

탐구를 한다는 건 계속해서 질문을 던진다는 의미이다. 그게 무엇이든 간에 용기를 내 뭔가를 쳐다보며 '이게 무엇이냐고?' 물을 수 있는가? 지금 무슨 일이 일어나고 있는가? 탐구란 오랜 기간 깊이 쳐다보면서 묻고 묻고 또 묻는 것이다. 이건 뭐지? 뭐가 잘못된 거지? 이 문제의 뿌리에는 뭐가 있지? 그 증거는 뭐지? 어떤 문제들과 연결돼 있지? 만족스런 해결책은 어떤 거지? 묻고 묻고 계속해서 묻는 것이다.

질문을 던지다 보면 답처럼 보이는 많은 생각들이 떠오르긴 하겠지만, 탐구를 한다는 게 답에 대해 많은 생각을 한다는 건 아니다. 탐구를 한다는 건 당신이 질문들을 던진 뒤 떠오르는 생각들에 그냥 귀 기울이는 것이다. 그러니까 당신 자신의 생각들이 물처럼 흘러가는 개울 가장자리에 앉아, 바위 위로 또 옆으로 흐르는 물소리에 귀 기울이며 듣고 또 듣고, 이따금씩 물 위에 떠내려 오는 잎사귀나 잔가지를 쳐다보는 것이다.

자아 형성

인간의 진정한 가치는 주로 그가 자기 자신으로부터 얻어
낸 자유의 정도와 느낌에 의해 결정된다.

__ 알버트 아인슈타인의 『내가 보는 세상』 중에서

'나', '나를', '나에게', '나의 것'은 모두 우리 사고의 산물들이다. 케임브리지 통찰 명상 센터에 근무하는 내 친구 래리 로젠버그Larry Rosenberg는 그걸 '자아 형성selfing'이라고 한다. 그에 따르면 자아 형성은 거의 모든 것, 모든 상황에서 '나', '나를', '나에게', '나의 것'을 만들어내 주로 공상과 자기방어로 이루어진 제한된 관점으로 세상을 살아가는 불가피하고 고질적인 성향을 뜻한다. 이런 현상이 일어나지 않는 순간은 거의 한 순간도 없지만, 워낙 이 세상의 일부로 자리 잡고 있어 전혀 알아채지 못한 채 지나치는 경우가 많다. 마치 속담에 나오는 물고기가

철저히 물속에서 살아 물에 대해 아는 게 전혀 없듯 말이다. 침묵 속에서 명상을 하든 아니면 단 5분간의 삶을 살든, 당신은 스스로 이를 쉽게 알 수 있다. 사실상 모든 순간, 모든 경험 속에서 우리의 생각하는 마음은 '나의' 순간, '나의' 경험, '나의' 아이, '나의' 배고픔, '나의' 욕망, '나의' 의견, '나의' 길, '나의' 권위, '나의' 미래, '나의' 지식, '나의' 몸, '나의' 정신, '나의' 집, '나의' 땅, '나의' 아이디어, '나의' 느낌, '나의' 자동차, '나의' 문제를 만들어낸다.

지속적인 관심과 탐구 정신을 가지고 이 같은 자가생식 과정을 관찰해 보면, 당신은 우리가 말하는 이른바 '자아'라는 게 실은 우리 자신의 마음이 만들어낸 것으로 영구적인 게 아니라는 걸 알게 될 것이다. 그리고 또 불가분의 안정된 자아를, 그러니까 '당신의' 경험 아래 있는 '당신'이라는 핵심 존재를 열심히 찾다 보면, 아마 보다 많은 생각 외에서는 찾기 힘들 것이다. 당신은 당신의 이름이 당신이라고 말할 수 있을지 모르나, 그건 그리 정확한 말이 아니다. 당신의 이름은 그저 라벨일 뿐이다. 당신의 나이, 당신의 성별, 당신의 견해 등도 마찬가지이다. 그 어느 것도 근본적인 당신 존재는 아니다.

실을 따라 들어가듯 이런 식으로 당신이 누구인지 또는 당신이 어떤 사람인지 최대한 깊이 탐구해 들어가 보면, 그 어디에도 완전한 답은 없다는 걸 확인하게 된다. "내가 누구인지를 묻고 있는 이 '나'는 누구인가?"라는 질문을 던지면, 결국 "나는 모른다."는 답에 도달하게 된다. '나'는 그 특성들로 알 수 있는 생각 형태로 나타날 뿐이나, 개별적으로든 집합적으로든 그 특성들 중 어떤 특성도 어떤 사람의 전체를 이루진 못한다. 게다가 '나'라는 생각은 매 순간 끊임없이 해체됐다 복원되는 경향이 있다. 또한 '나'는 애초부터 워낙 미약한 존재여서, 자꾸 줄어들고 작고 불안하고 불확실하다고 느끼는 경향이 강하다. 그래서 우리는 자신이 얼마나 심하게 '나', '나를', '나에게', '나의 것'에 사로잡혀 있는지 알지 못한 채 독단과 고통에 빠지게 될 뿐이다.

그리고 외부의 힘들이라는 문제도 있다. '나'는 외부 환경이 자신의 선함에 대한 믿음을 지지해줄 때 기분 좋아하고, 비판이나 어려움 그리고 장애물과 패배로 여겨지는 것들과 맞닥뜨릴 때 기분 나빠하는 경우가 많다. 많은 사람들이 자존감이 떨어지는 건 주로 이 때문일 것이다. 우리는 정체성 형성 과정에서의 이런 측면에 그리 익숙치 않다. 남들에게 인정을 받지 못하고 자존감을 느끼는 데 필요한 지지를 받지 못할 경우, 우리는 균형감을 잃게 되어 스스로 나약하고 하찮은 존재라고 느끼기 쉽다. 우리는 또 계속해서 외적 보상을 통해, 물질적 소유를 통해, 그리고 우리를 사랑해주는 다른 사람들을 통해 내적 안정감을 찾기 쉽다. 우리는 이런 식으로 계속 자아를 형성한다. 그러나 이 모든 자아 형성 노력에도 불구하고, 여전히 우리 자신의 존재에 대해 지속적인 안정감을 느끼지 못하고 마음에 평정을 찾지 못할 수도 있다. 불교 신도들 같으면 이는 우선 절대적으로 분리된 '자아'란 없고,

끊임없는 자아 형성 과정이 있을 뿐이기 때문이라고 말할지도 모른다. 만일 우리가 자아 형성 과정을 몸에 밴 습관이라는 걸 인정해, 있는 그대로의 존재를 경험하는 게 아니라 '대단한 사람'이 되려고 애쓰는 걸 멈추기 위해 스스로 하루를 쉴 수 있다면, 아마 그때서야 비로소 훨씬 더 행복하고 여유로워질 것이다.

그렇다고 "아무도 아닌 사람이 될 수 있으려면, 먼저 대단한 사람이 되어야 한다."는 얘기를 하자는 건 결코 아니다. 이 말은 명상 수행과 관련된 뉴에이지 스타일의 왜곡된 설명 중 하나로, 아무도 아닌 사람, 즉 '무아無我'의 경지에 오르려면 먼저 확고한 자아감을 갖고 있어야 한다는 말이다. 무아의 경지에 오른다는 건 아무도 아닌 사람이 된다는 의미는 아니다. 무아가 의미하는 건, 모든 것은 상호의존적이어서, 고립되고 독립된 핵인 '당신'은 존재하지 않는다는 것이다. 당신은 세상의 다른 모든 힘들 및 사건들, 그러니까 당신의 부모들, 당신의 아이들, 당신의 생각과 감정들, 외부 사건들, 시간 등등과의 관계 속에서만 존재한다. 게다가 당신은 이미 어떤 경우든 중요한 사람이다. 당신은 이미 존재하는 그대로 대단한 사람인 것이다. 그러나 당신의 이름, 당신의 나이, 당신의 어린 시절, 당신의 믿음, 당신의 두려움은 당신의 존재가 아니다. 그것들은 당신이란 존재의 일부이지 전체가 아닌 것이다.

그래서 우리가 있는 그대로의 존재를 경험하는 대신 '대단한 사람'이 되려고 너무 열심히 노력하진 말라고 말할 때, 그 말은 당신 자신이 있는 그 자리에서, 그러니까 바로 여기서 시작하라는 의미이다. 명상을 한다는 것이 아무도 아닌 사람 또는 생각에 잠긴 좀비가 되어 현실 세계에 살면서 현실 문제들을 처리하지도 못하게 된다는 얘기는 아니다. 그러니까 명상은 우리 자신의 사고 과정을 통한 왜곡 없이 사물을 있는 그대로 보는 것이다. 모든 것이 서로 연결되어 있으며, 우리에게 자아가 '있다'는 전통적인 생각이 여러 면에서 도움이 되긴 하나 절대적으로 옳다거나 확실하다거나 불변의 진실은 아니라는 걸 인식하는 것이 명상의 일부이다. 그래서 당신이 만일 있는 그대로의 당신보다 못하다는 두려움에서 스스로 있는 그대로의 당신보다 더 나은 사람이 되려고 애쓰는 걸 멈춘다면, 실제 당신이 어떤 사람이든 훨씬 더 홀가분해지고 행복해지며 더불어 살기 편한 사람이 될 것이다.

우리는 모든 걸 보다 덜 개인적으로 받아들이는 걸로 시작할 수도 있다. 어떤 일이 일어나면, 자기중심적으로 보지 말고 그냥 재미 삼아 보도록 하라. 아마 그 일은 그냥 일어났을 것이다. 아마 당신을 겨냥해 일어나진 않았을 것이다. 그럴 때 당신의 마음을 지켜보라. '내'가 이렇게 하고 '나를' 저렇게 하고 있는가? 당신 자신에게 물어보라. "나는 누구인가?" 또는 소유권을 주장하고 있는 "이 '나'는 무엇인가?"

알아차림 그 자체는 자아 형성의 균형을 잡아주고 그 영향을 줄이는 데 도움이 될 수 있다. 자아는 비영구적이라는 사실에도 주목하라. 당신과 관련된 것들 가운데 당신이 손에서 놓지 않으려 애쓰는 것들은 전부 당신에게서 떠난다. 그것들은 매 순간 상황에 따라 늘 조금씩 다르게 변화하고, 쇠퇴하고, 재구성되기 때문에 잡고 싶어도 잡을 수도 없다. 그래서 자아는 카오스 이론에서 말하는 이른바 '이상한 끌개strange attractor' 패턴, 즉 질서를 구현하면서도 예측 불가능한 무질서를 만들어내는 패턴을 띈다. 이 패턴은 절대 반복되지 않는다. 볼 때마다 약간씩 달라지는 것이다.

공고하고 영구적이며 변함없는 자아에 붙잡을 수 없는 특성이 있다는 건 아주 희망적이다. 자기 자신을 너무 심각하게 받아들이는 걸 중단할 수 있고, 또 당신 삶의 아주 자잘한 면들이 우주 운행의 중심이 되어야 한다는 압박감에서 헤어나올 수 있다는 의미이기 때문이다. 자아 형성 충동들을 인정하고 손에서 놔줌으로써, 우리는 우주에서 이런저런 일들이 일어날 여지를 좀 더 줄 수 있게 된다. 우리가 우주 속에 뛰어들어 우주의 펼쳐짐에 참여하고 있기 때문에, 우리가 너무 과한 자기중심, 자기방종, 자기비판, 자기불신, 자기불안을 갖고 있을 경우 우주의 펼쳐짐은 지연될 것이며, 자기지향적인 우리의 생각이 만들어낸 꿈 같은 세계가 너무 현실적으로 보이고 느껴지게 될 것이다.

분노

어느 일요일 아침 이른 시각에 나는 11살 난 우리 딸의 친구 노손의 집 앞에 차를 세우고 차에서 내렸다. 그 순간 나는 딸아이의 얼굴에서 제 발 화를 내지 말라며 애원하는 듯한 무언의 표정을 보았다. 그러나 노 손은 속에서 치밀어 오르는 화를 억누르지 못해 붉으락푸르락 해지는 내 얼굴을 보았고, 그래서 내가 한바탕 소란을 피워 자기 입장이 난처 해지지 않을까 두려워하고 있었다. 그러나 나중에 그러지 말았어야 하 는 데 하며 후회하겠지만, 그 순간 완전히 화를 삭이기엔 내 감정이 이 미 너무 북받쳐 있었다. 아, 그 순간 딸아이가 얼굴 표정으로 내 화를 가 라앉히게 하고 내 마음을 움직여 정말 중요한 사실을 직시하게 만들었 더라면 얼마나 좋았을까. 그러니까 자신은 아빠인 내가 자신의 기대를 저버리고 막 싹트고 있는 자신의 사회적 감수성에 상처를 줄까 두려워 하기보다는 아빠를 믿고 의지하고 있다는 사실을 직시하게 만들었더라면 말이다. 그러나 그 순간 나는 딸아이의 친구가 정해진 시간까지 준비를 해놓기로 해놓고 그러지 않아 나를 이용했다는 생각에 머리끝까지 화가 나 있었고, 그래서 그 순간 딸아이가 갖고 있던 생각 내지 걱정을 제대로 보지 못하고 있었다.

나는 독선적인 분노의 소용돌이에 휩쓸렸다. 나의 '나'는 누군가에 의해 기다리게 되거나 이용당하는 걸 원치 않았다. 나는 딸아이에게 소란을 피우지 않겠다고 약속했지만, 이용당한 느낌이 들었기 때문에 당장 그 문제에 대해 따지고 싶기도 했다. 나는 아침 일찍부터 전화를 해 아직 잠도 덜 깬 딸아이 친구 엄마에게 짜증 섞인 목소리로 이런저런 질문을 해댔다. 그런 다음 부글부글 속을 끓이며 딸아이 친구를 기다렸는데, 의외로 그 애는 아주 금방 나왔다.

그리고 그 문제는 그렇게 잊혔다. 그러나 내 기억 속에서는 잊히지 않았다. 당시 내가 빨리 읽지 못한 딸아이의 얼굴에 떠올랐던 그 표정. 그 표정은 아직 잊히지 않았으며, 앞으로도 잊히지 않길 바란다. 그때 내가 그 표정을 읽을 수 있었다면, 분노 역시 그때 거기에서 사라졌을 텐데.

'옳은' 것에 대한 편협한 관점에 집착하면 그 대가를 치르게 된다. 내 입장에서 일시적인 내 감정 상태는 내 딸아이의 믿음에 비하면 훨씬 덜 중요하다. 그러나 그 당시 딸아이의 믿음 역시 똑같이 짓밟혔다. 의식을 갖고 조심하지 않으면, 편협한 마음의 감정 상태가 순간을 지배할 수 있다. 그런 일은 늘 일어난다. 우리가 우리 자신과 남들에게 주는 집단적인 고통은 우리의 영혼까지 괴롭힌다. 인정하기 힘든 일이지만, 특히 우리 자신의 경우 더 인정하기 힘든 일이지만, 우리는 자아에 영향을 주는 분노에 너무 자주 빠지고 또 굴복한다.

고양이 밥그릇 교훈

나는 음식 찌꺼기가 묻은 고양이 밥그릇이 우리의 그릇들과 같이 주방 싱크대 안에 들어 있는 걸 끔찍이 싫어한다. 대체 그게 뭐가 그리 화나는지 잘 모르겠지만, 어쨌든 그렇다. 내가 자라면서 반려동물과 같이 살아본 적이 없어서인지도 모른다. 아니면 반려동물이 공중 보건을 위협한다고(알다시피 바이러스 문제 같은 것도 있고) 생각하기 때문이리라. 내 경우 고양이 밥그릇들을 씻을 때면, 먼저 싱크대 안에 있는 우리 그릇들을 다 씻고 난 뒤 고양이 밥그릇들을 씻는다. 어쨌든 나는 싱크대 안에 고양이 밥그릇들이 있는 걸 보면 기분이 나빠지고, 그래서 바로 반응하게 된다.

먼저 화가 난다. 그런 다음 그 화는 점차 개인적인 것이 되고, 나는 결국 범인이라고 생각되는 사람에게(대개는 내 아내 밀라Myla지만) 비난의 화살을 돌린다. 나는 아내가 내 감정을 존중해주지 않는 것에 상처를 받는다. 나는 기회 있을 때마다 계속 그녀에게 고양이 밥그릇을 싱크대 안에 넣는 게 싫다고, 보기만 해도 역겹다고 말한다. 늘 최대한 정중하게 그러지 말라고 부탁하지만, 그래도 아내는 종종 그런다. 그녀는 내가 애들 같고 충동적이라 느끼며, 그래서 시간에 쫓길 때면 음식 찌꺼기가 남은 고양이 밥그릇들을 그냥 싱크대 안에 담가놓고 나간다.

싱크대 안에 고양이 밥그릇들이 있는 걸 발견하면 바로 열띤 논쟁이 벌어지는데, 대체로 내가 분노와 상처를 느끼기 때문이며, 무엇보다도 내 자신이 '내'가 옳다는 걸 알고 '나의' 분노, '나의' 상처를 정당화하기 때문이다. 고양이 밥그릇이 싱크대 안에 있으면 안 되잖아! 게다가 그런 경우 내 자신의 '자아 형성'은 보다 강력해진다.

그런데 근래 들어 나는 내 자신이 고양이 밥그릇 문제에 대해 예전처럼 그리 예민하게 반응하지 않는다는 걸 알게 됐다. 그렇다고 이 문제를 해결하려고 특별히 노력한 것도 없었다. 고양이 밥그릇에 대한 느낌은 예나 지금이나 똑같지만, 어쨌든 나는 이 문제를 좀 더 큰 알아차림과 훨씬 더 큰 유머 감각을 가지고 다른 시각으로 보게 되었다. 일례로, 이제 그런 일이 일어나면, 그리고 그런 일은 지금도 여전히 짜증날 만큼 자주 일어나지만, 나는 그 일이 일어나는 순간 나의 반응을 인지해 가만히 쳐다보면서 이렇게 상기한다. '바로 이거야!'

나는 이제 내 속에서 분노가 치밀어 오르기 시작할 때 가만히 관찰한다. 알고 보니 그 분노는 가벼운 혐오감에서 시작되곤 한다. 그런 다음 배신감이 이어지는데, 그 배신감은 그리 가볍지 않다. 식구들 중에 누군가가 내 요청을 무시하고 있고, 나는 그걸 아주 개인적으로 받아들이고 있다. 어쨌든 집안에서 내 감정은 중요한 거 아닌가?

나는 실험 삼아 주방 싱크대에서 아무 행동도 취하지 않은 채 내 반응들을 아주 면밀히 관찰해보았다. 그 결과 나는 초기의 혐오감은 그리 나쁘지 않으며, 내가 그 혐오감과 함께 머물고 함께 호흡하며 그냥 느끼기만 하면, 실제 1~2초 내에 사라져버린다는 사실을 알게 됐다. 또한 고양이 밥그릇 그 자체보다 훨씬 더 나를 화나게 만드는 건 배신감, 그러니까 내 바람이 무시당했다는 느낌이라는 사실도 알게 됐다. 그래서 나는 내 분노의 근원은 고양이 밥그릇 그 자체가 아니라는 사실을 알게 됐다. 상대가 내 말에 귀 기울여주지 않고 나를 존중해 주지도 않는다는 느낌이 문제였던 것이다. 고양이 밥그릇은 문제도 아니었다. 오, 이런!

그런 다음 나는 아내와 아이들은 이 문제 전체를 아주 다른 관점에서 보고 있다는 사실도 기억해 냈다. 그들은 내가 별것도 아닌 일을 가지고 요란을 떤다고 생각했으며, 또 내 바람이 정당하다고 느껴질 땐 존중하려 애쓰겠지만 그렇지 않을 때엔 아예 내 생각은 하지 않고 그냥 하던 대로 할 거라고 생각하고 있었던 것이다.

그래서 나는 고양이 밥그릇 문제를 개인적으로 받아들이는 걸 그만두었다. 싱크대 안에 고양이 밥그릇이 들어 있는 게 정말 싫을 경우, 그 순간에 바로 소매를 걷고 설거지를 한다. 아니면 그냥 다 내버려둔 채 나가버린다. 우리는 이제 더 이상 고양이 밥그릇 문제로 싸우지 않는다. 사실 이제는 어쩌다 우연히 싱크대 안에 그 불쾌한 물건들이 있는 걸 보면 그냥 미소 짓는다. 어쨌든 그 물건들 때문에 많은 걸 배우지 않았던가.

시도

당신을 짜증나게 만들거나 화나게 만드는 상황에서 당신의 반응들을 살펴보라. 당신을 화나게 '만드는' 일에 대해 언급하는 것만으로도 어떻게 당신의 힘이 다른 사람들에게 넘어가나 잘 보라. 그런 경우야말로 마음챙김을 가지고 냄비처럼 실험해볼 수 있는 좋은 기회이다. 그러니까 마음챙김이라는 냄비 안에 당신의 모든 감정들을 집어넣고 그저 그것들과 함께하면서 그것들이 천천히 익게 내버려 두는 것이다. 그러면서 당신이 당장 그 감정들을 가지고 어떻게 할 필요는 없으며, 그저 그 감정들을 마음챙김이라는 냄비 안에 집어넣고 있을 때 보다 잘 요리되고 보다 잘 소화되고 보다 잘 이해된다는 걸 상기하라.

그리고 사물에 대한 당신 마음의 관점에서 어떤 식으로 당신의 감정들이 생겨나는지 관찰해보고, 그런 관점이 완전하지 못할 수도 있다는 걸 깨달아라. 당신은 지금의 이 상황은 아무 문제없으며 당신 자신을 옳거나 그르게 만들지도 못한다는 걸 인정할 수 있겠는가? 당신은 점점 더 강해지는 감정들을 외부로 투사해 세상이 지금 당신이 원하는 대로 되길 강요하지 않고, 대신 인내심과 용기를 가지고 그 감정들을 마음챙김이라는 냄비 안에 집어넣고 그냥 그 상태로 유지해 서서히 요리되게 할 수 있겠는가? 당신은 이런 마음챙김 수행이 어떻게 새로운 방식으로 당신 자신을 알게 해주고, 또 낡고 진부하고 한계가 있는 관점들에서 어떻게 당신 자신을 해방시켜 주는지 알 수 있겠는가?

수행으로서의 육아

나는 20대 초에 명상을 하기 시작했다. 그 당시만 해도 나는 시간에 어느 정도 융통성이 있었고, 그래서 10일 또는 2주간 계속되는 명상 수련회에 정기적으로 참여할 수가 있었다. 그 수련회들은 참여자들이 매일 이른 아침부터 밤늦게까지 앉아서 또는 걸어 다니며 마음챙김 수행에만 몰두할 수 있게 되어 있었고 채식 위주의 든든한 식사들이 제공됐는데, 이 모든 게 침묵 속에 행해졌다. 이런 내면의 작업을 하면서 우리는 뛰어난 명상 스승들의 도움을 받았는데, 그들은 저녁이면 영감 넘치는 얘기들로 명상 수행의 깊이와 폭을 늘려주었고, 자주 개별 면담을 해 명상 수행이 어떻게 되어 가는지 점검해 주었다.

　　나는 그런 명상 수련회들을 아주 좋아했다. 내 삶의 다른 모든 것들을 잠시 보류할 수 있었고, 기분 좋고 평화로운 시골 어딘가로 떠날 수 있었으며, 보살핌을 받을 수 있었고, 진정한 목표가 오로지 수행하고 수행하고 또 수행하는 것뿐인 극도로 단순화되고 사색적인 삶을 살 수 있었기 때문이다.

그러나 뭐랄까, 수련회가 그리 쉽지만은 않았다. 가끔은 여러 시간 동안 가만히 앉아 있으려니 큰 육체적 고통이 따랐는데, 그 고통은 몸과 마음이 보다 평온해지고 덜 분주해지면서 종종 겪게 되는 정신적 고통에 비하면 아무것도 아니었다.

아내와 내가 아이들을 갖기로 마음먹었을 때, 나는 적어도 당분간은 수련회를 포기해야 할 거라는 걸 알았다. 나는 아이들이 자라 곁에 늘 붙어 있지 않아도 될 때쯤 되면 언제든 다시 그 사색적인 환경으로 되돌아갈 수 있을 거라며 내 자신을 달랬다. 나이가 들어 수도승 같은 삶으로 되돌아간다는 환상에는 뭔가 낭만적인 데가 있었다. 아예 수련회를 포기하거나 아니면 적어도 수련회에 가는 횟수를 대폭 줄이는 일은 별로 괴롭지 않았다. 수련회를 높이 평가하긴 했지만, 어떤 면에선 아이들을 갖는 일도 일종의 명상 수련으로 볼 수 있다고 생각했기 때문이다. 아이들을 갖는 일도 내가 포기하려는 것들의 중요한 점들을 거의 다 (조용함과 단순함만 빼고) 갖고 있다고 생각했던 것이다.

그러니까 나는 이렇게 생각했다. 먼저, 당신은 아기를 당신의 삶 속에 떨어진 어린 부처 또는 선불교 대가로, 또 당신 개인의 마음챙김 명상 스승으로 볼 수 있다. 그러니까 아기의 존재와 행동들 때문에 당신의 모든 믿음과 한계는 도전에 직면하게 되고, 또 언제 뭔가에 집착해야 하고 언제 손에서 놔줘야 하는지 깨우칠 기회를 끊임없이 갖게 되는 것이다. 아이 하나하나가 적어도 18년간의 명상 수련회여서, 사실상 선행을 할 시간도 낼 수 없을 것이다. 육아라는 이름의 이 수련회 일정은 인정사정없으며, 끝없이 이타적이고 자애로운 행동들을 요구할 것이다. 이제껏 내 자신의 개인적 필요와 욕망을 뒤쫓는 시간들로 채워졌던 내 삶은 젊은 독신자에게 너무도 정상적인 삶이었지만, 이제 그 삶도 급변하게 될 참이었다. 부모가 된다는 건 성인으로 살아온 이때까지의 내 삶에서 가장 큰 변화가 될 게 분명했다. 부모 역할을 제대로 해내려면, 이제껏 경험한 적 없는 더없이 명료한 관점, 더없이 확실한 마음 비우기가 필요할 것이다.

일례로, 아기들은 끊임없는 관심과 보살핌을 필요로 한다. 아기들이 필요로 하는 것들은 당신의 일정이 아닌 그 애들의 일정에 따라야 한다. 당신이 그러고 싶지 않을 때뿐 아니라 매일 말이다. 가장 중요한 것은, 아기들과 아이들은 제대로 잘 자라기 위해 당신의 전 존재를 필요로 한다는 것. 그들은 안아줘야 하고(자주 안아줄수록 더 좋지만), 데리고 걸어줘야 하고, 노래해줘야 하고, 흔들어줘야 하고, 함께 놀아줘야 하고, 달래줘야 하고, 가끔은 늦은 밤이나 이른 아침에 먹을 걸 줘야 한다. 당신이 지치고 피곤해 잠잘 생각밖에 없거나 다른 데 꼭 해야 할 급한 일이 있을 때도 마찬가지이다. 아이들이 필요로 하는 건 끝없이 마구 변하기 때문에, 부모들의 입장에서는 자동 조정 모드로 움직이지 않고 완전히 현재에 충실해야 할 더없이 좋은 기회가 된다. 또한 기계적이 아니라 의식적으로 말할 수 있는 좋은 기회이기도 하며, 각 아이에게서 존재를 느끼고 그 활력과 순수함을 통해 우리 자신에게서 활력과 순수함을 이끌어낼 좋은 기회이기도 하다. 나는 아이들과 가족을 내 스승으로 받아들이고 또 빠른 속도로 세차게 다가오는 삶의 교훈들을 알아보고 유심히 귀 기울인다면, 육아야말로 보다 깊이 있는 마음챙김 수행을 하는 데 더없이 좋은 기회라고 본다.

　　장기 명상 수련회의 경우와 마찬가지로, 육아의 경우에도 편한 시기와 어려운 시기, 멋진 순간들과 몹시 고통스런 순간들이 있다. 육아 기간을 명상 수련회 기간으로 보고 아이들과 가족을 내 스승으로 떠받든다는 원칙을 세울 경우, 그 뛰어난 효과와 가치는 두고두고 계속 입증될 것이다. 육아는 압박감이 높은 직장 상황과 흡사하다. 처음 몇 년간은 열 사람 정도가 해야 할 상근직 일을 두 명 내지 심한 경우 단 한 명이 해야 하는 것처럼 느껴진다. 아기와 함께 일을 어떻게 처리하라며 매뉴얼 같은 게 주어지는 것도 아니다. 제대로 잘해내기가 세상에서 가장 힘든 일로, 거의 내내 자신이 잘하고 있는지조차 모르며, 심한 경우 잘하고 있다는 게 무슨 뜻인지조차 모른다. 그리고 사실 우리는 육아를 위한 준비나 훈련도 되어 있지 않으며, 그저 상황이 전개되는 대로 매 순간 실습 훈련만 할 수 있을 뿐이다.

　　처음에는 잠시 숨 돌릴 시간을 내기도 어렵다. 육아는 당신에게 끊임없이 몰두할 것을 요구한다. 그리고 아이들은 늘 세상에 대해 또 자신이 누구인지에 대해 알아내기 위해 당신을 한계 상황까지 밀어붙인다. 게다가 성장하면서 변화한다. 당신이 어떤 상황에 제대로 대처할 방법을 알아내기 바쁘게, 아이들은 곧 거기서 빠져나와 당신이 일찍이 경험한 적 없는 또 다른 상황 속으로 들어간다. 더 이상 적용되지 않는 낡은 관점에 머물지 않으려면, 당신은 끊임없이 마음챙김 상태로 들어가 현재에 충실해야 한다. 그리고 물론 육아의 세계에서는 모든 걸 '잘하기' 위한 정해진 답이나 간단한 공식 같은 건 없다. 그러니까 불가피하게 거의 늘 창의적이고 도전적인 상황들에 처하게 되며, 동시에 하고 또 하고 계속해서 다시 하게 되는 많은 반복적인 일들과 맞닥뜨려야 하는 것이다.

게다가 아이들이 자라 자신의 생각과 강한 의지가 생겨나기 시작하면 상황은 더 힘들어진다. 아기들이 필요로 하는 걸 해주는 건 아주 간단한 일이다. 아기들이 아직 말을 할 줄 알게 되기 전까지는, 그러니까 아기들이 더없이 귀엽고 사랑스러울 때는 특히 더 그렇다. 그러나 아이들이 좀 더 나이가 들어 끊임없는 의지의 충돌이 벌어질 때, 사물을 정확히 보고 지혜와 균형을 가지고 효과적으로 반응한다는 건 (어쨌든 당신은 어른 아닌가) 결코 간단한 일이 아니다. 나이가 좀 든 아이들은 이제 늘 안아주고 싶을 만큼 너무 귀여운 것도 아니며, 매정하게 서로를 놀려대고 싸우고 반항하고 말을 들으려 않고, 당신의 지도와 명석함을 필요로 하는 사회적 상황에서도 마음의 문을 열지 않을 수 있다. 간단히 말해, 아이들이 필요로 하는 일들은 끊임없이 당신의 에너지를 요구해, 정작 당신 자신을 위한 시간은 거의 남지 않게 된다. 당신의 평정심과 명석함이 심하게 도전받는 상황은, 그리고 당신 스스로 평정심과 명석함을 잃는 걸 보게 될 상황은 끝도 없이 많다. 그야말로 도망칠 곳도 없고 숨을 곳도 없다. 당신의 아이들은 그 모든 것들을, 그러니까 당신의 약점과 별난 점, 무사마귀와 여드름, 핸디캡, 모순, 실패 등등을 보게 될 것이다.

그렇다고 해서 이런 시련들이 육아나 마음챙김 명상 수행에 걸림돌이 되진 않는다. 당신이 이런 식으로 보는 걸 기억해낼지 모르겠지만, 그 시련들도 수행이다. 그렇지 않다면 부모로서의 당신 삶은 아주 길고 불만족스런 부담이 될 것이며, 그런 상황에서는 능력이 딸리고 목적이 불분명해져 당신 아이들과 당신 자신의 내적 선을 존중하지 못하게 되거나 심할 경우 보지도 못하게 될 수도 있다. 아이들은 어린 시절에 쉬 상처를 받고 위축될 수 있으며, 그럴 경우 늘 자신 욕구와 자기 내면의 아름다움을 적절히 존중하지 못하게 된다. 상처는 아이들이나 가족들에게 더 많은 문제들만 안겨주게 될 것이다. 자신감 및 자존감과 관련된 문제들, 의사소통 및 능력과 관련된 문제들, 아이들이 나이가 들어도 저절로 사라지는 게 아니라 대개 더 증폭되는 문제들을 말이다. 게다가 부모인 우리가 마음의 문을 충분히 열지 못해, 우리 아이들이 이처럼 상처를 받아 위축되고 있다는 조짐들을 알아채 제대로 치유해주지 못할 수도 있다. 아이들의 상처가 어느 정도는 우리 자신을 통해 또는 우리의 인식 부족 때문에 생겨날 수도 있기 때문이다. 또한 상처가 감지하기 힘들어 쉽게 부정될 수도 있고, 다른 원인들 탓으로 돌려질 수도 있으며, 그 결과 우리 자신의 마음이 책임감에서 벗어나려 할 수도 있다.

부모의 경우 에너지가 몽땅 외부로 발산되어 버리면 뭔가 새로 공급 받을 에너지원이 있어야 활력을 되찾을 수 있으며, 그렇지 않으면 육아 과정 자체가 오래 지속될 수가 없다. 이때의 에너지원은 무엇일까? 내가 생각해낼 수 있는 에너지원은 두 가지뿐이다. 그 하나는 외부 지원으로, 당신의 배우자나 다른 가족들, 친구들, 아이 봐주는 사람 등을 통해 도움을 받거나, 적어도 가끔 당신이 좋아하는 다른 일들을 하는 것이다. 또 다른 에너지원은 내면의 지원으로, 이는 격식을 갖춘 명상 수행을 통해 얻을 수 있다. 살아가면서 잠깐씩 시간을 내 조용한 시간을 갖고, 그냥 존재하고, 가만히 앉아 있거나 약간의 요가를 하는 등 필요한 방법들을 써서 당신 자신에게 영양분을 제공하는 것이다.

나는 주로 아침 일찍 명상을 한다. 집안이 조용하고 특별히 관심을 쏟아야 할 사람도 없는 때가 그때뿐이기 때문이기도 하며, 다른 해야 할 일도 많아 아침 일찍 명상을 하지 않으면 나중에는 너무 지치거나 바빠 할 수가 없기 때문이기도 하다. 나는 또 이른 아침의 명상 수행이 그날 전체의 분위기를 좌우한다는 걸 잘 안다. 아침 명상을 통해 그날 중요한 일들이 뭔지를 기억해내고 확인할 수 있으며, 아침 명상을 통해 마음챙김 상태가 자연스레 그날의 다른 모든 측면에 스며들 수 있는 것이다.

그러나 집에 아기들이 있을 경우 아침 시간마저 뺏기기 쉽다. 설사 아주 조심스레 준비한다 해도, 당신이 하려는 모든 일이 언제든 방해받아 완전히 좌절될 수 있고, 그래서 뭔가에 완전히 몰입한다는 게 불가능한 것이다. 우리 아기들은 잠을 잘 자지 않았다. 그 애들은 늘 늦게까지 안 자고 아침 일찍 깨나는 것 같았다. 특히 내가 명상을 할 때면 더 그랬다. 우리 애들은 마치 내가 일어나는 때를 감지하는 듯 같이 잠을 깨곤 했다. 그래서 어떤 날에는 앉아서 명상을 하거나 요가를 하기 위해 시간을 당겨 새벽 4시에 일어나야 했다. 어떤 때는 너무 피곤해 명상이고 뭐고 우선 자야겠다는 생각을 하기도 했다. 그리고 또 어떤 때는 아기를 무릎 위에 앉힌 채 명상을 하기도 했는데, 그렇게 얼마나 오래 있을 건지는 그 애 마음이었다. 우리 애들은 명상 담요에 쌓여 머리만 삐죽 밖으로 내밀고 있는 걸 좋아해 종종 오랜 동안 가만히 그렇게 있기도 했고, 그럴 때면 나는 내 호흡은 물론 그 애의 호흡도 신경 쓰며 명상을 했다.

그 당시는 물론이고 지금도 그렇지만, 나는 가만히 앉아 애들을 안은 채 내 몸과 내 호흡과 우리의 밀접한 접촉을 의식하는 게 그 애들이 평온함을 느끼고 정적과 수용의 느낌을 알아가는 데 도움이 된다고 느꼈다. 그리고 아이들의 마음은 어른들의 생각과 근심 걱정들로 번잡하지 않아 명상을 통해 나보다 훨씬 더 크고 순수한 내적 평온함을 찾았고, 그 덕에 나 역시 더 차분하고 평온하게 매 순간에 충실할 수 있었다. 걸음마를 시작하면서 아이들은 요가를 하는 내 몸 위로 기어 올라와 올라타거나 매달리곤 했다. 그리고 바닥 위에서 함께 놀며, 우리는 자연스레 두 사람을 위한 요가 자세들을, 그리고 둘이 함께 할 수 있는 일들을 찾아내곤 했다. 대개 마음챙김 상태에서 조용히 행해지는 이 정중한 몸동작들은 아버지인 내게 엄청난 기쁨과 즐거움의 원천이었으며, 함께 공유하는 연결감의 깊은 원천이기도 했다.

아이들이 나이가 들면 들수록, 그 애들이 여전히 함께 살고 있는 선불교 대가라는 사실을 떠올리는 게 점점 더 힘들어진다. 또한 아이들의 삶에 대해 직접 입을 대는 일이 점점 줄어들면서, 마음챙김 상태를 잘 챙기고 일절 반응하지 않고 내 자신의 반응과 과잉반응들을 자세히 들여다보는 일 또한 점점 더 힘들어지는 듯하다. 마치 무슨 일인지 미처 깨닫기도 전에 어린 시절 내가 겪은 일들이 녹음된 낡은 테이프들이 최대한 큰 소리로 돌아가는 것 같다고나 할까. 집안에서의 내 역할, 정당한 권위 및 부당한 권위와 내 힘을 행사하는 방법, 집안에서 편하게 지내는 방법, 아주 다른 연령대와 배경 그리고 상충하는 욕구들을 가진 사람들 사이에서의 인간관계 등과 관련해 내가 배웠던 전형적인 남성상 등이 머릿속에 마구 떠오르는 것이다. 매일매일이 새로운 도전이다. 때론 너무 벅차게 느껴지고 또 때론 너무 외롭기도 하다. 당신은 아이들의 건강한 정신 발달과 탐구를 위해서도 거리를 두어야 한다는 걸 인정하고 실제 거리가 벌어지는 것도 느끼지만, 설사 정신 건강에 좋다 해도 서로 거리를 두는 건 역시 마음 아픈 일이다. 나는 가끔 내 자신이 어른이 된다는 게 어떤 건지를 까먹고 아이들 같은 행동에 빠지곤 한다. 그러나 내 자신의 마음챙김 상태가 그 순간 맡은 과제에 미치지 못할 경우, 아이들이 곧 나를 바로잡아주고 다시 깨어나게 해준다.

육아와 가정생활은 마음챙김 명상 수행을 하는 데 더없이 적합한 분야일 수도 있지만, 마음이 약하거나 이기적이거나 게으르거나 못 말릴 정도로 낭만적인 사람에게는 적합하지 않다. 육아는 당신으로 하여금 당신 자신을 보지 않을 수 없게 만드는 거울이다. 육아 과정에서 관찰한 것들로부터 배울 수 있다면, 당신은 계속 성장할 수 있는 기회를 잡을 수도 있다.

✣

가장 가까운 사람들 사이에도 무한한 거리가 계속 존재한다는 걸 깨닫기만 한다면, 그리고 또 만일 하늘을 등지고 서 있는 상대를 온전히 볼 수 있게 해주는 서

로 간의 거리를 사랑할 수 있게 된다면, 놀라운 삶이
하나 하나 펼쳐지기 시작할 것이다.

_라이너 마리아 릴케의 『서간집』 중에서

✤

전체성을 획득하려면 한 사람의 전 존재를 걸어야 한
다. 그 이하로는 안 된다. 더 쉬운 조건도, 대체물도, 타
협도 있을 수 없다.

_C.G. 융

시도

당신이 만일 부모나 조부모라면, 아이들을 당신의 스승으로 보려고 해
보라. 종종 말없이 그 애들을 관찰해 보라. 보다 유심히 그 애들의 말에
귀 기울여 보라. 그 애들의 몸짓언어를 읽어보라. 어떤 자세를 취하는
지, 어떤 그림을 그리는지, 어떤 걸 보는지, 어떻게 행동하는지를 지켜
보고 그 애들의 자존감을 평가해 보라. 이 순간 그 애들이 필요로 하는
건 무엇인가? 하루 중 이 시간에? 그 애들의 삶에서 지금 단계에서? 당
신 자신에게 물어보라. "지금 저 애를 어떻게 도울 수 있을까?" 그런 다
음 당신의 마음이 시키는 대로 하라. 그리고 기억하라. 적절한 순간에

애기하지 않는 한, 그리고 타이밍에 맞춰 어떤 식으로 말할 건지를 미리 잘 생각해두지 않는 한, 대부분의 상황에서 아마 충고는 가장 쓸모없는 일일 것이다. 그저 당신 자신에게 집중하고, 현재의 순간에 충실하고, 마음을 열고 받아들이는 것이야말로 아이들에게 기막히게 좋은 선물이다. 그리고 마음을 담아 안아주는 것 또한 해롭진 않을 것이다.

두 아이의 육아

물론 아이들이 당신의 스승인 것처럼 당신 역시 아이들의 삶에서 중요한 스승이며, 그 역할을 어떻게 하느냐에 따라 당신 자신의 삶은 물론 아이들의 삶에도 큰 변화가 생기게 된다. 나는 육아를 장기간의 임시 후견 행위로 본다. 확신하건대, 아이들을 '우리의' 아이들 또는 '나의' 아이들로 생각해 우리 바람대로 키우고 통제할 소유물처럼 대하기 시작할 경우, 우리는 심각한 문제에 빠지게 된다. 좋든 싫든, 지금도 그렇고 앞으로도 늘 그렇겠지만, 아이들은 자기 자신의 존재를 유지할 것이다. 그러나 아이들은 제대로 된 인간성을 기르기까지 큰 사랑과 인도를 필요로 한다. 또한 적절한 인도 또는 안내를 받으려면 다가오는 세대에게 가장 중요한 것들을 넘겨줄 만큼 풍부한 지혜와 인내가 필요하다. 또한 내 자신도 그랬지만 어떤 아이들은 이런 일을 잘 해내기 위해 사실 보살핌과 사랑과 친절에 필요한 기본적인 본능들 외에 끊임없는 마음챙김 수양이 필요하다. 또한 나중에 자기 길을 가며 더 온전한 탐사를 하기 위해 자기 자신의 힘과 관점과 기술들을 개발하며 자신을 잘 지켜야 한다.

자신의 삶에서 명상이 소중하다는 걸 깨닫게 되는 사람은 자기 아이들에게도 명상을 가르쳐주고 싶다는 유혹에 빠지기 쉽다. 그러나 이는 큰 실수가 될 수도 있다. 내 생각에 당신의 아이들에게 (특히 그 아이들이 어릴 때) 지혜나 명상 같은 것들을 전수해줄 수 있는 최선의 방법은 입을 꾹 다문 채 가장 전수해주고픈 것들을 솔선수범하며 구현하는 것이다. 내가 보기에는, 당신이 명상 얘기를 더 많이 할수록 또는 명상을 찬미한다거나 어떤 식으로 하라고 주장하면 할수록, 당신의 아이들은 평생 명상과 담 쌓고 지내게 될 가능성이 높아진다. 아이들은 당신이 당신의 관점에 강한 집착을 갖고 있다는 걸 알게 될 것이고, 또 당신이 그들을 지배하려 들고 그들에겐 맞지도 않는 당신 자신만의 어떤 믿음들을 강요하는 데서 공격성을 느낄 것이다. 그리고 나이가 들면서 당신의 그런 위선을 간파하게 될 것이며, 말로 하는 것과 실제 그런 삶을 사는 것 사이엔 괴리가 있다는 것도 알게 될 것이다.

당신이 당신 자신의 명상 수행에 전념한다면, 아이들이 와서 그걸 보고 명상을 기정사실로, 삶의 일부로, 일상적인 활동으로 받아들이게 될 것이다. 아이들은 원래 부모가 하는 거의 모든 일들을 따라하는 법이지만, 종종 당신의 명상 수행을 따라하려 할 것이다. 여기서 중요한 건, 명상을 배우고 수행하려는 동기 자체가 대부분 아이들에게서 나와야 하며, 명상에 대한 관심이 유지되는 정도로만 추구되어야 한다는 것이다.

진정한 가르침은 거의 전적으로 침묵 속에 수행된다. 내 아이들은 내가 요가를 하는 걸 보기 때문에, 가끔 나와 함께 요가를 한다. 그러나 대부분의 경우에는 뭔가 해야 할 더 중요한 일들이 있어 요가에는 관심을 보이지 않는다. 앉아서 하는 명상의 경우도 마찬가지이다. 그러나 아이들은 명상에 대해 잘 안다. 그 애들은 앉아서 하는 명상이 어떤 건지도 대충 알고 있으며, 내가 그 명상을 높이 평가해 직접 수행한다는 것도 알고 있다. 그리고 어린 시절부터 나와 함께 앉아 있곤 해, 앉아서 명상을 하고 싶을 경우 어떤 자세로 앉아야 하는지도 잘 안다.

직접 명상을 하다보면, 당신은 어떤 때에 당신의 아이들에게 명상을 권하는 게 괜찮을지 알게 될 것이다. 이런 권유들은 그때 효과가 있을 수도 있고 없을 수도 있지만, 나중을 위해 씨앗을 뿌리는 것과 비슷하다. 당신의 아이들이 고통이나 두려움을 겪고 있을 때 또는 잠을 잘 들지 못할 때가 좋은 기회이다. 위압적인 태도로 강요하지 말고, 자신의 호흡에 몰입해 호흡 속도를 늦추고, 작은 배를 타고 파도 위를 떠다니며 두려움이나 고통을 쳐다보고, 이미지나 색들을 찾으며 상상력을 동원해 상황을 즐기라고 권할 수 있겠다. 그러면서 이 모든 건 마치 영화 같은 마음속 그림들일 뿐이며, 직접 그 영화와 생각, 이미지를 변화시킬 수 있어, 가끔은 더 빨리 기분이 좋아지고 더 잘 통제하게 될 거라고 말해주는 것이다.

가끔은 이 모든 게 취학 전 아동들에게 더 효과가 있지만, 그 아이들도 일단 예닐곱 살 정도가 되면 이런 걸 쑥스러워하거나 바보 같은 짓이라고 생각할 수도 있다. 그러고 나면 그 시기도 지나고, 어떤 시점에 이르면 아이들은 다시 이 모든 걸 잘 받아들이게 된다. 어쨌든 두려움과 고통을 다루는 내적인 방법들이 있다는 걸 보여주는 씨앗들은 뿌려졌고, 그러니 아이들은 나이가 좀 더 든 뒤에 다시 종종 이런 지식으로 돌아오게 될 것이다. 또한 아이들은 직접적인 경험을 통해 자신들이 단순한 생각과 느낌 이상의 존재라는 걸 알게 될 것이고, 또 자기 자신에게 다양한 상황에 참여하고 그 결과에 영향을 줄 더 많은 선택권을 줄 수 있다는 걸 깨닫게 될 것이다. 그리고 또 다른 사람들의 마음이 요동친다고 자신의 마음까지 그래야 하는 건 아니라는 것도 알게 될 것이다.

길에 깔린 함정들

당신이 만일 평생 마음챙김 명상 수행의 길을 걷는다면, 그 여정에서
가끔 부딪히게 될 가장 큰 장애물은 십중팔구 당신의 생각하는 마음일
것이다.

예를 들어 당신은 시시때때로 어딘가에 도달했다고 생각할
수 있다. 특히 당신이 이제껏 경험한 그 어떤 순간보다 만족
스런 순간들을 겪으면서 더 그럴 수 있다. 그러면 당신은 그
렇게 생각하며 돌아다닐 수 있고, 심지어 실제 당신이 어딘
가에 도달했다고, 명상 수행이 효과가 있다고 말을 할 수도
있다. 그 특별한 느낌이나 깨달음이 무엇이든, 당신의 자아
는 그 느낌이나 깨달음은 당신이 성취한 것이라며 인정을
받고 싶어 한다. 그러나 그런 일이 일어나는 순간, 당신은

더 이상 명상을 하는 게 아니라 광고를 하는 것이다. 자기과 시 버릇을 뒷받침하는 데 명상 수행을 이용하는 함정에 빠지기 쉬운 것이다.

그리고 그런 함정에 빠지는 순간, 당신은 더 이상 사물을 명료하게 보지 못한다. 심지어 명료한 통찰력마저 이런 자기 중심적 사고에 사로잡히는 순간 바로 흐려지면서 그 신뢰성을 잃게 된다. 따라서 당신은 '나', '나를', '나에게', '나의 것'이라는 자아 형성 단어들은 모두 당신을 당신 자신의 가슴과 직접적인 경험의 순수함으로부터 멀어지게 만드는 잘못된 사고의 흐름일 뿐이라는 걸 상기해야 한다. 그럼으로써 우리는 명상을 가장 필요로 하면서도 가장 그 기대를 저버리기 쉬운 순간에 명상 수행을 활발히 계속할 수 있다. 우리로 하여금 탐구 정신과 순수한 호기심을 가지고 깊이 관찰하며 끊임없이 다음 질문을 던지게 하는 것이다. "이건 뭐지?", "이건 뭐지?"

아니면 이따금 명상 수행을 하면서도 아무데도 도달하지 못하고 있다고 생각할 수도 있다. 당신이 일어나길 바라는 일이 전혀 일어나지 않는 것이다. 당연히 지겹거나 따분하다고 느끼게 된다. 당신이 어딘가에 도달했다고 느끼는 게 잘못된 일이 아니듯, 아무데도 도달하지 못하고 있다고 느끼는 거나, 지겹거나 따분하다고 느끼는 것도 잘못된 일은 아니다. 사실 어쩌면 당신의 명상 수행이 더 깊고 견고해지고 있다는 걸 보여주는 일인지도 모른다. 당신이 그런 경험이나 생각을 부풀리면서 그것들이 특별한 일인 양 믿기 시작할 때, 그런 일은 비로소 함정이 된다. 당신의 명상 수행이 방해받고 당신의 발전이 멈추는 건, 당신이 자신의 경험에 집착할 때이다.

시도

어딘가에 도달했다고 생각되거나 아니면 의당 도달해야 할 곳에 도달하지 못하고 있다고 생각될 때마다 자신에게 이런 질문들을 던지는 게 도움이 될 수 있다. "나는 어디에 도달하게 되어 있는가?", "누가 어딘가에 도달하게 되어 있는가?", "왜 어떤 마음 상태들은 다른 마음 상태들에 비해 존재하는 것으로 관찰하고 받아들이기가 덜 적절한가?", "나는 매 순간 마음챙김을 제대로 하고 있는가, 아니면 이런저런 명상 수행을 무심히 반복하는 데 빠져 그걸 명상 수행의 진수로 잘못 알고 있는가?", "나는 명상을 하나의 기법으로 활용하고 있는가?"

이런 질문들을 통해 당신은 자기중심적인 마음 상태, 무심하게 되풀이되는 버릇들, 이런저런 격한 감정들이 당신의 명상 수행을 좌지우지할 때 그 순간들을 헤쳐 나가는 데 도움을 받을 수 있다. 또한 이 질문들을 통해 당신은 매 순간순간 있는 그대로의 신선함과 아름다움으로 즉각 되돌아갈 수 있다. 어쩌면 당신은 명상을 한다는 게 다른 어딘가에 도달하기 위해 애쓰는 게 아니라 그저 이미 있는 그대로의 당신 자신으로 존재하게 허용해주는 인간의 한 활동이라는 사실을 잊어버렸거나 제대로 이해하지 못했는지도 모른다. 이는 당신이 현재 일어나고 있는 일과 당신이 현재 있는 곳을 좋아하지 않을 경우 삼키기에 쓴 약이지만, 사실 그 약은 그런 때에 특히 삼킬 가치가 있다.

마음챙김은 영적인 것인가?

영어 단어 spirit(영혼, 영)의 사전적 의미를 알아보면, '호흡하다', '숨 쉬다'의 뜻을 가진 영어 단어 breathe에 해당하는 라틴어 spirare 에서 온 것임을 알 수 있다. 그래서 inbreath 즉 '들이마시는 숨'은 inspiration(영감)이고, outbreath 즉 '내쉬는 숨'은 expiration(만료, 삶의 종결)이다. 바로 여기에서 '영spirit'과 '호흡breath' 간의 모든 연관성이 생겨난다. 그러니까 호흡이 삶, 생명력, 의식, 영혼을 뜻하기도 하고, 종 종 신이 우리 인간에게 주는 선물로도 여겨지며, 그래서 또 성스러운 것, 신령한 것, 말로 형용할 수 없는 것을 뜻하기도 하는 것이다. 가장 심오한 의미에서는, 호흡 그 자체가 영 또는 영혼의 궁극적 선물이다. 그러나 그간 살펴보았듯, 우리가 주의력을 다른 데 뺏기고 있는 한 폭 넓고 깊은 호흡의 장점들은 우리에게 미지의 것으로 남아 있을 수 있 다. 마음챙김이 하는 일이 바로 매 순간 우리를 깨어 있게 해 생명력 넘치는 존재로 살아가게 해주는 것이다. 깨어 있는 상태에서는 모든 게 우리에게 영감을 준다. 그리고 그 어떤 것도 영의 영역에서 배제되지 않는다.

나는 평소 어떻게든 '영적spiritual'이란 말은 쓰지 않으려 한다. 우선, '영적'이란 말은 병원에서 마음챙김 명상을 의료 및 건강관리의 주요 부문에 포함시키려는 내 노력에 도움이 되지도 않았고 적합하지도 않았다. 또한 우리가 도시 내 다민족 스트레스 감소 클리닉이나 교도소, 학교 같은 데서 일하거나 전문적인 단체 및 운동선수들과 함께 일하는 상황에서도 도움이 되지 않았다. '영적'이란 단어는 특히 내가 내 자신의 명상 수행을 더 심도 있게 해보려 하는 데도 도움이 되지 못했다.

그렇다고 해서 명상을 근본적으로 '영적 수행'으로 생각할 수도 있다는 점을 부인하자는 건 아니다. 나는 단지 '영적'이라는 단어가 부정확하고 불완전한 의미로 쓰이는 데다가 종종 사람들을 잘못된 길로 인도한다는 점에서 문제 제기를 하는 것이다. 물론 명상은 자신을 발전시키고 자신의 인식, 자신의 관점, 자신의 의식을 다듬는 데 큰 도움이 될 수 있다. 그러나 내가 보기에, '영적'이라는 단어는 문제를 해결해 주기보다는 오히려 문제를 만들어 내는 일이 더 많다.

어떤 사람들은 명상을 '의식 훈련'이라고 한다. 나는 그 말이 '영적 훈련'이란 말보다는 마음에 드는데, 그건 '영적'이라는 말은 사람에 따라 워낙 다른 의미들을 떠올리기 때문이다. 그 의미들은 모두 필시 우리 대부분이 면밀히 살펴보려 하지도 않는 신념 체계 및 무의식적인 기대와 뒤얽혀 있다. 너무도 쉽게 그 개발 의지를 꺾고 진정한 성장이 가능하다는 얘기조차 들으려 하지 않게 만드는 신념 체계 및 무의식적인 기대와 말이다.

병원에 있다 보면 가끔 사람들이 나를 찾아와 자신이 스트레스 감소 클리닉에서 보낸 시간이야말로 태어나서 가장 영적인 경험을 한 시간이었다는 말을 한다. 나는 그들이 그런 식으로 느낀다는 것에 기분이 좋다. 그런 느낌은 어떤 이론이나 이데올로기 또는 신념 체계에서 나오는 게 아니라 바로 자신의 명상 수행 경험에서 나오는 것이기 때문이다. 나는 대개 그들이 무슨 말을 하려는 건지 알지만, 그들이 결국 뭐라 표현하기 힘든 내적 경험을 말로 옮기려 애쓰는 중이라는 것도 안다. 그러나 내가 가장 바라는 것은 그들이 무얼 경험하거나 깨달았든 그게 지속되었으면 하는 것이고, 또한 그 경험이나 깨달음이 뿌리를 내리고 계속 살아 성장하는 것이다. 부디 명상 수행은 절대 다른 어딘가에 도달하는 게 아니며, 심지어 즐겁거나 심오한 영적 경험들을 하는 것도 아니라는 얘기를 듣게 되기를. 그리고 또 부디 마음챙김은 모든 생각을 뛰어넘는 것이며, 바로 지금 여기가 마음챙김 수행이 계속해서 펼쳐지는 무대라는 걸 이해하게 되기를.

영적인 것의 개념은 우리의 생각을 넓혀주기보다는 오히려 좁게 만들 수 있다. 너무도 흔한 일이지만, 어떤 것들은 영적인 것으로 여겨지고 또 어떤 것들은 배제된다. 과학은 영적인 것인가? 엄마나 아빠가 되는 건 영적인 것인가? 개들은 영적인 존재인가? 몸은 영적인가? 마음은 영적인가? 출산은? 먹는 일은? 그림을 그리거나 연주를 하거나 산책을 하거나 꽃을 보는 것은? 호흡은 영적인가? 산을 오르는 것은? 분명 모든 건 당신이 그걸 어떻게 만나는지, 또 당신이 그걸 어떻게 인식하는지에 달려 있다.

마음챙김 명상 수행을 하면 모든 것이 '영적'이라는 말이 의미하는 빛남으로 반짝이게 된다. 아인슈타인은 자신이 물리적 우주 밑에 깔려 있는 질서에 대해 많은 생각을 하면서 경험한 '우주적인 종교 느낌'에 대해 말한 적이 있다. 자신의 연구 결과와 관련해 오랜 세월 남성 동료 유전학자들한테 무시와 조롱을 당하다 나이 80이 다 되어서야 비로소 노벨상을 수상하고 인정도 받은 위대한 유전학자 바바라 맥클린톡Barbara McClintock은 자신이 복잡한 옥수수 유전자의 비밀을 풀고 이해하려 애쓰던 중 경험한 '유기체에 대한 느낌'을 말한 적이 있다. 아마 궁극적으로 '영적'이라는 건 그저 전체성과 상호연관성을 경험한다는 의미일 것이며, 또한 개체와 전체는 하나로 엮여 있어 그 어느 것도 서로 분리되어 있거나 무관하지 않다는 의미일 것이다. 만일 이런 식으로 사물을 본다면, 모든 게 가장 깊은 의미에서 영적인 것이 될 것이다. 이를테면 설거지도 영적인 것이 되는 것이다. 중요한 건 내적 경험이다. 그리고 당신은 그 경험을 위해 거기 존재해야 한다. 다른 모든 것은 그저 생각일 뿐이다.

그러면서 동시에 당신은 자기기만, 착각, 과장, 자기과시, 다른 존재들을 향한 착취와 학대 등으로 이어지기 쉬운 성향을 경계해야 한다. 어떤 시대든 영적인 '진실'이라는 한 가지 관점에 집착하는 사람들로부터 많은 병폐가 나왔다. 그리고 영적인 것 뒤에 숨어 자신들의 욕구를 채우기 위해 다른 사람들을 해치려 드는 사람들로부터 더 많은 병폐가 나왔다.

게다가 영적인 것과 관련된 이런저런 생각들은 그런 생각에 익숙한 사람들에게는 '너희들보다 고결하다'는 오만함으로 이어지기 쉽다. 또한 영적인 것에 대한 편협하고 단순한 관점들은 영적인 것을 '역겹고', '오염되고', '헛된' 육체적이고 정신적이고 물질적인 것들 위에 놓으려는 경향이 있다.

제임스 힐먼James Hillman을 비롯한 원형 심리학 제창자들이 지적하듯, 신화적인 관점에서 볼 때 영적인 것의 개념 속에는 위로 올라간다는 특성이 있다. 영적 에너지가 올라가는 형태로 나타나는 것이다. 그러니까 세속적인 것들로 가득한 이 세상을 뛰어넘어 빛과 광채로 가득한 비물질적인 세상으로, 또 모든 게 대립을 초월해 하나로, 열반의 세계로, 천국으로, 우주적 통합으로 합쳐지는 세상으로. 그러나 통합은 인간이 쉽게 경험할 수 없는 아주 드문 일로, 이게 이야기의 끝은 아니다. 게다가 대부분의 경우 10중 9는 희망 섞인 생각(그래도 생각은 생각임)이며 1만이 직접적인 경험이다. 특히 젊은 나이에 이루어지는 영적인 통합 추구는 개별성과 본질이 중시되는 이 세상에서, 또 습하고 어두운 이 세상에서 고통과 시련과 책임을 벗어나려는 순진하고 낭만적인 갈망에서 비롯되는 경우가 많다.

초월의 개념은 위대한 도피요 망상의 부추김일 수 있다. 불교 특히 선불교의 전통에서 완전히 한 바퀴 돌기, 일상으로 되돌아오기, 또는 이른바 '시장에서 자유롭게 편하게 있기'를 강조하는 이유이기도 하다. 이는 언제 어디서 어떤 상황에서든 위도 아니고 아래도 아닌 현재에 머물라는 것이며, 그저 존재하되 온전히 존재하란 뜻이다. 그리고 선불교 수행자들 사이에는 정말 불경스럽고 놀랄 만큼 도발적인 경구가 있다. "부처를 만나거든 부처를 죽여라." 부처나 깨달음에 개념적인 집착을 하다보면 목표에서 멀어진다는 의미이다.

산 명상을 할 때 사용하는 산의 이미지가 일상적인 삶의 모든 '천함' 위에 우뚝 솟은 산봉우리의 고고함만이 아니라는 걸 상기하라. 산의 이미지 중에 바위에 뿌리 내린 기반의 견고함도 중요하고, 안개와 비, 눈, 추위와 같은 온갖 여건 속에서 또는 울적함, 불안감, 혼란, 고통, 괴로움 같은 마음 상태에서도 묵묵히 앉아 있으려는 의지도 중요한 것이다.

심리학 전문가들에 따르면, 바위는 '영spirit'보다는 '혼soul'을 상징한다. 그 방향은 아래쪽으로 향하며, 혼의 여정은 상징적인 하강 즉 지하로 내려가는 여정이다. 물 역시 혼을 상징하며, 아래로 향하는 요소의 구현이다. 호수 명상에서 볼 수 있듯, 물은 낮은 곳에 고이고 바위 안에 모이며 어둡고 신비하며 수용적이고 가끔 차갑고 축축하다.

혼의 느낌은 단일성보다는 다양성에 뿌리를 내리고 있고, 복잡성과 모호성 등에 기반을 두고 있다. 혼의 이야기들은 대개 탐색의 이야기이고, 목숨을 거는 이야기이며, 어둠을 견디고 그림자와 대면하는 이야기이고, 땅에 묻히거나 물에 잠기는 이야기이며, 길을 잃어 종종 혼란을 겪는 이야기이고, 그럼에도 불구하고 굴하지 않고 견뎌내는 이야기이다. 그렇게 견뎌내면서 우리는 우리가 가장 두려워하면서도 피하지 않고 대면한 지하의 암흑과 침울함에서 빠져나와 마침내 우리 자신의 황금 같은 자아와 연결된다. 황금 같은 자아는 늘 거기 있었지만, 이렇게 어둠과 슬픔 속으로 내려가 새로 발견해야 했던 것이다. 이 자아는 설사 다른 사람들은 물론 심지어 우리 자신의 눈에 띄지 않아 그대로 있다 해도, 여전히 우리의 자아이다.

모든 문화권에서 전해져 오는 동화들은 대부분 '영'의 이야기가 아닌 '혼'의 이야기이다. 그림 형제의 동화집에 들어 있는 동화『생명의 물』에서 볼 수 있듯, 난장이는 혼의 인물이다.『신데렐라』역시 혼의 이야기이다. 로버트 블라이Robert Bly가『철인 존Iron John』에서 지적했듯, 그 원형은 재이다. 당신은(이런 이야기들은 전부 당신의 이야기이므로) 당신의 내적 아름다움이 눈에 띄거나 활용되지도 못한 채 벽난로 근처 재 속에 묻혀 슬퍼하고 있다. 그 시기에 내면적으로는 새로운 발전이 일 어난다. 완전히 발전되어 황금처럼 빛나면서도 세상사에 지혜롭고 더 이상 수동적이거나 순진하지 않은 한 인간의 출현으로 마무리되는 성 숙과 변신이 일어나는 것이다. 그리고 완전히 발전된 인간은 영과 혼, 상승과 하강, 물질적인 것과 비물질적인 것 간의 통합을 구현해낸다.

명상 수행 그 자체는 성장과 발전이라는 이 여정을 비추는 거울 과 같다. 명상 수행을 통해 우리는 상승하기도 하고 하강하기도 하며, 기쁨과 빛은 물론 고통과 어둠까지도 과감히 맞닥뜨리거나 받아들이 게 된다. 또한 명상 수행을 하면서, 어떤 일이 일어나든 또는 어떤 상황 에 처하게 되든 늘 탐구하고 마음의 문을 열고 힘과 지혜를 기르면서 우리 자신의 길을 걸어갈 기회를 삼게 된다.

내 경우에, '혼'이니 '영'이니 하는 단어들은 우리가 이 낯선 세상 속에서 우리 자신에 대해 또 우리 자신의 위치에 대해 알려 할 때, 인간 의 내적 경험을 설명해주려는 시도나 같다. 혼 속에서는 그 영과 관련 된 현상이 없을 수 없고, 영 속에서는 혼과 관련된 작용이 없을 수 없다. 그러니까 우리의 악마들, 우리의 용들, 우리의 난쟁이들, 우리의 마녀 와 괴물들, 우리의 왕자와 공주들, 우리의 왕과 여왕들, 우리의 틈과 성 배들, 우리의 지하 감옥과 우리의 노들은 지금 전부 여기에서 있으며, 우리를 가르칠 준비가 되어 있다. 그러나 우리는 온전한 인간이 된다는 게 어떤 의미인지를 알아내기 위해 부지불식간에 행하고 있는 끝없는 영웅적 탐구 속에 그들의 말에 귀 기울이고 또 그들을 대면해야 한다. 어쩌면 우리가 할 수 있는 가장 '영적인' 일은 그저 우리 자신의 눈을 통해 보고 전체성의 눈으로 보고 일관되게 또 친절히 행동하는 것일지도 모른다.

❖

…… 그들의 눈은, 반짝이는 노련한 그들의 눈은, 흥겹다.

_W. B. 예이츠의 「라피즈 라줄리」 중에서

나는 사람들이 아무 생각 없이 명상에 관한 책들을 살 거라곤 생각지 않는다. 이 책은 지난 30년간 인쇄됐고 40개 이상의 언어로 번역되었다. 미루어보건대, 이제 사람들이 이 책의 기본적인 메시지에 많은 관심을 보이고 있고 감동도 받는 듯하다. 그건 아마 사람들이 마음 깊이 어느 정도 알고 있는, 있는 그대로의 자기 자신으로 존재하는 일에 워낙 목말라 있으면서도 그런 일과는 아직 다소 거리가 있다고 느끼기 때문인지도 모른다.

아니면 이 책과 우리 시대에 계속 늘어가고 있는 많은 놀라운 '다르마'의 가르침이 진정성, 친밀성, 명료성에 관한 사람들의 점점 광범위해지고 깊어지는 갈망을 건드리고 있는 데다가, 우리가 이미 알고 있는 사실을 상기시켜주고 있기 때문인지도 모른다. 진정성, 친밀성, 명료성 같은 특성들은 우리 자신의 내면과 우리 앞에 펼쳐지는 직접적인 삶의 경험 안에서만 찾을 수 있으며, 그런 경험은 어떤 상황에서든 늘 바로 지금, 바로 여기에서만 할 수 있다는 사실을 말이다.

어쩌면 사람들은 이 책의 제목(이 책의 원제는 'Wherever You Go, There You Are'이다)에서 기회가 있을 때 우리 자신의 경험에 눈 뜨라는 요구를 알아보고 있으며, 또한 우리가 우리의 삶에서 얼마나 많은 걸 놓치고 있는지를 깨닫고 있는지도 모른다. 어쨌든 이 책은 우리에게 우리가 누구인지, 그리고 우리가 실현할 가능성이 아주 작은 그리고 설사 실현한다 해도 결코 회복되지 못할 헛된 망상을 추구하면서 지금 어디로 가고 있는지에 관한 멋지거나 혹은 그리 멋지지 않은 이야기들을 들려주고 있다.

이 책은 내 가슴에 워낙 밀착되어 있는 데다 현재 상태 그대로도 워낙 완전하게 느껴져, 10주년 기념 에디션을 위해 뭔가를 써달라는 요청을 받았을 때 나는 책 서두에 서문 형태로 새로운 글을 추가하고 싶지 않았다. 그래서 이 후기를 썼으며, 또다시 20년이 지난 지금 이 30주년 기념 에디션을 위해 다시 이렇게 후기를 쓰고 있다. 그리고 그 이후 새로운 서문이 필요해진 것 또한 의심의 여지 없는 사실이다.

시간이 많이 흘렀고 세상이 엄청나게 빠른 속도로 변화한다는 걸 감안하면, 내가 원작에 포함하는 게 적절하다고 생각했던 것들도 수십 년이 지난 지금에 와선 독자들에게 울림이 별로 없을 수도 있다. 그러나 원작은 상당 부분 원래 상태 그대로, 그러니까 동화들과 육아 스토리들, 영성에 관한 선언들 등은 모두 그대로 두기로 했다. 그리고 시간과 관행의 변화에 맞게 최대한 살짝 수정했지만, 기본적으로는 원작 그대로이다.

당신이 우리의 여정에서 지금까지 함께 해왔다 하더라도, 아직

할 말은 많다. '다르마'는 무한한 것이니까. 그리고 동시에 더해야 할 말은 없다. 명상 수행 그 자체는 시간을 초월하는 것이다. 특히 오늘날과 같이 내적·외적 혼란이 극심하고 인류와 생물권의 생존이 위협받는 시대에 명상 수행이 세계 곳곳, 주류 사회들에 이렇게 광범위하고 깊게 뿌리 내리는 걸 보게 되어 얼마나 감사한지 모른다. 더욱이 오늘날에는 잔인하고 극도로 파괴적인 추악한 전쟁들이 연이어 일어나고, 생태계 파괴가 점점 심해지고, 디지털 시대의 도래로 모든 게 미친 듯 가속도가 붙고 있다. 위험성을 제대로 알지도 못한 채 범용 인공지능(AGI)과 챗봇 같은 것들을 만들어냄으로써 인류가 끔찍한 결과를 맞게 될 가능성이 있으며, 더 빨리 더 많은 걸 해내려는 우리의 욕구를 충족시켜주는 인터넷 상호연결로 경이로운 일들과 위험한 일들이 일어나고 있지 않은가. 또한 소셜 미디어의 유혹과 거기 빠져 헤맬 때 접하게 될 위험들도 문제이다. 소셜 미디어의 경우 토끼굴(rabbit hole. 쉽게 빠져 나올 수 없는 상황 – 역자 주), 대안적 사실(alternative fact. 어떤 주장에 대한 근거로 가상의 데이터를 제시하는 것 – 역자 주), 모든 게 실제 보이는 것과 다른 딥 페이크deep fake 등 젊은이들의 가치관에 그 어느 때보다 파괴적인 악영향을 미치는 모든 종류의 중독이라는 위험 요소들에도 불구하고 '참여'를 최대화해 알고리즘을 지배한다.

　　30년 전에는 상상도 할 수 없었던 이 모든 파괴적인 일들 탓에 우리는 미처 깨닫기도 전에 어떤 위기에 놓였다. 오늘날의 우리 인류와 우리의 지각력을 존재하게 만들어준, 35억 년에 걸친 우주의 아날로그식 진화에서 생겨난 우리의 아날로그식 능력과 천재성을 이용할 잠재력을 잃어버릴 위기 말이다. 그러니 평화와 평정심, 지혜, 행복 그리고 사랑을 위해 우리의 온전한 아날로그식 천재성을 이용하는 방법을 배우는 데 조금도 망설이지 말라. 우리는 지금 매일매일 그리고 지속적인 업그레이드를 통해 그리고 각종 기기들 및 소셜 미디어를 통해 점점 더 디지털로 서로 연결되고 있다. 반면 아직은 너무 뜨겁지도 않고 너무 차갑지도 않은 딱 적당한 상태인 (하지만 얼마나 오랫동안?) 지구에서 우리 자신도 모르는 새에 아날로그적인 우리 자신, 우리 몸과 뇌, 우리 마음과 정신은 물론 서로 간의 그리고 자연계와의 기본적인 연결을 잃어가고 있다. 또한 있는 그대로의 우리 자신으로 그리고 우리 자신을 위해 현재 순간에 충실하지 못하고 아날로그적인 존재의 영역과 연결될 가능성마저 점점 더 희박해져 간다. 이런 상황에서 우리는 지금 점점 더 집중력을 잃어가고 있거나 명료한 생각을 하지 못하고 있다. 인류 역사를 통틀어 이런 경우는 단 한 번도 없었다. 우리 인류는 이제 작은 변화 하나로도 갑자기 큰 변화를 맞을 수 있는 아주 중대한 시점에 와 있다. 개인적으로 또 집단적으로 각종 도전들을 헤쳐 나가면서 그 어느 때보다 우리의 타고난 능력인 마음챙김을 통해 늘 깨어 있는 상태로 마음을 열고 사물을 명확히 보고 지혜와 연민을 가져야 할 상황이다.

내가 보기에 오늘날의 이 모든 혼란 속에 그 어느 때보다 지금 우리에게 필요한 것은 내가 언급했던 이른바 의식의 전환이요,* 내적 지혜이다. 우리 인간이 개별적으로 또 집단적으로 우리 자신의 잠재력을 완전히 개발하는 데 가이드 역할을 해주고, 또한 우리가 이 세상에서 참여하는 많은 일에 도움과 영향을 줄 내적 지혜 말이다. 특히 존재의 한 방식으로서의 마음챙김 명상은 단순한 기술이 아니다. 가뜩이나 바쁜 일상에 추가되는 또 다른 성가신 일도 아니고, 매 순간순간 정말 중요한 것처럼 삶을 살아가는 존재의 방식이다. 이런 사실을 제대로 이해할 때, 마음챙김 명상은 우리 자신과 이 세상 속에 있는 변화 및 치유 가능성을 실현하게 해주는 강력한 수단이 된다. 또한 마음챙김 명상은 영원한 시간으로 들어가는 문이므로, 시간 아래에서 시간 안에서 시간을 초월해 행해지며, 따라서 당신은 다른 어딘가에 도달하려 애를 쓴다거나 부적절하게 또는 불완전하게 존재한다고 해서 자책할 필요 없이 변화를 꾀할 수 있다.

이 책에서 단언하고 있듯, 명상 수행 그 자체는 현재 순간에 충실할 때 당신은 이미 완전한 존재라는 걸 확인시켜준다. 우리 모두 완전한 존재이다. 그 모든 불완전함과 부적절함에도 불구하고 우리의 존재 자체는 완전한 것이다. 여기서 이런 의문이 제기된다. 우리는 마음

---

* 『마음챙김의 치유력 The Healing Power of Mindfulness』, Hachette, NY, 2018, pp.38~51.

챙김을 볼 수 있는가? 우리는 마음챙김과 함께할 수 있는가? 우리는 마음챙김을 반갑게 맞이할 수 있는가? 우리는 마음챙김과 함께 앉아 있을 수 있는가? 우리는 마음챙김을 알 수 있는가? 우리는 이 조그만 행성에서 수십억 년간 이어져온 진화의 결과인 우리 자신의 아날로그적이며 기적적인 온전함을 끌어안을 수 있으며, 또 우리가 이미 존재하는 이곳에서 마음챙김을 구현할 수 있는가? 좋든 나쁘든 추하든 길을 잃고 헤매든 혼란스럽든 가슴 아프든 무섭든 고통스럽든, 그 어떤 상황에서든 말이다.

우리는 이미 인식이 존재한다는 사실을 알 수 있는가? 우리는 개인으로서 그리고 하나의 종으로서, 그리고 그 모든 다양성과 아름다움 속에서 인식의 치유 잠재력과 그 지혜와 그 전체의 포괄적인 수용성을 인지하고 활용할 수 있는가? 우리는 우리 자신의 인식이 가진 무한한 아름다움과 신비와 지혜를 깨달을 수 있는가? 또한 우리는 이 진정한 초능력의 활용을 통해 애정 어린 따뜻한 관심을 높여 끝없이 다듬어질 수 있다는 것을 깨달을 수 있는가? 우리는 우리가 어디를 가든 우리가 거기에 있다는 사실을 깨달을 수 있는가? 또한 이때 '거기에'는 늘 '여기에'이며, 따라서 그게 무엇이든 이미 있는 것을 인정해야 하거나 아니면 어느 정도 인지하고 받아들여야 한다는 사실을 깨달을 수 있는가? 우리는 지금 우리가 지닌 유일한 순간 속에서 우리 자신을 제대로 성장시키고, 그래서 소중하면서도 덧없는 우리의 삶을 더 현명하게 살 수 있는가? 또한 개인에서부터 세계에 이르기까지 피해를 완전히 근절하지 못한다 해도 최소화하고, 아울러 우리 자신과 서로 간의 행복을 어느 정도 상상할 수 있고 실행할 수 있는 정도로 극대화할 수 있는가?

이 모든 의문은 결국 한 가지 의문으로 귀결된다. 그리고 직감적인 답은 "우리는 할 수 있다, 우리는 할 수 있다……."이다. 이런 결론에 도달하고 나면 우리 자신을 위해, 우리 자식들과 손주들과 미래 세대들을 위해, 전 인류를 위해, 자연계를 위해 그리고 제임스 웨브 망원경을 통해 달 궤도 너머까지 보이는 상상할 수 없을 만큼 광활한 시공간 속에 파란 점처럼 박혀 있는 지구를 위해 달리해야 할 일은 무엇일까? 만일 우리가 그런 놀라움들을 만들어낼 수 있다면, 그리고 우주를 더 깊이 들여다봄으로써 점점 더 태초에 가까운 시간으로 돌아가 보고 배운 것들에 대해 놀라게 된다면, 또 우리가 아는바 거의 없는 단 4%의 물질(그 나머지는 '암흑 물질'과 '암흑 에너지')로 이루어진 우주 안에서의 삶과 의식의 신비에 대해 곰곰이 생각한다면, 어찌 우리가 한 번뿐인 우리의 삶(우주가 탄생한 138억 년의 직접적인 결과물로, 우리의 직감과 의식과 신비스러운 각성을 통해 이해되는)이 우리 자신과 미래 세대들에게 놀라움과 경이로움, 사랑 그리고 연민 속에 살아갈 더없이 소중한 기회라는 걸 인지하고 깨달을 수 없겠는가?

그리고 때론 눈에 띄지도 않고 제대로 활용되지도 않는 우리의 삶을 기회가 있을 때 그 가능성을 최대한 살려 우리 자신에게 되돌려 주는 것보다 더 중요한 일이 과연 어디 있겠는가? "당신이 어디를 가든 거기에 당신이 있다."든가 아니면 "당신이 어디를 가든 거기에 당신은 없다."든가 둘 중 하나이다. 어떤 순간에든 둘 다 어느 정도 맞는 말이다. 그러나 그 '정도'는 얼마든지 변할 수 있으며, 따라서 우리는 우리 자신이 이미 존재하며, 잠시 잠깐씩 잊히긴 했지만 늘 바로 지금 바로 여기 있었다고 주장할 수 있다. 그것이 마음챙김 수행이다.

　　마음챙김 명상은 단 몇 분만 수행하더라도 당신의 마음을 자신 쪽으로 끌어당긴다. 우리는 마음챙김 명상을 통해 갈망하던 친밀감을 얻을 수 있는데, 궁극적으로 마음챙김은 서로 분리된 우리 자신과 세상 사이에 흐르는 친밀감이기 때문에 우리에겐 반드시 해야 할 소명이기도 하다. 또한 마음챙김 명상 수행을 통해 즉각 세상과 우리 가슴 속에 있는 선과 아름다움이 겉으로 드러난다. 우리의 직접적인 경험을 통해, 또렷한 자각 속에서 우리를 너무도 자주 괴롭히는 온갖 감정의 바람과 끊임없이 판단하려 드는 불안한 우리 마음의 소용돌이에서 벗어나 영원한 현재의 순간에 조용히 머무는 데서 오는 힘과 위안도 드러난다. 그리고 내재한 지혜나 친절함보다는, 그 같은 우리 내면의 바람과 소용돌이들은 우리가 그것들을 부인하거나 멀리하려는 걸(그래봐야 그 불안한 에너지만 키워, 빛과 따뜻함을 발산하는 게 아니라 우리의 내면과 외부 모든 방향으로 해악과 고통만 발산하는 경우가 많지만) 멈추는 순간 우리를 괴롭히는 일들이 절로 수그러들게 된다는 게 명백하다. 우리 인간은 우리 자신 내에 가장 깊고 가장 좋고 가장 아름다운 것들 속에서 위안을 찾을 수 있는가? 우리는 그렇게 해야 한다. 다 함께.

2004년에 나는 홍콩에서 강연하고 있었는데, 그때 중국 선전을 방문해 사람들로부터 많은 존경을 받는 98세의 선불교 지도자 벤 후안Ben Huan을 만날 기회가 있었다. 당시 그는 아름다운 공원 내의 한 산비탈에 새로 지은 아름다운 절에 머물고 있었다. 나는 홍콩병원관리국에 몸담고 있는 많은 MBSR(Mindfulness-based stress reduction. 마음챙김에 근거한 스트레스 완화 - 역자 주) 동료들과 함께 갔고, 벤 후안의 '다르마' 후계자들 중 한 명인 승려 힌훙Hin Hung이 내 말을 통역했다. 나중에 알게 된 바로, 힌훙은 어떤 이유에선지 MBSR에 관한 나의 과학 논문들과 책들을 읽고 철저히 연구했다고 했다. 그는 벤 후안에게 MBSR에 대해 그리고 또 내 동료들과 내가 그 당시 병원에서 25년간 해온 연구에 대해 조금 설명해주었다. 그 반응으로, 벤 후안은 처음엔 방안을 둘러보다가 다시 나를 똑바로 바라보면서 말했다. "사람들이 고통을 겪는 방식은 무한정 많으며, 따라서 '다르마'를 경험하는 방식 또한 무한정 많습니다." 그의 말이 번역되는 걸 들으면서 나는 마음 깊은 데서 인정받고 또 받아들여지는 느낌을 받았다. 그 순간 나는 그의 눈을 들여다봤는데, 그가 내 친할아버지를 아주 많이 닮았다고 생각했다. 그런다음 나를 똑바로 바라보며 웃는 얼굴로 그가 물었다. "지금 어떤 전통을 가르치고 있나요?" 선불교/선종 전통에서 늘 그렇듯, 그는 분명 낯선 사람인 나를 친밀한 태도로 약간 밀어붙이며 깨달음의 정도를 테스트하고 싶어 했다. 만반의 준비를 해야겠다고 생각하며 나는 답했다. "붓다와 혜능의 전통에 대해 가르치고 있습니다." 나로선 그렇게 말하는 게 아주 오만한 걸 수도 있었으나, 그 순간에는 그게 옳다고 느껴졌다. 그가 바로 반문했다. "요점이 뭔가요?" 내가 답했다. "물론, 집착하지 않는 겁니다." 그러자 다시 그가 말했다. (힌홍이 통역해준 건 여기까지였고, 그다음에는 제대로 알 수가 없었다.) "내 제자가 되고 싶은가요?" 나는 미소를 지으며 그쪽으로 몸을 숙여 그의 두 눈을 바라보며 말했다. "이미 제자가 된 거 같은데요." 그러자 소리 내 웃으면서 그가 말했다. "가서 점심이나 먹읍시다."

벤 후안은 10년 후에 세상을 떠났는데, 그때 그의 나이는 107세였다. 그는 다시 나를 초대해주었고, 그 초대에 정말 응하고 싶었으나 그럴 수가 없었다. 그러나 나는 그날 절을 떠나면서 우리가 완전했으며 시공간을 초월한 만남을 가졌다고, 그리고 또 아름다운 방식으로

• 나는 원래 이 이야기를 2010년 뉴욕에서 도널드 맥콘, 다이앤 라이벨, 마크 S. 미코찌, 스프링거가 쓴 『마음챙김 가르치기: 임상의와 교육자들을 위한 실용적인 지침서 *Teaching Mindfulness: A Practical Guide for Clinicians and Educators*』의 긴 서문에 집어넣었다. 그 서문에서 나는 독자들의 이해를 돕기 위해 이런 말을 했었다. "그 순간에 나는 벤 후안에게 답한 대로 답했다. 다른 장소나 다른 시간 또는 다른 상황에서였다면, 아마 아주 다른 답을 했을지도 모른다. 그러나 선불교/선종 전통에서는 이런 식의 문답에서 답 자체는 중요하지 않으나, 질문에 대한 어떤 사람의 인식과 그 답이 어디서 오는 것인지는 아주 중요하다. 핵심에서 완전히 비켜난 반응은 많지만, 수행에 올바른 길이 단 하나만 있는 게 아니듯 결코 답도 단 하나만 있는 건 아니다."

서로의 마음을 움직였다고 느꼈다.* 이제 끝낼 때가 됐는데, 사실 이건 시작일 뿐이다. 숨을 들이마시는 건 모두 새로운 시작이고, 숨을 내쉬는 건 모두 완전히 보내는 것이다. 여기까지 읽었다면, 평생 계속될 이 삶에서의 모험에 당신 자신을 온전히 내던지는 용기와 인내에 대한 최고의 보상이라 할 수 있겠다. 일상생활 중에 우리는 모두 순간순간 호흡마다 우리 자신을 위해, 서로를 위해 그리고 세상 그 자체를 위해 많은 가능성을 구현하고 반영한다. 호흡할 때마다 우리는 계속 더 꾸준히 보다 열심히 보다 큰 동정심을 갖고 그 가능성을 구현하게 되며, 또한 이미 바로 우리 코 밑에 있고 우리 모두의 안에 있는 행복과 명료성과 온전함을 구현하게 된다. 우리에겐 여전히 기회가 있다.

부디 우리가 모두 반복해서 계속 우리 자신 안에서 가장 깊은 것, 가장 좋은 것에 몰입하게 하고, 가장 진실한 본성의 씨앗들이 자라나 꽃 피우게 되며, 또한 가깝든 멀든 알든 모르든 모든 존재를 위해, 그리고 세상의 그 모든 아름다움과 비통함을 위해, 매일매일 순간순간 우리의 삶과 일과 세상이 번성하게 되길!

2024년 봄에
매사추세츠주 노샘프턴에서
존 카밧진

30th Anniversary Edition
Wherever You Go, There You Are
존 카밧진의
왜 마음챙김 명상인가?

2019년 3월 22일 초판 1쇄 발행
2024년 6월 3일 2판 1쇄 발행

지은이 존 카밧진(Jon Kabat-Zinn) • 옮긴이 엄성수
발행인 박상근(至弘) • 편집인 류지호 • 편집이사 양동민
편집 김재호, 양민호, 김소영, 최호승, 하다해, 정유리 • 디자인 쿠담디자인
제작 김명환 • 마케팅 김대현, 김선주, 이선호 • 관리 윤정안
콘텐츠국 유권준, 정승채, 김희준
펴낸 곳 불광출판사 (03169) 서울시 종로구 사직로10길 17 인왕빌딩 301호
          대표전화 02) 420-3200 편집부 02) 420-3300 팩시밀리 02) 420-3400
          출판등록 제300-2009-130호(1979. 10. 10.)

ISBN 978-89-7479-659-4 (03180)

값 19,000원